Cordts-Sanzenbacher | Goldbeck (Hrsg.)
Werkzeugkoffer Gesundheit

Katja Cordts-Sanzenbacher
Kerstin Goldbeck (Hrsg.)

Werkzeugkoffer Gesundheit

Erfolgreich als Trainer und Coach
im Bereich Betriebliche Gesundheitsförderung

Unter Mitarbeit von Eve Berns, Bettina Geyer, Gunild Kiehn,
Bert Lehwald, Elisa Lopper, Matthias Marquardt, Birgit Oehmcke,
Anke von Popowski, Katrin Rautter, Thomas Schaller, Cornelia Sinz,
Leoni Rettig, Nadja Schudak, Eike Wenzel, Laura Werkmeister,
Anna-Lisa Werner, Annika Westlake, Marie Zorn

Alle Downloadmaterialien finden Sie unter www.beltz.de direkt beim Buch

Dieses Buch ist auch als E-Book erhältlich:
ISBN 978-3-407-29407-4

© 2015 Beltz Verlag · Weinheim und Basel
Werderstraße 10, 69469 Weinheim
www.beltz.de

Lektorat: Ingeborg Sachsenmeier
Gesamtherstellung: Beltz Bad Langensalza GmbH, Bad Langensalza
Reihenkonzept: glas ag, Seeheim-Jugenheim
Illustrationen Innenteil: Oliver Melzer
Umschlaggestaltung: Lelia Rehm
Umschlagabbildung: © Shutterstock/I T A L O

Printed in Germany

ISBN 978-3-407-36571-2

Inhaltsverzeichnis

↗ 03 Gesundes Miteinander: Tools und Ressourcen
für die soziale Gesundheit 219

Inhaltsverzeichnis

Vorwort

Eike Wenzel

Gesundheit ist ein Megatrend. Das klingt glamourös, heißt aber eigentlich nur, dass wir es mit einem höchst einflussreichen Trend zu tun haben, der in den kommenden rund 30 Jahren für viele Wandlungsprozesse in Wirtschaft und Gesellschaft verantwortlich sein wird. Interessant wird es dann, wenn man sich klarmacht, dass man sich Megatrends (wozu ebenfalls Digitalisierung, Dezentralisierung, demografischer Wandel, Energiewende und einige mehr gehören) nicht entziehen kann. Die Transformation dieser großen und einflussreichen Trends erreicht uns, ob wir wollen oder nicht. Das bedeutet sowohl für uns selbst als auch für Unternehmen, dass wir frühzeitig versuchen sollten, unsere Antennen nach diesen Trends auszurichten, bevor sie uns überrollen und wir in den nächsten Jahren hinter ihnen herlaufen.

Ein substanzieller, authentischer Trend wird nicht von Trendforschern gemacht, er fällt nicht von den Bäumen und lässt sich nicht mal eben aus den Suchmaschinen herausleiern. Er ist in der Regel das Ergebnis eines sozioökonomischen Veränderungsprozesses. Menschen entdecken eine Lebensknappheit, etwas fehlt oder passt in der Lebensgestaltung nicht zusammen. Auf die Defiziterkenntnis folgt eine Sehnsucht, die vom Markt (Sport, Ernährung, Gesundheit) in ersten schwachen Signalen erkannt wird und nach einiger Zeit die Chance erhält, sich als Lebensstilinnovation (und neues Marktsegment) herauszukristallisieren.

Genau an diesem Punkt befinden wir uns gerade, was den Trendkomplex Gesundheit–Bewegung–Lebensstil angeht. Wir haben in den vergangenen rund 30 Jahren drei bemerkenswerte Wandlungen in unseren Vorstellungen von Gesundheit erlebt. In den 1960er- und 1970er-Jahren galt Gesundheit schlichtweg als die Abwesenheit von Krankheit. Wir gingen zum Arzt, ließen uns eine Diagnose stellen, bekamen ein Medikament verschrieben und warteten, bis die Wirkung des Medikaments oder des ärztlichen Rats eintrat. In den 1980er-Jahren kam aus den USA eine Fitness- beziehungsweise Aerobicwelle zu uns herüber: Das Fitnessstudio und andere Patentrezepte eroberten den Markt der gestiegenen Gesundheitsansprüche. Seit uns in unzähligen nationalen und internationalen Studien belegt wurde, dass regelmäßige Bewegung auf quasi allen Gesundheitsfeldern (in der Krebstherapie, ebenso bei Herzkreislauferkrankungen, den immer stärker zunehmenden psychischen Erkrankungen und epidemischen Zivilisationserkrankungen wie Diabetes) nachweislich positive Effekte aufweist, rückt Gesundheit noch stärker in den Mittelpunkt unserer gesellschaftlichen Diskurse.

In dieser dritten und aktuellen Phase hat sich unsere Vorstellung von Gesundheit insofern noch einmal dramatisch verschoben, als viele Menschen uns mit einem hohen Bewusstsein für Gesundheit entgegentreten. Diese Jogger, Walker, Halb- und Voll-Marathonis möchten ihre Gesundheit proaktiv und möglichst naturnah sicherstellen. Gesundheit ist für sie in einer Arbeitswelt, die immer anspruchsvoller und krisenanfälliger ist, mittlerweile *die* Schlüsselressource. Auch wenn der Begriff abgedroschen sein mag – aber die gesundheitsbewussten Menschen von heute und in der Zukunft streben nach Selbstmanagement – das bedeutet Gesundheit heute für die meisten von uns! Das heißt jedoch keineswegs, dass wir künftig alles irgendwie selbst machen wollen, um uns gesund zu erhalten. Ganz im Gegenteil: Den meisten geht es darum, Anstöße, Modelle und Konzepte an die Hand zu bekommen, mithilfe derer sie sich aktiv und selbstgesteuert (nach individuellen Ressourcen und Bedürfnissen) in ein psychophysisches Gleichgewicht bringen können.

Schon längst ist diese Idee eines nachhaltigen Gesundheitsmanagements auch bei den Unternehmen angekommen. Unternehmen, denen etwas an der Gesundheit ihrer Mitarbeiter (nach wie vor der wichtigsten »Ressource« für die Arbeitswelten der Zukunft) liegt, lassen nicht nur Fitnessstudios in den Kellern ihrer Firmengebäude installieren (die in der Regel trübselig vor sich hin verstauben), sie geben Anregungen für das Selbstmanagement ihrer Mitarbeiter. Aber: Jeder Mitarbeiter ist anders, und das ist gut so.

Die Autorinnen dieses Buches liefern Anregungen, aber auch Lösungen für dieses erwachende neue Gesundheitsbedürfnis. Als selbst praktizierender Dauer-, Wind-und-Wetter- und passionierter Bergaufläufer habe ich mir von den Autorinnen aus dem einen oder anderen Motivations- und Verletzungstief helfen lassen.

Wer als Coach, Trainer oder Berater schon einmal in der Praxis erlebt hat, wie kompliziert es mitunter ist, den unterschiedlichen Lebenslagen, Wünschen und Fitnesszuständen ihrer Klienten gerecht zu werden, der findet im »Werkzeugkoffer Gesundheit«, den Katja Cordts-Sanzenbacher und Kerstin Goldbeck hier vorlegen, einen intelligenten Rahmen. Wer sich persönlich mit seinem eigenen Selbstmanagement beschäftigt oder in Betrieben mit einem nachhaltigen Gesundheitsmanagement ernst machen möchte, der findet hier realitätserprobte Anregungen und Lösungen.

Noch einmal: Wir befinden uns auf Stufe drei eines wachsenden Gesundheits- und Selbstbewusstseins. Unternehmen, die für sich (angesichts von Fachkräftemangel und demografischem Wandel) in den kommenden Jahren die besten Mitarbeiter sichern wollen, müssen Angebote für eine ausbalancierte Karriereentwicklung machen. Dazu wird auch über das Jahr 2020 hinaus gehören, dass Lebensqualität und Gesundheit im Arbeitsprozess gewährleistet sind. Der »Werkzeugkoffer Gesundheit« liefert hierfür meines Erachtens ein passgenaues und überzeugendes Instrumentarium. Nachhaltiges Gesundheitsmanagement ist eben nicht so etwas wie der unsägliche Pseudo-Wellness-Trend. Der predigte in den 1990er- und 2000er-Jahren eine neue Seligkeit durch Nichtstun im Bademantel und führte lediglich dazu, dass sich schlecht beratene Hoteliers finanziell ruinierten.

Nachhaltiges Gesundheitsmanagement zielt konträr dazu auf etwas, das wir den »Zweiten Gesundheitsmarkt« nennen: Dieser Markt der proaktiven Gesundheitsvorsorge liegt in Deutschland mittlerweile bei einem Umsatzvolumen von 60 Milliarden Euro pro Jahr, die Wachstumsraten werden zwischen sechs und zehn Prozent berechnet. Hier tummeln sich die gesundheitsbewussten Menschen zwischen Traditioneller Chinesischer Medizin, Gesundheitstourismus und veganer Ernährung. Es ist ein neuer Gesundheitsmarkt, der nicht mehr nur die Abwesenheit von Krankheit verspricht, sondern ganzheitliches Wohlfühlen und Selbstmanagement. Es ist einer der wenigen Märkte, wo die Nachfrage (seitens der Unternehmen und seitens der einzelnen Konsumenten) das Angebot bei Weitem übersteigt. Neue Geschäftsmodelle und innovative Konzepte werden hier in den kommenden Jahren große Erfolgschancen haben. Der »Werkzeugkoffer Gesundheit« liefert Ideen, Anleitungen und Modelle genau für diesen Zukunftsmarkt.

Einleitung

Katja Cordts-Sanzenbacher und Kerstin Goldbeck

Haben Sie es schon bemerkt? »Gesundheit« ist in! Nicht nur Zukunfstforscher Eike Wenzel (siehe Vorwort zu diesem Buch) ist sich sicher, dass Gesundheit einer der Megatrends unserer Zeit ist. Wir werden immer älter und für den Einzelnen wächst der Druck, sich mittels Bewegung, Entspannung und ausgewogener Ernährung für das Alter fit zu halten. Aber nicht nur für ältere Menschen ist Gesundheit ein Thema. In Zeiten, die von einem enormen Zeit- und Leistungsdruck geprägt sind, wird es für jeden Einzelnen von uns immer wichtiger, auf sich zu achten. Denn Gesundheit ist die zentrale Voraussetzung für die persönliche Lebenszufriedenheit – ein Grund für jeden, sie nicht als selbstverständlich zu betrachten, sondern aktiv an ihrem Erhalt zu arbeiten.

Auch in der Politik wird der Wert von Gesundheit am Arbeitsplatz immer stärker wahrgenommen. Der jährliche Stressreport des Bundesministeriums für Arbeit und Soziales oder das überparteiliche Netzwerk »Initiative Neue Qualität der Arbeit«, bei dem die Gesundheit eines von vier zentralen Themen ist, zeugen davon. Insgesamt hat das Thema Gesundheit eine erhebliche gesellschaftliche Dimension: Gesundheitserhalt wird zur Mammutaufgabe – nicht nur für jeden Einzelnen, sondern auch für Politik und Wirtschaft. Die kontinuierlich steigenden Kosten des Gesundheitssystems sind ein trauriger Beleg für die Tatsache, dass hier immer noch zu wenig geschieht. Umso wichtiger ist es, Gesundheit auf breiter Basis zu fördern.

Dabei spielen Unternehmen und Organisationen eine wesentliche Rolle. Zum einen bieten sie häufig Arbeitsbedingungen, die durch Bewegungsarmut und Stressbelastungen gekennzeichnet sind, was wiederum zu Krankheiten führen kann. Sie sind damit also indirekt Krankheitsverursacher. Man denke zum Beispiel an die deutlich gestiegenen Zahlen von Burnout-Diagnosen und anderen psychischen Erkrankungen in den letzten Jahren. Auf der anderen Seite sind Unternehmen Krankheitsbetroffene: Ein hoher Krankenstand produziert nicht nur immense Kosten, sondern schädigt auf Dauer auch den Ruf des Unternehmens. In einem Arbeitsmarkt, auf dem ein zunehmender Fachkräftemangel herrscht, ist das bestimmt kein erstrebens-

Downloads

Literatur-/ Internettipp

Übungen

werter Zustand. Zumal gerade die jüngere Generation sich nicht mehr nur im Job aufreiben möchte, sondern Wert auf eine gesunde Life-Balance legt und entsprechende Möglichkeiten zur besseren Vereinbarung von Arbeit und Privatleben vom Arbeitgeber erwartet.

Der Wert eines strukturierten Betrieblichen Gesundheitsmanagements (BGM) ist vor diesem Hintergrund sicherlich unumstritten. Trotzdem wird es in vielen Unternehmen noch nicht konsequent betrieben, was insbesondere für kleinere und mittelständische Unternehmen gilt. (Anmerkung: Die Begriffe BGF und BGM werden häufig synonym verwendet, da letzterer der umfassendere beziehungsweise ganzheitlichere Ansatz ist, haben wir uns im Folgenden für die Verwendung des BGM-Begriffs entschieden.) Damit sich hier noch mehr bewegt, braucht es neben cleveren Managemententscheidungen und einer gelungenen Kommunikationskultur vor allem Menschen, die das BGM in Unternehmen tragen und dort auf eine nachhaltige Weise vermitteln. Und hier kommen Sie ins Spiel! Coaches, Trainer, Berater, Gesundheitsmanager, Personalfachleute und Unternehmensführung sind hier gefragt. Egal, welcher Zielgruppe Sie angehören – unser »Werkzeugkoffer Gesundheit« soll Sie bei der Aufgabe unterstützen, mehr Gesundheit in die tägliche Arbeit zu bringen.

Mit unserem Buch erhalten Sie eine praktische Toolbox mit Übungen, die Sie ohne weiteres in Ihre Workshops und Coachings einbauen können. Das Besondere dabei ist – und hier unterscheidet sich unser Buch von vielen anderen Werken rund um das Thema Gesundheitsmanagement –, dass wir alle drei Facetten der Gesundheit gleichberechtigt in den Fokus nehmen: die körperliche, die mentale und die soziale Gesundheit. Wir behaupten, dass nur diese ganzheitliche Herangehensweise in Sachen Gesundheit Sinn macht. Was nützt es, sich mental fit zu halten, wenn der Körper auf der Strecke bleibt? Was hilft ein durchtrainierter Körper, wenn psychischer Stress den Blutdruck nach oben treibt? Was bringt mir meine innere Balance, wenn es immer wieder Spannungen im Team gibt? Und warum soll ich gesund bleiben, wenn das Management betont, jeder sei ersetzbar?

Folglich finden Sie in unserem Buch Tools zur mentalen Gesundheit (wie Achtsamkeitsübungen oder Fantasiereisen), zur körperlichen Gesundheit (zum Beispiel Übungen aus dem Lauftraining oder Yoga- und Pilatesübungen) und zur sozialen Gesundheit. Diese ist insbesondere im Arbeitszusammenhang wichtig, da Teamklima, Führungsstil und Organisationskultur die Gesundheit des Einzelnen enorm beeinflussen können. Auch auf diesen

Ebenen hält unser Buch ausgewählte »Werkzeuge« bereit. Damit kann unser Buch auch dort, wo es bereits Aktivitäten im Bereich BGM gibt, wertvolle Anregungen geben, und zwar sowohl im Bereich Verhaltensprävention (also der Veränderung des individuellen gesundheitsbezogenen Verhaltens der Mitarbeiter) als auch im Bereich der Verhältnisprävention (also der Gestaltung gesundheitsfördernder Arbeitsbedingungen).

Egal, in welchem Gesundheitsbereich Ihre Expertise liegt – alle von uns versammelten Expertinnen und Experten haben ihre Methoden so dargestellt, dass auch Laien sie ohne Probleme durchführen können. Sie müssen also weder Lauftrainerin noch Yogalehrer sein, um unsere Körpertools anwenden zu können. Und Sie werden sehen, dass Ihre Coachings oder Trainings mit diesen Methoden, mit gezielten Bewegungseinheiten oder auch mit den Spielen aus der ebenfalls enthaltenen Spielesammlung eine ganz neue Qualität bekommen. Wir alle sitzen zu viel. Da ist es doch mehr als sinnvoll, dass Coachingklienten oder Workshopteilnehmer nicht noch zusätzlich zu ihrem Bürojob stundenlang auf Stühlen oder Sesseln ein bewegungsarmes Dasein fristen. Schon gar nicht, wenn es um das Thema Gesundheit geht. Also seien Sie mutig und bringen Sie mithilfe dieses Buches mehr Bewegung in Ihre Coachings und Trainings!

Aber vorab noch einige Hinweise, bevor Sie sich aus dem »Werkzeugkoffer Gesundheit« bedienen. Sie sollten wissen, dass die Formate Coaching und Training für uns bei CORAGOLD zusammengehören: Coachingelemente sind Teil unserer Workshops und in unseren Coachings gibt es häufig auch Passagen, bei denen es um das Trainieren konkreter Fähigkeiten geht. Nur so kann ein nachhaltiger Transfer des Gelernten in die berufliche Praxis gesichert werden. Davon abgesehen arbeiten mittlerweile viele Menschen als Coach *und* als Trainer/in. Zum einen, weil man häufig nur von einer der beiden Tätigkeiten nicht leben kann. Zum anderen, weil sich die theoretischen Inhalte und die praktischen Methoden beider Berufsbilder zu einem großen Teil überschneiden. Nicht zuletzt sind auch die Mitarbeiter in den Personalentwicklungsabteilungen von Unternehmen sowohl für Mitarbeitercoachings als auch für Trainings zuständig. Daher – und hier liegt eine weitere Besonderheit unseres Buches – haben wir überwiegend Übungen ausgewählt und entsprechend dargestellt, die sowohl in Workshops als auch im Einzelcoaching funktionieren.

Wir haben uns bemüht, die einzelnen Tools so anwenderfreundlich wie möglich darzustellen. So finden Sie bei jeder der beschriebenen Übungen

Angaben zu den benötigten Materialien, was sie bei der Vorbereitung und bei der Durchführung beachten sollten, bis hin zu konkreten Übungsanleitungen, die Sie wortwörtlich übernehmen können. Teilweise haben wir die Tools auch mit Fotos von Flipcharts illustriert, von denen Sie sich inspirieren lassen können. Generell gilt aber natürlich, dass jeder sich die Übungen heraussuchen sollte, die zur eigenen Persönlichkeit und zum individuellen Arbeitsstil passen. Nach diesem Motto haben wir auch eine Auswahl aus der Menge an vorhandenen Coaching- und Workshop-Übungen vorgenommen. Die vorgestellten Übungen sind größtenteils »Lieblingsübungen«, die wir regelmäßig in unseren Seminaren und Coachings einsetzen. Alle Tools vereint der rote Faden »Gesundheit«, mal mehr und mal weniger explizit.

Sie werden sehen beziehungsweise lesen, dass die Ansprache an das Publikum und die Benennung der Akteure in den einzelnen Kapiteln nicht einheitlich ist. Die einen benutzen durchgehend die männliche Form, andere wechseln ab oder haben sich ausschließlich für die weibliche Form entschieden. Vielfalt, Individualität und Respekt sind für uns – nicht nur in der Arbeit – wichtige Werte, die in unserer Wertehierarchie sehr deutlich vor den Werten Einheitlichkeit oder Lesbarkeit rangieren. Deshalb haben wir hier unseren beitragenden Autorinnen und Autoren und deren persönlichen Vorlieben freien Raum gelassen.

Jetzt noch etwas zu den »Risiken und Nebenwirkungen« in den einzelnen Teilen: Wenn Sie sich aus dem **ersten Teil** bedienen, in dem die körperliche Gesundheit im Vordergrund steht, sollten Sie vor Anwendung der Übungen immer die Konstitution der Teilnehmer abfragen. Natürlich haben wir uns bemüht, einfache Übungen mit geringer Verletzungsgefahr auszuwählen. Dennoch sollten Sie sicherstellen, dass Ihre Teilnehmer oder Klientinnen keine akuten Beschwerden haben oder frisch aus dem Operationssaal kommen. Außerdem sollten Sie bei Seminarankündigungen auf bequeme Kleidung und entsprechendes Schuhwerk hinweisen oder darum bitten, dass Gymnastikmatten mitgebracht werden, wenn Sie (oder Ihr Auftraggeber) diese nicht selbst zur Verfügung stellen können. Wenn Sie die Möglichkeit haben, die Übungen an der frischen Luft durchzuführen, umso besser! Es kann sein, dass sich einige Teilnehmer zunächst skeptisch bis ablehnend verhalten, wenn sie sich im Rahmen von Workshops oder Coachings bewegen sollen – einfach, weil sie das nicht erwartet haben und/oder weil sie sich in beziehungsweise mit ihrem Körper unwohl fühlen. Gehen Sie hier behutsam vor und zwingen Sie niemanden zu seinem Glück. Meist haben die anderen Teilnehmer so viel Spaß, dass sich die Zurückhaltenden irgendwann von selbst beteiligen. Und am Ende von Coachings und Trainings hören wir immer wieder dankbares Feedback, wie wohltuend die Bewegungseinheiten als Ausgleich zum sitzenden Arbeitsalltag waren.

Auch im **zweiten Teil** mit Tools zur mentalen Gesundheit gibt es möglicherweise Übungen, die den Teilnehmern – und Ihnen – zunächst ungewohnt erscheinen. Bei einem »Klassiker« wie dem Eisenhower-Modell wird sich der Widerstand von Teilnehmern und Klienten in Grenzen halten. Da ist vielleicht eher »Kenn ich schon, weiß ich schon« das Problem. Beruhigen Sie (sich) hier mit der Tatsache, dass wir diesen Klassiker im Hinblick auf Gesundheit neu interpretiert haben. Aber nicht jeder schreit Hurra, wenn er – womöglich sogar vor Kollegen – durch ein Nasenloch atmen oder gar ein Mantra singen soll. Auch Tütenbasteln sorgt insbesondere bei Führungskräften nicht immer für sofortige Begeisterung. Aber im Nachhinein zeigt sich häufig, dass gerade diejenigen, die anfangs besonders kritisch waren, genau von diesen Übungen profitieren. Also einfach sanft zum Mitmachen ermuntern und positive Entwicklungen erwarten!

Auch beim **dritten Teil** werden Sie einige Überraschungen erleben. Hier sind auch Klassiker wie das Riemann-Thomann-Kreuz eingegangen, die bei uns jedoch einen Gesundheitsanstrich erhalten und so in neuem Gewand erscheinen. Der dritte Teil erhält zudem wertvolle Tools aus der Organisationsentwicklung, die es ermöglichen, zuerst zu analysieren, wo die Organisation als Ganzes im Hinblick auf das Thema Gesundheit steht. So können weitere Maßnahmen genau auf die Bedürfnisse der Organisation zugeschnitten werden.

Und, Sie können sich über zwei **Bonuskapitel** freuen! Getreu dem Motto »practice what you preach« finden Sie im Bonuskapitel »Meine Gesundheit – mein Kapital als Coach und Trainerin« Anregungen für Ihre eigene Gesundheit und Hinweise darauf, wie Sie die Inhalte des Buches auch für sich fruchtbar machen können. Das ist nicht nur für die »alten Hasen« interessant, sondern auch für Menschen, die mit dem Gesundheitsmanagement als Arbeitsfeld liebäugeln. Um den Wert von Gesundheit an den Mann und an die Frau zu bringen, sollte Gesundheit auch auf Ihrer Werteskala einen der oberen Ränge bekleiden. Als Kettenraucher und Fastfoodjunkie machen Sie sich womöglich unglaubwürdig ... Daneben erhalten Sie mit dem Bonuskapitel »Spiel, Spaß und Entspannung – Auflockerungsübungen für Gruppen«

eine Fülle von Aktivierungsspielen – Ihre Workshop-Teilnehmer werden es Ihnen danken!

An vorletzter Stelle noch ein Wort zum Thema Nachhaltigkeit im Coaching und Training, das uns persönlich am Herzen liegt und unser Tun bei CORAGOLD ausmacht: Unsere Branche ist eine verschwenderische Branche, gerade wenn es um den Einsatz von Papier und anderen Materialien geht. Sie haben die Möglichkeit, dazu beizutragen, dass sich bei Ihrer Arbeit nicht nur Klienten und Teilnehmer freuen, sondern auch die Umwelt etwas davon hat, beispielsweise mit laminierten, immer wieder verwendbaren Utensilien, nachfüllbaren Flipchartmarkern oder auch ganz simpel, indem man auch die Rückseite von Moderationskarten verwendet.

Last but noch least möchten wir uns bei all denjenigen bedanken, die zum Gelingen des Buches maßgeblich beigetragen haben: an vorderster Stelle die beitragenden Expertinnen und Experten aus unserem Netzwerk, Eike Wenzel für das wunderbare Vorwort, Anke von Popowski, die bei den Fotos Modelqualitäten bewies und dankenswerterweise Räumlichkeiten und Verpflegung für die Fotosession bereitgestellt hat, Dana Wrischnig und Mia Cordts-Sanzenbacher für die unermüdliche Fotoarbeit, Katrin Rautter für das fleißige Flipchartmalen und natürlich Ingeborg Sachsenmeier vom Beltz Verlag für die freundliche und unkomplizierte Zusammenarbeit.

Gesunder Körper – Ressourcen und Tools aus den Bereichen Bewegung, Entspannung und Ernährung

↗ 01

Laufend gesünder werden – Lauftools für die betriebliche Gesundheitsförderung

Katja Cordts-Sanzenbacher und Matthias Marquardt

Kurz und knapp

In diesem Kapitel werden verschiedene Übungen aus dem ganzheitlichen Ansatz des MARQUARDT-RUNNING®-Konzepts vorgestellt. Alle Übungen sind für Anfänger geeignet und lassen sich gut in Gesundheitsworkshops integrieren. Außerdem werden Anregungen gegeben, wie ein regelmäßiges Lauftraining einen wesentlichen Beitrag zum Betrieblichen Gesundheitsmanagement leisten kann.

Ziele und Effekte

Kurzfristige Effekte der vorgestellten Übungen:
- Aktivierung
- Durchblutungsförderung
- Konzentrationssteigerung

Längerfristige Effekte eines regelmäßigen Lauftrainings:
- verbessertes Körpergefühl
- Muskelkräftigung
- Förderung der Beweglichkeit
- verbesserte Koordination
- gesteigerte Ausdauer
- Gewichtsabnahme
- Cholesterinsenkung
- Erfolgserlebnisse
- Motivation

Hintergrund und Beschreibung

»Fisch schwimmt, Vogel fliegt, Mensch läuft.« Dieses Zitat des Ausnahmeläufers Emil Zatopek beschreibt sehr schön, dass Laufen die natürlichste menschliche Bewegungsart ist. Die Realität sieht aber leider eher so aus: Vogel fliegt, Fisch schwimmt, Mensch sitzt – zuerst am Frühstückstisch, dann im Auto, danach im Büro, wieder im Auto, dann beim Abendessen und schließlich auf der Couch. Dieser überwiegend sitzende Lebensstil bleibt nicht ohne Folgen für Körper und Seele: Gewichtsprobleme, Verspannungen, Energie- und Antriebslosigkeit gehören für viele Menschen zum Alltag.

Durch regelmäßiges Laufen lösen sich diese Probleme von selbst – vorausgesetzt man packt das Laufen richtig an. Denn während bei anderen Sportarten ein gewisses Techniktraining selbstverständlich ist, herrscht beim Laufen die Meinung vor, das könne doch jeder. Das stimmt im Prinzip auch – mit der Einschränkung, dass sich die Muskelerschlaffungen beziehungsweise -verkürzungen, die sich durch das ständige Sitzen ergeben, häufig auch in einem »sitzenden« Laufstil niederschlagen. Und dieser kann in Verbindung mit stark gedämpftem oder gestütztem Schuhwerk zu Verletzungen führen. Hinzukommt, dass bei vielen Menschen die Fußmuskeln, die für ein gesundes Laufen wichtig sind, degeneriert sind, weil unser Füße überwiegend in Schuhen stecken, die die Arbeit dieser Muskeln verhindern beziehungsweise erschweren (wie Sie die Füße trainieren können, erfahren Sie im Kapitel »Gesundheit fängt bei den Füßen an – ›Toega‹ für die Füße«, S. 103 ff.).

Ein sinnvolles Laufkonzept wird dieser Entwicklung entgegenwirken, um ein nachhaltig gesundes Laufen zu ermöglichen. Hierbei ist das Ziel, den natürlichen Laufstil (wieder) zu erlernen. Eine Zeit lang wurde dies gleichgesetzt mit Barfußlaufen beziehungsweise Laufen in Zehenschuhen oder anderen Barfußtrainern. Dies kann tatsächlich ein wichtiges Element eines gesunden Lauftrainings sein, aber der Tausch der alten Laufschuhe durch ein Paar Zehenschuhe allein macht noch keinen gesunden Laufstil – möglicherweise wird sogar das Gegenteil bewirkt. Denn wenn die Annäherung an eine natürliche, gesunde Laufbewegung nicht graduell erfolgt und von einem zusätzlichen Athletiktraining begleitet wird, drohen ernsthafte Verletzungen.

Deshalb macht es Sinn, das reine Lauftraining mit weiteren Trainingselementen zu ergänzen, die für ein nachhaltig gesundes Laufen wichtig sind. Diesen Ansatz verfolgt das MARQUARDT-RUNNING®-Konzept, das zielgruppenspezifische Athletikübungen für Laufanfänger, Fortgeschrittene und Läufer mit Verletzungsproblemen enthält.

Anwendung in Gruppen und Teams

Im Folgenden werden ausgewählte Übungen aus dem MARQUARDT-RUNNING®-Konzept vorgestellt, die bei Lauftreffs oder Laufkursen vermittelt oder in allgemeine Gesundheitsworkshops integriert werden können. Dabei werden jeweils Basisübungen aus den Bereichen Aufwärmen, Koordination, Laufkraft, Lauftechnik, Rumpfstabilisation und Stretching herausgegriffen, die für Einsteiger geeignet sind und ohne größere technische Hilfsmittel durchgeführt werden können. Weitere Übungen finden sich unter www.marquardt-running.com.

Übung 1: Namensrunde (Aufwärmen)

Diese einfache Übung verbindet das Aufwärmen – ein wichtiges Element jedes Lauftrainings – mit dem Namenlernen aller Teilnehmenden und ist deshalb sehr gut für die ersten Termine mit der Trainingsgruppe geeignet. Für spätere Termine bieten sich für das Aufwärmen einfache Lauf- oder Fangspiele an wie zum Beispiel Brücken- oder Kettenfangen. Auch Erwachsene entwickeln nach anfänglicher Zurückhaltung oft einen enormen Spaß an diesen Spielen. Im Internet lassen sich zahlreiche Anleitungen und Varianten finden.

Vorbereitung
Einen leichteren, mittelgroßen Ball bereithalten und mit den Teilnehmern ins Freie gehen, wo ausreichend Platz zum Laufen vorhanden ist.

Durchführung
Die Gruppe wird gebeten, sich in einer großen Runde aufzustellen und den Ball im Kreis weiterzugeben. Jeder, der den Ball erhält, stellt sich dabei mit seinem Vornamen vor. Anschließend soll sich die komplette Gruppe locker laufend fortbewegen.
Ein Teilnehmer erhält den Ball mit der Aufgabe, diesen jemandem zuzuwerfen, an dessen Namen er sich erinnern kann. Beim Werfen spricht er den Namen laut aus. Dieser Teilnehmer wirft den Ball dann wieder weiter zu jemandem, dessen Namen er weiß und so weiter. Dabei sollten in der ersten Runde immer Teilnehmer angespielt werden, die noch keinen Ball erhalten haben, damit jeder integriert wird und alle Namen gelernt werden können. Die gesamte Gruppe soll dabei in Bewegung bleiben. Die Übung ist beendet, wenn jeder den Ball dreimal in der Hand hatte.

Übung 2: Einbeinstand (Koordination)

Diese Übung fördert die Balance und einen kraftvollen und stabilen Stand auf einem Bein. Dies ist für einen gesunden Laufstil wichtig, da die beim Laufen wirkenden Stoßkräfte jeweils von einem Bein abgefangen werden müssen.

Vorbereitung
Die Teilnehmer brauchen ausreichend Platz, um diese Übung durchzuführen. Bei fortgeschrittenen Teilnehmern oder späteren Trainingsterminen bietet es sich an, die Übung durch eine weiche oder wackelige Unterlage zu erschweren. Dazu werden entsprechende Hilfsmittel wie ein zusammengelegtes Handtuch oder entsprechende Stabilisationstrainer oder -matten bereitgehalten.

Durchführung
Die Teilnehmer werden gebeten, einen Fuß anzuheben und »einfach« 15 Sekunden möglichst ruhig auf einem Bein zu stehen. Dabei ist es wichtig, dass das Standbein minimal gebeugt bleibt, der Rumpf schön stabil ist und sich der Kopf in der Verlängerung der Wirbelsäule befindet.
Manchen Teilnehmern fällt diese einfache Balanceübung schon schwer. Dann hilft in vielen Fällen der Hinweis, sich einen festen Punkt zu suchen und diesen mit den Augen zu fixieren. Für diejenigen, denen die Übung sehr leichtfällt, lässt sie sich auf verschiedene Weise erschweren. Zum Beispiel:

- auf einer weichen oder wackeligen Unterlage stehen
- das angehobene Bein seitlich anwinkeln
- beide Arme nach oben strecken und dabei ein Gewicht in einer Hand halten
- den Oberkörper nach vorn neigen und das angehobene Bein nach hinten strecken
- ein Auge oder sogar beide Augen schließen

Diese Übung wird am besten dreimal (jeweils ungefähr 15 Sekunden pro Bein) durchgeführt.

Übung 3: Parkbank (Laufkraft)

Diese Übung dient der Kräftigung der Oberschenkel- und Gesäßmuskulatur, die für einen effizienten und gesunden Laufstil wichtig, aber leider häufig durch übermäßiges Sitzen abgeschwächt ist. Außerdem schult die Parkbankübung aufgrund der einbeinigen Ausführung die Balance und fördert durch den komplexen Bewegungsablauf auch die Koordination.

Vorbereitung

Die »Parkbank« führt man am besten im Freien durch. Dafür sucht man sich einen Ort mit mehreren Bänken oder anderen stabilen Stufen oder Sitzgelegenheiten in ähnlicher Höhe. Die Teilnehmer brauchen ausreichend Platz, um die Übung durchzuführen. Optimal ist es, wenn sich jeweils zwei oder drei Teilnehmer eine Parkbank »teilen«. Wenn die Übung drinnen durchgeführt werden muss, dann funktioniert sie auch auf einem stabilen Stuhl oder einer Bank.

Durchführung

Ausgangsposition: Die Teilnehmer werden gebeten, den rechten Fuß flach und mittig auf der Bank (dem Stuhl) abzustellen. Dann sollen sie beide Arme spitz anwinkeln, den angewinkelten linken Arm nach vorn nehmen und den angewinkelten rechten Arm so weit nach hinten zu schieben, dass sich ein kleines »Dreieck« zwischen dem hinterem Arm und dem Oberkörper bildet.

Bewegung: Aus dieser Ausgangsposition steigen die Teilnehmer dann auf die Bank, strecken das rechte Bein durch und heben das linke Bein kniehoch vor dem Körper an. Diese Position wird kurz gehalten, bevor kontrolliert wieder von der Bank hinuntergestiegen wird, bis die Ausgangsposition erreicht ist. Dabei bewegen sich die Arme kreuzkoordiniert mit. Das bedeutet: Wenn das rechte Knie vorn und angewinkelt ist (Ausgangsposition), ist der linke Arm vorn und wenn das linke Knie vorn und angewinkelt ist (Endposition auf der Bank), dann ist der rechte Arm vorn. Dabei wird der spitze Armwinkel beibehalten. Außerdem ist es wichtig, beim Auf- und Absteigen eine gewisse Körperspannung aufrechtzuerhalten.

Viele Teilnehmer brauchen ein paar Anläufe, bis diese Übung »sitzt«. Dann sollte man als Trainer behutsam korrigieren und zum Weitermachen animieren. Auch hier sollte es drei Durchgänge mit jeweils zehn bis 15 Wiederholungen pro Bein geben.

Übung 4: Barfuß laufen (Lauftechnik und Ausdauer)

Eine der einfachsten, aber effektivsten Übungen zur Verbesserung der Lauftechnik ist das Laufen ohne Schuhe. Dabei werden die Fußmuskeln gekräftigt und man übernimmt meist unwillkürlich einen natürlicheren Laufstil mit kleineren Schritten und einem Fußaufsatz über den Vorfuß. Außerdem fühlt es sich einfach gut an, den Füßen auf weichem Boden einmal freien Lauf zu lassen.

Vorbereitung

Man braucht für das Barfußlaufen in jedem Fall einen weichen Untergrund, zum Beispiel Rasen, Sand oder Waldboden. Außerdem haben einige Teilnehmer Hemmungen, die Schuhe auszuziehen und barfuß zu laufen. Da hilft es oft zu erklären, warum es wichtig ist, barfuß zu laufen. Sie können den Teilnehmern auch sogenannte Fuß-trainer oder Barfußschuhe (geeignet sind beispielsweise Surfschuhe) zur Verfügung stellen. Diese bieten ein barfußähnliches Laufgefühl, schützen aber vor Verletzungen durch spitze oder scharfe Gegenstände.

Durchführung

Wenn ein geeigneter Platz für das Barfußlaufen gefunden ist, dann kann es losgehen: Die Teilnehmer sollen einige Minuten einfach barfuß ihre Runden drehen und dabei spüren, wie sich das anfühlt und was sich vielleicht im Vergleich zum Laufen in Schuhen verändert. Dieser Wahrnehmungsfokus schult die Achtsamkeit, und die Erkenntnisse daraus können im Anschluss mit den Teilnehmern reflektiert werden. Die Zeit für das Barfußtraining sollte zu Beginn nicht mehr als fünf Minuten betragen und nur sehr behutsam gesteigert werden. Ohne Schuhe zu laufen ist natürlich und gesund – aber auch sehr anstrengend für die Fuß- und Wadenmuskulatur, die sich daran erst (wieder) gewöhnen müssen.

Übung 5: Unterarmstütz (Rumpfstabilisation)

Der Unterarmstütz kräftigt den gesamten Körper, insbesondere den Rumpf, dessen Stabilität für einen gesunden Laufstil immens wichtig ist, weil an diesem Arme und Beine »befestigt« sind, die beim Laufen locker und doch kraftvoll schwingen sollen. Stellen Sie sich vor, Sie lassen ein Pendel an einem starken und stabilen Ast pendeln. Es wird sich in schönen geraden Schwüngen bewegen. Hängt es aber an einem dürren und schwachen Ästlein, dann wird es in unkontrollierten Bewegungen »herumeiern«. Dies lässt sich auf das Laufen übertragen – ein effizienter, gesunder und kraftvoller Laufstil braucht einen stabilen Rumpf als Ausgangspunkt.

Vorbereitung

Da die Übung auf dem Boden durchgeführt wird, braucht man einen sauberen und trockenen Untergrund oder Gymnastikmatten, die man den Teilnehmern zur Verfügung stellt.

Durchführung

Die Teilnehmer werden gebeten, sich zunächst auf den Bauch zu legen, sich dann auf die Unterarme zu stützen, die Füße aufzustellen, den ganzen Körper anzuheben und durchzustrecken, sodass der Rumpf und die Beine eine waagerechte Linie bilden. Der Kopf befindet sich dabei in der Verlängerung der Wirbelsäule. Diese Position sollte dann etwa 20 Sekunden gehalten werden. Dabei ist es wichtig, die Bauchmuskulatur anzuspannen und das Gesäß nicht nach oben zu strecken.

Vorbereitung

Da die Übung auf dem Boden durchgeführt wird, braucht man einen sauberen und trockenen Untergrund oder Gymnastikmatten, die man den Teilnehmern zur Verfügung stellt.

Durchführung

Die Teilnehmer werden gebeten, sich zunächst auf den Bauch zu legen, sich dann auf die Unterarme zu stützen, die Füße aufzustellen, den ganzen Körper anzuheben und durchzustrecken, sodass der Rumpf und die Beine eine waagerechte Linie bilden. Der Kopf befindet sich dabei in der Verlängerung der Wirbelsäule. Diese Position sollte dann etwa 20 Sekunden gehalten werden. Dabei ist es wichtig, die Bauchmuskulatur anzuspannen und das Gesäß nicht nach oben zu strecken.

Auch hier werden wieder drei Durchgänge gemacht, wobei es sich empfiehlt, eine Stoppuhr laufen zu lassen, damit Trainer und Teilnehmer sich auf die korrekte Durchführung der Übung konzentrieren können.

Übung 6: Hüftbeuger (Stretching)

Ein Muskel, der für das gesunde Laufen wichtig, aber durch das häufige Sitzen meist stark verkürzt ist, ist der Hüftbeuger. Dies begünstigt nicht nur einen »sitzenden« Laufstil, sondern kann auf Dauer auch zu Beschwerden führen. Deshalb ist es wichtig, die Hüftbeugemuskulatur geschmeidig zu halten. Dies ist das Ziel der folgenden Dehnübung.

Vorbereitung

Auch hier wird wieder ein trockener und sauberer Untergrund (oder eine Gymnastikmatte pro Teilnehmer) benötigt.

Durchführung

Die Teilnehmer werden gebeten, sich auf den Boden beziehungsweise die Matte zu knien. Aus dieser Position heraus wird ein Fuß im Ausfallschritt nach vorn aufgestellt. Dabei sollte der Kniebeugewinkel im vorderen Bein größer als 90 Grad sein, um Druck auf dem Knie zu vermeiden. Das hintere Bein liegt mit dem Unterschenkel auf dem Boden oder der Matte auf. Der Fuß des hinteren Beins kann mit den Zehen aufgestellt sein oder flach mit dem Fußrücken aufliegen. Die Hände können auf dem vorderen Knie aufgestützt werden oder auch neben dem Knie auf dem Boden abgelegt werden.

Nun wird die Dehnung verstärkt, bis eine deutliche Dehnung im Hüftbeugemuskel des hinteren Beins zu spüren ist. Diese Dehnung ungefähr 20 Sekunden halten und dann die gleiche Übung mit dem anderen Bein durchführen. Dabei ist es wichtig, die Bauchmuskulatur anzuspannen, um ein Hohlkreuz zu vermeiden.

Übung 7: Golfball (Regeneration)

Um die Fußmuskeln zu aktivieren beziehungsweise nach dem Barfußtraining wieder zu entspannen, ist eine Selbstmassage des Fußgewölbes mit einem Golfball wunderbar geeignet.

Vorbereitung

Einen Golfball pro Teilnehmer bereithalten. Für einen ebenen, nicht zu glatten Untergrund sorgen. Teilnehmer bitten, die Schuhe auszuziehen (die Übung kann barfuß, aber auch in Socken durchgeführt werden).

Durchführung

Die Teilnehmer stehen barfuß im Kreis. Jeder Teilnehmer erhält einen Golfball und wird gebeten, diesen unter das Fußgewölbe (der Teil zwischen Ferse und Ballen) eines Fußes zu legen. Dann soll das Fußgewölbe durch Vorwärts- und Rückwärtsbewegungen auf dem Golfball mit leichtem Druck durchmassiert werden. Dabei insbesondere auch die Innenseite des Fußgewölbes miteinbeziehen.
Diese Übung kann so lange durchgeführt werden, wie sie angenehm ist, sollte aber mindestens zehn Vor- und Rückwärtsbewegungen über das Gewölbe hinweg umfassen.

Möglichkeiten für Lauftrainings in Unternehmen

Laufen ist ein idealer Sport für den Einsatz innerhalb eines BGM-Konzepts, da er wenig Equipment erfordert und im Prinzip von jedem betrieben werden kann. Vorstellbar ist zum Beispiel ein regelmäßiger Lauftreff, in den die beschriebenen Übungen integriert werden können. Das »reine« Laufen kann in verschiedenen Gruppen erfolgen, die je nach Trainingszustand eingeteilt werden können.

Ziele wirken auch hier motivationssteigernd (s. Kapitel »Motivation durch konkrete Ziele – Tools zur Zielformulierung«, S. 176 ff.). Diese kann jeder einzelne Teilnehmer für sich festlegen (zum Beispiel 20 Minuten am Stück oder fünf Kilometer unter 30 Minuten laufen können) und auch zwischen den festen Trainingsterminen im Unternehmen weiterverfolgen.

Förderlich für den Teamzusammenhalt und die Motivation ist die gemeinsame Teilnahme an Laufevents. Dazu eignen sich insbesondere Teamstaffeln oder Mannschaftsläufe, wo das Teamerlebnis und der gemeinsame Erfolg im

Vordergrund stehen. Wenn die Vorbereitung für solche Teamevents durch einen professionellen Coach begleitet wird, kann man die gemachten Erfahrungen auch für eine Teamentwicklung nutzen. Leitfragen können hierbei beispielsweise sein:

- Was hat zum Erfolg beigetragen?
- Was können wir davon in den Arbeitsalltag übertragen?
- Welche unterschiedlichen Rollen waren für den gemeinsamen Erfolg wichtig?
- Welche Unterschiede gibt es zu unseren beruflichen Rollen?
- Welche Stärken haben wir gezeigt?
- Welche davon wollen wir zukünftig auch im Job nutzen?
- Wie sind wir mit Schwächen oder Schwierigkeiten umgegangen?
- Was können wir daraus für die Zusammenarbeit lernen?

Literatur und Internet

Marquardt, Matthias (2014): *Die Laufbibel.* Das Standardwerk zum gesunden Laufen. 14. Auflage. Hamburg: spomedis.
Viele weitere Hintergrundinformationen und zusätzliche Übungen finden Sie unter: *www.*marquardt-running.com.

Mit wenig viel erreichen –
Bewegungsquickies für Vielsitzer

Anke von Popowski

Kurz und knapp

Im Folgenden finden Sie Anregungen für kleine Bewegungseinheiten, die leicht nachvollziehbar und ohne großen Zeit- oder Materialaufwand direkt am Arbeitsplatz umsetzbar sind. Der Fokus liegt auf der Entlastung des Rückens durch Bewegung und Entspannung. Das Herstellen eines Bezugs zur Schulter-Nacken-Region (s. Kapitel »Verspannungen wegbewegen – Nackenentspannung für zwischendurch«, S. 98 ff.) sowie zum Thema Augenentspannung (s. Kapitel »Training für Bildschirmarbeiter – Fitnessübungen für die Augen«, S. 70 ff.) ist ausdrücklich erwünscht.

Ziele und Effekte

- einseitiger Haltung entgegenwirken
- mehr Wohlbefinden bei der Bewältigung der täglichen Aufgaben erreichen
- muskuläre Dysbalancen vermeiden
- Verspannungen lindern
- Verbesserung der Konzentration und der kognitiven Leistungen
- Stimulation des Herz-Kreislauf-Systems
- Durchblutungsförderung
- Verbesserung der physischen und mentalen Entspannungsfähigkeit

Hintergrund und Beschreibung

Der Mensch braucht nicht nur zum Erhalt seiner körperlichen Funktionen, sondern erwiesenermaßen auch zur Entfaltung seiner kognitiven Fähigkeiten Bewegung. Ohne einen Wechsel von An- und Entspannung droht unser aktiver Bewegungsapparat zu verkümmern oder – was ebenso wenig wünschenswert ist – in einen Zustand dauerhafter Anspannung überzugehen. In beiden Fällen besteht die Gefahr, dass Dysbalancen (Ungleichgewichte) entstehen, die Einschränkungen in der Beweglichkeit, Schmerzen und eine geringer werdende Belastbarkeit zur Folge haben können.

Bewegung ist Leben – nicht nur, um leistungsfähige Muskeln und geschmeidige Gelenke zu behalten, verspannungsbedingten Beschwerden oder Verdauungsproblemen vorzubeugen, sondern, um sich besser konzentrieren und produktiv bleiben zu können. Das gelegentliche Unterbrechen des Sitzmarathons tut dem Homo erectus (dem aufrechten Menschen) sehr gut, ja, ist sogar unabdingbar!

Heutige Büroarbeitsplätze sind mit modernster Technik ausgestattet. Arbeitsabläufe sind häufig so gestaltet, dass alles »bequem« vom Schreibtisch aus bewältigt werden kann. Je mehr das papierlose Büro zur Normalität wird, desto weniger besteht für die Mitarbeiter die Notwendigkeit, gelegentlich aufzustehen, um sich eine Akte zu holen, etwas zu kopieren oder einen Besuch in der Poststelle zu machen und damit einen Belastungswechsel zu erfahren. Entsprechend lassen sich die Haltungsmerkmale für am Computer tätige Personen folgendermaßen zusammenfassen:

- Kopf und Schultern sind nach vorn verlagert,
- der Brustkorb ist eingesunken, was die Atmung beeinträchtigt,
- der Rücken rundet sich, oft einhergehend mit verspannungsbedingten Beschwerden,
- die Bauchorgane werden regelrecht eingeklemmt, während sich die Bauchdecke eher abschwächt,
- Hüft- und Kniegelenke sind gebeugt – dauerhaft kann dies zu Verkürzungen der gelenkumgebenden Muskeln führen.

Das bedeutet: Der menschliche Körper kommt aus dem Gleichgewicht! Die Art und Weise, wie und wie lange wir sitzen, beeinflusst maßgeblich unser Befinden, unsere Arbeitsmotivation und Leistungsfähigkeit. Anforderungen für die Gestaltung von Bildschirm- und Büroarbeitsplätzen werden bereits von vielen Arbeitgebern eingehalten: wie zum Beispiel die individuelle Anpassbarkeit von Schreibtischhöhe und -stuhl, Vorgaben zur Gestaltung von Bildschirm, Maus und Tastatur, die Lichtverhältnisse und vieles mehr.

Darüber hinaus kommt jedoch der Prävention eine sehr große Bedeutung zu. Neben ergonomischen Ansatzpunkten wird die Sensibilisierung der einzelnen Mitarbeiter für die Möglichkeiten gesundheitsbewussten Verhaltens am Arbeitsplatz und somit für die Übernahme von Eigenverantwortung zum Erhalt beziehungsweise zur Wiederherstellung des Wohlbefindens künftig eine zunehmend größere Rolle spielen. Überzeugend eingeführt kann dies sehr erfolgversprechend sein.

Die Sauerstoffzufuhr anzukurbeln, eine mäßige Stimulation des Herz-Kreislauf-Systems zu erreichen, die Durchblutungssituation dauerbeanspruchter (zum Beispiel Schultergürtel) oder brachliegender Muskeln (zum Beispiel Bauch) zu verbessern sowie die physische und mentale Entspannungsfähigkeit zu steigern – all dies sind Gründe, die gelegentliche »bewegte Pausen« im Arbeitsalltag rechtfertigen.

Der Trainer oder Coach erhält mit den folgenden Übungen konkrete Anleitungen an die Hand, mit denen er Einzelpersonen und/oder Gruppen darin unterstützen kann, den Teufelskreis von Bewegungsmangel und -monotonie, verminderter Durchblutung der Muskulatur und dem Auftreten von schmerzhaften Verspannungen zum Beispiel im Rücken- und Nackenbereich zu durchbrechen. Im Rahmen eines umfassenderen betrieblichen Gesundheitsmanagementkonzepts wird damit ein Beitrag zur Reduktion von beschwerdebedingten Fehlzeiten geleistet.

Die Übungen können im Einzel- oder Gruppencoaching vermittelt oder in umfassendere Konzepte eingeflochten werden. Besteht beispielsweise im Rahmen eines Gesundheitstages die Gelegenheit, einen Workshop mit Schwerpunkt Bewegung oder Entspannung durchzuführen, empfiehlt sich eine methodisch sinnvolle Übungsauswahl angepasst an die Tätigkeitsschwerpunkte der Teilnehmenden.

Auch in Coachings oder Trainings zu anderen Themen lockern Bewegungspausen auf, erlauben einen Blick auf etwas Wohltuendes und sensibilisieren für mehr Achtsamkeit im Umgang mit sich selbst. Bereits eine einzelne Übung stellt einen wertvollen Impuls zur Vermeidung von verspannungsbedingten Beschwerden dar. Eine zweiminütige Unterbrechung ist besser als gar keine.

Der Fokus der Übungsauswahl liegt auf dem Ausgleich spezifischer körperlicher Beanspruchungen bei sitzender Tätigkeit. Ohne Frage lassen sich nahezu alle Vorschläge auch auf Personen mit überwiegend stehender Tätigkeit übertragen (gegebenenfalls erfolgt eine geringfügige Modifikation entsprechend den Ausführungen in Klammern). Für die Anregungen im Stehen trifft dies ohnehin zu. Zur Festigung des Erlebten haben sich regelmäßige Wiederholungen im gleichen Setting bewährt. Ist dies nicht möglich, sollte über eine Multiplikatorenschulung für Mitarbeiter nachgedacht werden. Bei

Literaturtipp
Bernd Reinhardt gibt in seinem Buch »Ohne Rückenschmerzen bis ins hohe Alter« (2007) zahlreiche Denk- und Handlungsanstöße, wie in Büroräumen, Fluren und Umgebung Bewegungsanlässe für Mitarbeiter geschaffen werden können (Reinhardt 2007, S. 88 ff.).

diesem Vorgehen erfolgt eine sinnvolle Übergabe von Verantwortung seitens des Trainers, des Coachs an die Zielgruppe, die die Nachhaltigkeit einer solchen Maßnahme unterstützt. Es hat sich gezeigt, dass die Akzeptanz (nicht nur) von bewegungsbezogenen Interventionen innerhalb einer Abteilung, oft aber auch im gesamten Unternehmen sehr viel größer ist, wenn Vorgesetzte deren Wirkung am eigenen Körper (mit)erleben.

Anwendung in Gruppen und Teams

Vorbereitung Idealerweise öffnet man vor jeder aktiven Pause die Fenster, um die Sauerstoffzufuhr zu unterstützen. Sofern die zeitlichen Rahmenbedingungen dies zulassen, wird die Einheit mit einigen bewussten Atemzügen eingeleitet und/oder entsprechend beendet.

Durchführung Zur Auflockerung im Rahmen eines Gruppencoachings bieten sich Bewegungspausen mit Sequenzen von zwei bis drei Übungen an. Auch Einheiten von 15 bis 20 Minuten sind denkbar. Der Trainer oder Coach sollte die Übungen in jedem Fall verbal und visuell – indem er sie vorab selbst durchführt – anleiten.

Für alle Übungen gilt:

- Bei der Bewegungsausführung ruhig weiteratmen – durchschnittlich fünf bis sechs Atemzüge pro Übung und Seite.
- Idealerweise bei geöffnetem Fenster üben, um die Sauerstoffzufuhr zu begünstigen (und das Öffnen und Schließen des Fensters ist Teil der aktiven Pause).
- Die Übungen langsam und kontrolliert, niemals jedoch ruckartig ausführen.
- Sollten Schmerzen, Schwindel oder Unwohlsein auftreten, die Übung beenden.

Übung 1: Dem Himmel entgegen

Ziel

Aufrichtung und Mobilisation des gesamten Oberkörpers (wenn man nach längerem Sitzen unbewusst etwas zusammengesackt ist); Ausgleich zu Steifigkeit in Hand- und Schultergelenken und bei Beschwerden in der Brustwirbelsäule, vermehrte Sauerstoffzufuhr.

Ausführung

Etwas von der Lehne abrücken und Füße fest in den Boden stemmen, die verschränkten Hände mit der Handfläche voran zur Decke schieben. Mit der Ausatmung den Oberkörper nach rechts neigen, einatmend halten und ausatmend zur anderen Seite neigen. Mit der nächsten Einatmung wieder aufrichten und ausatmend die Arme über die Seiten senken.

(Alternativ im Stehen: nahezu identisch ausführbar. Es ist jedoch darauf zu achten, dass es zu keiner Verschiebung des Beckens nach rechts beziehungsweise links über die Fußaußenkante kommt.)

Übung 2: Die Welle

Ziel

Wirbelsäulenmobilisation, Rückenentlastung; Verbesserung der Flüssigkeitszufuhr für die Bandscheiben; Durchblutungsförderung für die Rückenstreckmuskulatur.

Ausführung

Diese Übung ist im Sitzen oder Stehen (dabei die Knie leicht beugen) möglich. Den Oberkörper in seiner physiologischen Doppel-S-Form mit den Händen auf den Oberschenkeln abstützen. Dabei den Körper vom Steißbein bis zum Scheitel möglichst gleichmäßig runden (ausatmen) und wieder strecken (einatmen).

Übung 3: Twist

Ziel

Beweglichmachen der Wirbelsäule in Rotation, eine wichtige (bei andauerndem Sitzen jedoch vollkommen vernachlässigte) Bewegungsebene unseres zentralen Achsenorgans.

Ausführung

Im aufrechten Sitz etwas von der Stuhllehne abrücken. Arme vor der Brust kreuzen und Hände locker auf den Schultern platzieren (dies erinnert uns daran, die Schultern bei dieser Übung nicht anzuheben). Die Wirbelsäule strecken, als würde man eine Krone auf dem Kopf balancieren, und dabei einatmen. Mit der Ausatmung den Oberkörper zu einer Seite drehen und über die entsprechende Schulter blicken. Mit der Einatmung wieder zurückkehren in die Mitte, um die Rotation entsprechend zur anderen Seite auszuführen.

(Diese Übung ist zwar prinzipiell auch im Stehen möglich, da jedoch das Risiko für unerwünschte Ausweichbewegungen (insbesondere die Rotation im Kniegelenk) nicht unerheblich ist, kann ich sie nur bedingt – in der Ausgangsstellung analog der Übung »Die Welle« – empfehlen. Während die linke Hand auf dem Oberschenkel abgestützt bleibt, mit dem rechten Handrücken an der Stirn den Oberkörper ruhig atmend nach rechts drehen und unter dem angewinkelten rechten Arm hindurchschauen; nach drei bis vier Widerholungen die Seite wechseln.)

Übung 4: »Am Rad drehen«

Ziel

Der Wirbelsäulensteifigkeit entgegenwirken, Mobilisation zur Seite, Dehnung der Atemhilfsmuskulatur. Dadurch verbessert sich auch die Atemtiefe und die vermehrte Sauerstoffzufuhr erhöht die Konzentrationsfähigkeit.

Ausführung

Aufrechter Sitz ohne die Lehne zu berühren. Die Beine sind etwa in einem 90-Grad-Winkel geöffnet, die Füße stehen fest auf dem Boden. Die Arme werden mit der Einatmung zur Seite angehoben und die Hände umschließen ein imaginäres großes Rad. Ausatmend den Oberkörper in einem langen C-Bogen zur Seite neigen und dabei das Rad mitdrehen, sodass schließlich eine Hand das Rad von unten stützt und die andere es am höchsten Punkt führt. Nach der Oberkörperaufrichtung (mit der Einatmung) die Neigung entsprechend zur anderen Seite wiederholen.

Anzumerken ist, dass die Schulterblätter während der gesamten Sequenz nach unten gleiten. Es bleibt viel Platz zwischen angehobenem Arm und den Ohren.

(Alternativ im Stehen: Nahezu identisch ausführbar. Es ist jedoch darauf zu achten, dass es vergleichbar der Übung »Dem Himmel entgegen« zu keiner Verschiebung des Beckens nach rechts oder links über die Fußaußenkante kommt.)

Übung 5: Beckenschaukel auf dem Stuhl und Beckenuhr

Ziel

Durchblutungsförderung der Rückenmuskulatur, Begünstigung der Flüssigkeitsaufnahme der Bandscheiben, Förderung der Entspannung im Lenden-Becken-Bereich.

Ausführung

Bei der Beckenschaukel wird aufrecht sitzend in der Mitte der Sitzfläche im Wechsel die rechte und linke Gesäßhälfte angehoben. Durch die entstehende leichte Schaukelbewegung wird der Stoffwechsel aktiviert. Mit ein wenig Erfahrung setzt sich die Wirkung der Übung bis zum Nacken fort. Die Beckenuhr erweitert diese Übung dahingehend, dass das Pendeln in alle Richtungen geschieht. Es ist so, als säße man auf einem Zifferblatt und schaukelte zwischen drei und neun Uhr, sechs und zwölf Uhr und so weiter.

Um Verspannungen zu vermeiden, gilt für beide Übungen: gleichmäßiges, ruhiges Atmen und den Kopf im Lot über dem Becken halten (etwa, wie ein kleiner Ball, den ein Seehund auf der Nase balanciert).

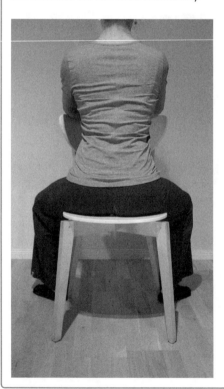 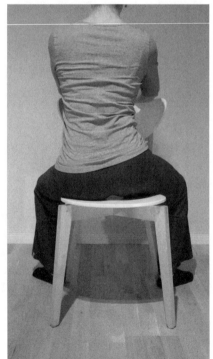

Übung 6: Relax your hands

Ziel

Dehnung der Fingerbeugemuskulatur. Die Übung ist ein guter Ausgleich für alle, die viel am Computer und mit der Maus arbeiten. Ideal bei Beschwerden im Bereich von Hand, Unterarm und Ellenbogen.

Ausführung

An der Schreibtischkante oder einer Tischkante stehend werden die Hände so auf der Tischfläche platziert, dass die Fingerspitzen zum eigenen Körper zeigen. Bei gestreckten Ellenbogen wird der Körperschwerpunkt vorsichtig nach hinten verlagert, bis ein Dehnungsgefühl auf der Unterarminnenseite und/oder der Handfläche zu spüren ist. Dabei ruhig weiteratmen, Schultern möglichst entspannen.

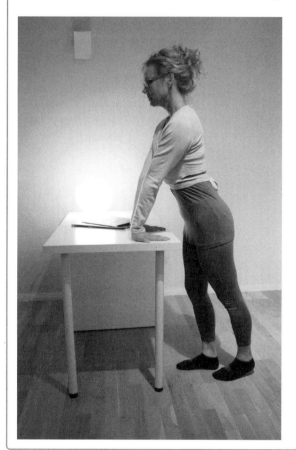

Übung 7: Ischiasfreude

Ziel

Dehnung der tiefen Gesäßmuskulatur. Entlastung des Ischiasnerven (auch bei bestehenden Beschwerden möglich, sie dürfen jedoch nicht schlimmer werden).

Ausführung

Von der Lehne wegrutschen, den linken Unterschenkel über den rechten Oberschenkel legen. Die linke Hand schiebt leicht gegen das linke Knie. Zur Verstärkung der Dehnungswirkung den aufrechten Oberkörper nach vorn lehnen. Ruhig weiteratmen. Die Übung auf der anderen Seite entprechend durchführen.

(Im Stehen findet die Übung angelehnt mit dem Gesäß an der Wand und leicht gebeugtem Standbein statt.)

Vielleicht verwundert es Sie, dass die folgenden Übungsanregungen in diesem Zusammenhang aufgeführt werden. Was haben Entspannungsübungen der Beinmuskulatur mit dem Rücken zu tun? Zu den Auswirkungen stundenlangen Sitzens auf den Bewegungsapparat gehört auch die Anpassung der Hüft- und Kniebeugemuskulatur. Während die Bauchmuskeln tendenziell »verkümmern«, also abschwächen, reagieren Strukturen, die sich (im Hinblick auf Muskelansatz und -ursprung) permanent »im angenäherten Zustand« befinden, mit einer Spannungszunahme. Dies wiederum kann durchaus fatale Folgen für die Lenden-Becken-Statik haben und das Entstehen von Rückenschmerzen begünstigen.

Die beschriebenen Ausgleichsanregungen sind auch eine sehr sinnvolle Maßnahme für den Personenkreis, der seine Tätigkeit ausschließlich oder überwiegend stehend ausübt. Neben Beschwerden im Rücken lassen sich zum Beispiel Durchblutungsstörungen in den Beinen, schmerzende Füße und Waden durch entsprechende Bewegungspausen minimieren.

Übung 8: Verneigung

Ziel
Dehnung der Beinrückseite, schwerpunktmäßig Oberschenkel.

Ausführung
Im Stehen beide Beine leicht beugen, den Oberkörper aufrichten. Ein Bein mit der Ferse am Boden nach vorn schieben, bis es nahezu gestreckt ist und den Oberkörper (ohne ihn zu runden!) nach vorn neigen, bis ein Dehnungsgefühl auf der Beinrückseite zu spüren ist. Zur Unterstützung eines sicheren Standes kann man sich mit dem Gesäß an die Wand lehnen. Im Sitzen: von der Lehne abrücken, Übungsausführung ansonsten identisch.

Übung 9: Schaukelstuhl

Ziel

Durchblutungsförderung der Wadenmuskulatur, Venenpumpe. Dem Versacken des Blutes in den unteren Extremitäten entgegenwirken. Förderung des Blutrückstroms zum Herzen. Besonders empfehlenswert bei Neigung zu Krampfadern und/oder Schwäche der Beinvenen.

Ausführung

Im Stehen wie im Sitzen wird das Gewicht abwechselnd von den Fersen über die gesamte Fußsohle zum Vorfuß und wieder zurück verlagert (etwa 15- bis 20-mal). Dabei hebt man beim Zurückrollen möglichst die Zehen vom Boden ab. Sollte das Schuhwerk ein Abrollen nicht zulassen, die Schuhe vor dem Üben auszuziehen.
Eine Variante stellt das (koordinativ etwas anspruchsvollere) gegengleiche Abrollen dar: Während man mit dem einen Fuß über die Ferse abrollt, befindet sich der andere auf dem Ballen.

Übung 10: Antiwadenkrampf

Ziel

Entspannung der Wadenmuskulatur, Reduktion der Krampfneigung; Entlastung der Achillessehne; Minderung der Fersenspornneigung.

Ausführung

Auf einer Treppenstufe stehend wird ein Fuß etwa zur Hälfte über die Stufenkante geschoben und nach hinten unten gesenkt; das vordere Bein gibt im Kniegelenk etwas nach. Ist keine Stufe vorhanden, dreht man sich mit dem Blick zu einer Wand, stellt eine Ferse auf und den Vorfuß gegen die Wand. Mit der anschließenden Verlagerung des Körperschwerpunktes über den vorderen Fuß wird ein deutliches Dehnungsgefühl in der Unterschenkelrückseite spürbar.

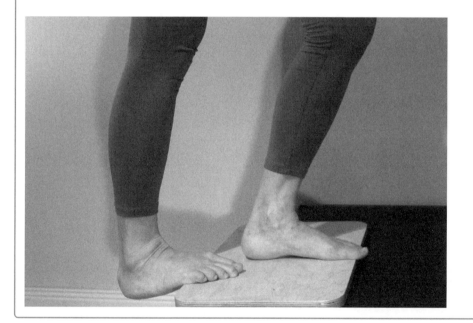

Übung 11: Hängebrücke

Ziel
Oberkörperstreckung, Dehnung der Vorderseite des Schultergürtels, Entlastung der gesamten Rückenmuskulatur (Ausgleich nach längerem nach vorn und unten gerichtetem Arbeiten).

Ausführung
Aufrechte Haltung, Hände liegen etwa schulterbreit auf dem Schreibtisch. Den Schreibtischstuhl so weit nach hinten rollen, bis Arme und Oberkörper etwa eine Ebene bilden. Während einiger ruhiger Atemzüge das Brustbein mehr und mehr sinken lassen. (Alternativ werden im Stehen die Hände rechts und links an einen Türrahmen gelegt, bevor in den Hüftgelenken eine Beugung erfolgt, bis der möglichst gestreckte Oberkörper mit langen Armen nach vorn in die Waagerechte sinkt.)

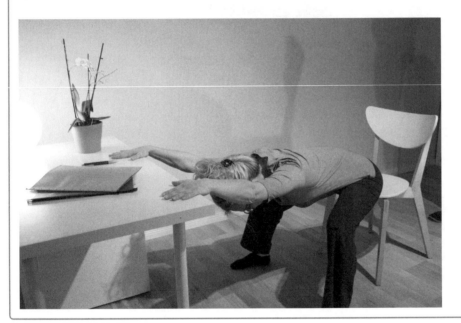

Anwendung im Einzelcoaching

Vorbereitung und Durchführung Grundsätzlich ist ein vergleichbares Vorgehen in der Einzelberatung denkbar. Insbesondere bei Beschwerden jedweder Art, wiederholten Fehlzeiten aufgrund von Krankheit oder sehr tätigkeitsspezifischen Fragen bieten sich das Ein-zu-Eins-Gespräch und die Durchführung der Übungen unmittelbar am Arbeitsplatz an. Die Anleitung zu individuellen Ausgleichsübungen kann in dem Fall eng mit einer ergonomischen Beratung verknüpft sein.

Literatur und Internet

Aktion Gesunder Rücken (AGR) e. V. (Hrsg.) (2010): *Der Ergonomie-Ratgeber.* Selsingen: AGR.

Herzog, Eva (2008): *Fit for Job.* Schnelle Ausgleichsübungen (erhältlich für unterschiedliche Tätigkeitsbereiche). Selbstverlag; siehe auch: www.physio-herzog.de.

Klein, Barbara u. a. (2000): *Ratgeber starker Rücken.* Köln: Naumann und Göbel.

Klüppel, Gilbert/Kuhnt, Ulrich (2000): *Rückengesundheit – Wirksam vorbeugen und behandeln.* Gesundheit für mich.

Reinhardt, Bernd (2007): *Ohne Rückenschmerzen bis ins hohe Alter.* München: Knaur.

Weiterführende Informationen finden Sie auch bei Konföderation der deutschen Rückenschulen: www.KddR.de und Aktion Gesunder Rücken: www.agr-ev.de.

Kein Kreuz mit dem Kreuz – Übungsreihe aus dem Hatha Yoga

Eve Berns

> **Kurz und knapp**
>
> Übungen zur Stärkung der Rückenmuskulatur.
>
> **Ziele und Effekte**
>
> - Die Achtsamkeit für den Rücken wird gestärkt, so kann präventiv Verletzungen vorgebeugt werden.
> - Die Übungen unterstützen eine gesunde Haltung.
> - Sie fördern die Beweglichkeit der Wirbelsäule, dienen einem kraftvollen Rückgrat und lösen Verspannungen.
> - Ein starker Rücken bildet mit einem kraftvollen Bauch ein Stützkorsett des Körpers.

Hintergrund und Beschreibung

Viele Menschen leiden unter akuten oder chronischen Rückenschmerzen. Die Ursachen sind vielfältig. Neben Unfällen sind einseitige Belastungen, Bewegungsmangel, stereotype Haltungsmuster und Stress die Auslöser von Rückenschmerzen. Stühle, Tische, Tastatur und Co. sind oft nicht auf die individuellen Bedürfnisse abgestimmt. Und falls doch, kann auch auf einem mehrfach verstellbaren Hightechstuhl ganz ausgezeichnet in ein und derselben, jahrelang eintrainierten Fehlhaltung verharrt werden.

Schade eigentlich, dass mit dem Wort »Rücken« Schmerzen und Symptome assoziiert werden, denn die Wirbelsäule (die Achse unseres Körpers) kann als flexible Stütze des Lebens angesehen werden, die einen Einfluss auf alle Teile des Körpers hat. Sie ermöglicht Bewegungen in alle Richtungen, die wir nur selten alle nutzen. Die Wirbel stehen für Flexibilität, die Säule dagegen für Standfestigkeit. Im übertragenen Sinn lässt uns dieses selbsttragende Gebilde mal beweglich, mal beharrlich agieren. Leider werden durch

Fehlbelastungen manche Muskeln über-, die anderen unterfordert, welche die natürlichen Funktionen der Wirbelsäule einschränken.

Gerade weil Rückenschmerzen eine Volkskrankheit sind, werden sie oft hingenommen und akzeptiert, temporär mit Schmerztabletten ertragen – ganz nach dem Motto »Die anderen haben das ja auch«. Die Ursache wird häufig nicht erkannt und die Anspannung beziehungsweise der Schmerz kehren zurück.

Ein Unwohlsein im Körper oder ein Schmerz beansprucht immer einen Teil der Aufmerksamkeit – bewusst oder unbewusst. Folgen sind beispielsweise verminderte Konzentration, die mit einer zusätzlichen Anstrengung ausgeglichen wird, um trotzdem die geforderte Arbeitsleistung zu bringen. Die Folge können dann andere Symptome sein, zum Beispiel Muskelverspannungen im Nacken oder ein erhöhtes Stressempfinden, das weitere physiologische Reaktionen wie etwa das Ausschütten von Stresshormonen auslöst.

Spätestens bei starken Schmerzen wird auch unserer Körperrückseite Aufmerksamkeit geschenkt. Daher ist es sinnvoll, Übungen vorbeugend zu machen, auch um das Verletzungsrisiko zu minimieren.

Es ist und sollte im Interesse vieler Arbeitgeber sein, dass die Gesundheit des Rückens ein Thema ist. Das kann in Form von Coaching und/oder Seminaren im Unternehmen geschehen. Neben der Mitarbeiterzufriedenheit kann so auch die Krankenquote gemindert werden. Statistisch sind ein Viertel aller Arbeitsunfähigkeitstage im Jahr auf Rückenschmerzen zurückzuführen (s. http://de.statista.com/themen/1364/rueckenschmerzen/, veröffentlicht 2014). Die Statistik spricht für sich und zeigt die Relevanz zum Thema Gesundheit. Neben dem Titel Volkskrankheit und Berufskrankheit verdient das Rückenleiden auch den Namen Zivilisationskrankheit. In der Steinzeit haben die Menschen wohl artgerechter gelebt, denn dort gab es keine Rückenschmerzen oder andere erst im Lauf der menschlichen Entwicklung entstandenen Krankheiten. Unter Reizüberflutung und Zeitdruck wird der Alltag oft eher bewältigt als gelebt.

Das schreit nach Veränderung im Alltag und nach Ausgleich! Nehmen wir als Vorbild doch Tiere – die streifen vermutlich auch heute noch ohne Rückenleiden durch die Natur. Die Asanas (Yogahaltungen), die Jahrtausende alt sind, waren von Tierhaltungen und deren Bewegungen wie auch von anderen Elementen der Natur inspiriert.

Anwendung in Gruppen und Teams

Für alle Übungen gilt Folgendes:

- Die Teilnehmer können im Kreis sitzen und sollten nach Möglichkeit eine Matte zur Verfügung haben.
- Wichtig ist, genügend Platz im Raum zu schaffen.
- Die Übungen sollten vorher selbst nochmals ausgeführt werden, um ein Gefühl für die Haltungen zu bekommen.
- Variationen im Hinterkopf haben, die leichter oder fordernder sind, um allen Teilnehmern gerecht zu werden.
- Stühle für die letzte Übung bereitstellen!

Die Trainerin oder der Trainer erklärt kurz die Ziele der Rückenübungen. Vorab sollte unbedingt nachgefragt werden, wer Beschwerden in dem Bereich hat oder schon einmal hatte. Gut ist es, die Teilnehmer daran zu erinnern, sich nicht zu überfordern oder sich mit anderen zu vergleichen. Wer akute und schwere Beschwerden hat, sollte besser erst Rücksprache mit einem Arzt nehmen.

Übung 1: Brücke

Übungsanleitung

»In die Rückenlage kommen und die Füße aufstellen, sodass der Rücken gut auf dem Boden gespürt werden kann. Schließen Sie die Augen und spüren Sie bewusst in den Rücken hinein.

Aus dieser Rückenlage mit aufgestellten Füßen, die Arme liegen neben dem Körper auf dem Boden, das Becken nach oben kippen und den Oberkörper weiter nach oben aufrollen, dann wieder abrollen in Richtung Boden, dabei den Rücken spüren. Die Arme bleiben auf dem Boden. Die Füße dabei fest zum Boden drücken und die Knie über den Fußgelenken ausgerichtet halten. Die Bewegung kann mit dem Atem synchronisiert werden. Mit der Einatmung nach oben, mit der Ausatmung zurück. Nach etwa fünfmal auf und ab halten Sie die Brücke für fünf tiefe Atemzüge. Versuchen Sie dabei die Schultern zu öffnen und das Becken oben zu halten. Die Brücke nimmt Spannung aus dem unteren Rücken, die Wirbelsäule wird flexibel und die Basis gestärkt.

Danach ziehen Sie die Beine gebeugt zum Oberkörper, umfassen die Beine mit den Armen und pendeln von Seite zu Seite, sodass der Rücken gut entspannen kann. Über die Seite nach oben aufrichten und in den Vierfüßlerstand kommen.«

Übung 2: Katze

Die Handgelenke sind unter den Schultern, Knie unter den Hüftgelenken. Dann vom unteren Ende der Wirbelsäule in die Rundung rollen, Kinn geht in Richtung Brustkorb (Katzenbuckel), abrollen vom unteren Ende der Wirbelsäule, Blick geht nach vorn. Schulterblätter gehen zusammen. Mit der Ausatmung in die Rundung, mit der Einatmung nach vorn schauen. Dabei den ganzen Rücken spüren und nur so weit in die Bewegung hineingehen, wie es sich gut anfühlt (etwa zwei Minuten).

Gesunder Körper – Ressourcen und Tools

Teil 01

Als Gegenbewegung in die Stellung des Kindes gehen. Auf die Fersen setzen, Stirn auf der Erde ablegen, Hände neben die Füße, Schultern und Arme hängen lassen. Entspannen und Loslassen.

Übung 3: Herabschauender Hund

In den Vierfüßlerstand zurückkommen, Knie von der Erde abheben, Gesäß nach hinten oben schieben, den Rücken strecken, Knie sind leicht gebeugt, Kopf und Nacken hängen lassen. Für drei bis sechs Atemzüge halten. Die Bandscheiben werden entlastet, der Schulterbereich mobilisiert, Verspannungen können gelöst werden. Rücken und Arme werden gestärkt und gedehnt. Die Durchblutung des Gehirns wird gefördert, der Geist so belebt – also die ideale Übung für zwischendurch im Büro.

Dann in die Stellung des Kindes zurückkommen und Anstrengungen loslassen. Als Nächstes nach oben in den Fersensitz aufrollen, den Kopf zuletzt, die Beine nach vorne ausstrecken.

Übung 4: Drehsitz

Den rechten Fuß neben dem linken Knie oder Oberschenkel aufsetzen, mit der linken Hand oder dem Arm das rechte Bein umfassen, den rechten Arm heben, mit dem Oberkörper nach rechts drehen und die rechte Hand hinter den Körper aufsetzen. Drei bis sechs Atemzüge halten, dann die Seite wechseln.
Die Wirbelsäule wird zu den Seiten flexibel, die Nervenbahnen entlang der Wirbelsäule aktiviert, welches eine stressreduzierende Wirkung hat. Die Muskulatur im Rücken gedehnt und gestärkt.

In der Rückenlange nachspüren, Beine im rechten Winkel hochnehmen, die Waden auf einem Stuhl ablegen. Spüren Sie den Kontakt zur Erde und nehmen Sie die enlastende Wirkung auf den Rücken wahr. Etwa drei Minuten so lassen. Die Rückenmuskeln können durch die erhöhte Beinlage gut entspannen, besonders für Leute mit Hohlkreuz ist diese Übung sehr hilfreich.
Es gibt immer wieder auch sportliche Menschen mit kräftiger Rückenmuskulatur, die unter Rückenschmerzen leiden. Dann ist der Hinweis auf Entspannungshaltungen wie Stellung des Kindes besonders wichtig. Generell soll immer ein Ausgleich zwischen Kräftigung und Entspannung entstehen.

Fragen Sie die Teilnehmer im Anschluss im Kreis, ob sie Veränderungen bemerken, damit diese auch wahrgenommen werden können. Der Trainer kann dazu motivieren, sich gerade die Übungen vorzunehmen, die man nicht so gern macht, weil diese oft besonders wirksam für die Person sind und Schwächen entgegenwirken. Vielleicht wird sie dann auch ganz bald zur Lieblingsübung.

Anwendung im Einzelcoaching

Vorbereitend den Raum so einrichten, dass sich Klient und Coach in alle Richtungen gut bewegen können. Eventuell den Klienten eine Matte mitbringen lassen oder eine zur Verfügung stellen. Auch hier gilt es, Vorerfahrungen zu erfragen, um die Übungen eventuell länger oder kürzer zu halten oder Variationen zu finden.

Die Übungen werden analog zur Anleitung in der der Gruppe durchgeführt. Der Coach sollte darauf achten, ob der Klient in gewohnte Haltungsmuster geht und dann gegebenenfalls korrigieren.

Literatur

Kaminoff, Leslie/Amy Matthews (2013): *Yoga-Anatomie. Ihr Begleiter durch die Asanas, Bewegungen und Atemtechniken.* München: Riva.

Trökes, Anna (2012): *Yoga für den Rücken.* München: Gräfe und Unzer.

Erst anspannen, dann entspannen – Progressive Muskelrelaxation

Cornelia Sinz

Kurz und knapp

In diesem Kapitel wird eine Kurzform der Progressiven Muskelrelaxation (auch Muskelentspannung genannt) vorgestellt, die in Gesundheitstrainings eingesetzt, als aktive Pause oder zur schnellen Entspannung in stressigen Arbeitssituationen genutzt werden kann.

Ziele und Effekte

Kurzfristig:
- körperliche Entspannung, Gelassenheit und innere Ruhe
- mentale Frische und geistige Leistungssteigerung
- Abnahme der Spannung der Skelettmuskulatur
- verlangsamter Pulsschlag, Senkung des Blutdrucks
- Regulierung der Atemtätigkeit

Längerfristig:
- Möglichkeit, sich leichter von Außenreizen zu schützen
- Zunahme der Merk- und Konzentrationsfähigkeit
- verbessertes Körpergefühl, mehr Selbstbewusstsein und innere Stärke
- Einschlafförderung

Hintergrund und Beschreibung

Der schwedische Arzt Edmund Jacobson erforschte in zahlreichen wissenschaftlichen Untersuchungen den Zusammenhang zwischen muskulöser Anspannung und verschiedenen körperlichen und seelischen Erkrankungen. Dabei fand er heraus, dass psychische Spannungen immer mit einer Verkürzung der Muskelfasern – also erhöhter muskulärer Spannung – einhergehen. Er folgerte, dass sich die Entspannung der Muskeln wiederum positiv auf die psychische Verfassung auswirken müsste, und entwickelte daraus Anfang des 20. Jahrhunderts die Methode der Progressiven Muskelrelaxation (PMR – wörtlich: voranschreitende Entspannung).

Im PMR-Training werden willentlich verschiedene Muskelgruppen nacheinander entspannt, indem sie zunächst angespannt und dann wieder gelockert werden. Dabei sollten die Teilnehmer sorgfältig auf die Empfindungen achten, die an ihren Muskeln entstehen – insbesondere auf den Kontrast zwischen Anspannung und Entspannung. Wenn die Muskelgruppe angespannt wird, spüren die Teilnehmer, wie die Muskeln hart werden und sich zusammenziehen. Wenn sie dann die Spannung wieder lösen, verschwinden diese Empfindungen und angenehme Entspannungsgefühle treten an ihre Stelle.

Diese können individuell verschieden sein: Manche spüren ein leichtes Kribbeln, manche ein Gefühl von Schwere, manche Wärme, die ihre Muskeln durchströmt. Wichtig ist, dass die Teilnehmer während der Entspannung auf diese Empfindungen achten, ihnen nachspüren und so die Entspannung tiefer werden lassen. Das abwechselnde An- und Entspannen von Muskelgruppe zu Muskelgruppe führt so zu einem vertieften Ruhezustand.

Das Grundprinzip, nach dem PMR funktioniert, lässt sich so skizzieren:

AUFMERKSAMKEIT AUF BESTIMMTE
KÖRPERREGIONEN BZW. MUSKELPARTIEN LENKEN

↓

ENTSPRECHENDE MUSKELPARTIEN SPÜRBAR,
ABER NICHT ZU STARK ANSPANNEN

↓

SPANNUNG FÜR 5–10 SEKUNDEN HALTEN UND
DABEI RUHIG WEITERATMEN

↓

MIT DEM AUSATMEN SPANNUNG LÖSEN
UND MUSKELN LOCKER LASSEN

↓

AUF UNTERSCHIEDE ZWISCHEN ANSPANNUNG
UND ENTSPANNUNG ACHTEN

↓

AUF DAS ANGENEHME GEFÜHL
DER ENTSPANNUNG KONZENTRIEREN

Durch kontinuierliches Üben wird die Sensibilität auch für kleine Verspannungen in der Muskulatur erhöht, was wiederum ein frühzeitiges situatives Gegensteuern mit willentlicher Entspannung ermöglicht. Nach einiger Zeit wird es den Teilnehmern gelingen, ihre Muskelspannung weit unter das normale Spannungsniveau zu senken, wann immer sie dies brauchen. Diese Fähigkeit, auf Anspannung direkt mit Entspannung reagieren zu können, fördert bei den Teilnehmern die Selbstwirksamkeit, also das Erleben, die körperliche und psychische Befindlichkeit selbst beeinflussen zu können. Langfristig können sie so ruhiger und gelassener in Stresssituationen reagieren.

Weitere positive Effekte sind geistige Frische und gesteigerte Konzentrationsfähigkeit nach dem Üben sowie ein verbessertes Körpergefühl durch die Beruhigung der vegetativen Funktionen (zum Beispiel Blutdruck, Atem und Puls). Aufgrund der in zahlreichen Studien nachgewiesenen Wirksamkeit sowie der einfach zu erlernenden Technik ist die Progressive Muskelrelaxation nach Jacobson eine der verbreitetsten Entspannungsmethoden. Da sie schneller zu Entspannungsempfindungen führt als andere Methoden, eignet sie sich insbesondere auch für Menschen, die sonst nicht so leicht entspannen können.

Die Langform der PMR umfasst alle wichtigen Muskelpartien, die in einer bestimmten Reihenfolge an- beziehungsweise entspannt werden. Insbesondere für den Einsatz im Arbeitsumfeld eignen sich kürzere Varianten der PMR, die nur einzelne Muskelpartien beziehungsweise größere Muskelgruppen umfassen. Sie ermöglichen eine schnelle Entspannung in beziehungsweise vor stressreichen Situationen, wie zum Beispiel an einem besonders hektischen Arbeitstag oder vor einer Präsentation. Eine solche Kurzversion, die auch als Einstimmung für andere Entspannungsverfahren wie beispielsweise Autogenes Training oder Visualisierungen genutzt werden kann (s. auch das Kapitel »Urlaub für den Geist – Fantasiereisen«, S. 116 ff.), wird im Folgenden vorgestellt.

Anwendung in Gruppen und Teams

Zur Vorbereitung können Sie Folgendes beachten:

- Die Anleitung zur Progressiven Muskelrelaxation können Sie sich unter www.beltz.de – direkt beim Buch – herunterladen, bitte dazu auf dieser Seite ganz nach unten scrollen!
- Geben Sie den Teilnehmern eine kurze Einführung in das Konzept und erklären Sie ihnen, warum die PMR funktioniert und dass sie wissenschaftlich erprobt ist.
- Damit sich die Teilnehmer gut auf die Übung einlassen können, ist ein ruhiger, wohltemperierter Raum mit ausreichend Platz nötig.
- Die Teilnehmer sollten bequeme, nicht einengende Kleidung tragen.
- Die Übung sollte am besten im Liegen durchgeführt werden. Teilnehmer, die sich darauf nicht einlassen können oder möchten, können die Übung aber auch im Sitzen durchführen.
- Ich habe die Erfahrung gemacht, dass sich Teilnehmer besser auf Entspannungsübungen einlassen können, wenn man sich als Trainerin von der Gruppe abwendet beziehungsweise hinter die Gruppe setzt. So fühlen sich die Teilnehmer weniger beobachtet.
- Auch gebe ich gern den Hinweis, dass die Übung als Einladung zu verstehen ist, eine erprobte Entspannungsmethode auszuprobieren, und dass es Teilnehmern erlaubt ist, den Raum leise (und ohne die anderen zu stören) zu verlassen, wenn sie während der Übung spüren, dass sie sich nicht darauf einlassen können oder lachen müssen.

Bevor Sie mit den eigentlichen Übungen beginnen, bitten Sie die Teilnehmer, bei der Durchführung der Übung eine entspannte Grundhaltung einzunehmen. Wenn Teilnehmer im Liegen üben möchten, sollten sie sich bequem auf den Rücken legen. Die Arme liegen dabei ganz leicht angewinkelt neben dem Körper und die Beine ausgestreckt nebeneinander mit leicht nach außen rotierten Füßen. Wenn die Übung im Sitzen durchgeführt werden soll, sollten die Teilnehmer darauf achten, dass sie sich gut anlehnen können, die Füße bequem stehen, die Schultern locker herunterhängen und die Unterarme und Hände entspannt auf der Armlehne oder den Oberschenkeln ruhen.

Progressive Muskelrelaxation

Dann starten Sie die Übung mit dem folgenden Text, den Sie natürlich ganz nach Bedarf an Ihre Sprache und Ihre Bedürfnisse anpassen können.

»Vergewissern Sie sich, dass Sie bequem liegen oder sitzen. Stellen Sie sich nun darauf ein, dass Sie sich gleich entspannen werden. Gehen Sie in Gedanken durch Ihren Körper: Welche Muskelpartien sind schon locker und entspannt, und in welchen Regionen spüren Sie noch Anspannung?

Richten Sie Ihre Aufmerksamkeit nun auf Ihren Atem. Spüren Sie, wie die Luft in Ihren Körper hinein- und wieder hinausströmt. Beobachten Sie, wie sich Ihre Bauchdecke beim Einatmen hebt und beim Ausatmen wieder langsam senkt. Lassen Sie den Atem einfach ruhig fließen, ohne ihn zu beeinflussen. Auch beim gleich folgenden Anspannen der Muskeln sollten Sie ganz normal weiteratmen. Sie werden während der Übungen ganz von selbst zu einer ruhigen und entspannten Atmung gelangen. Vielleicht stellen Sie auch fest, dass es nicht leicht ist, sich nur auf sich selbst und seinen Körper zu konzentrieren. Wenn Ihre Aufmerksamkeit durch Geräusche, abschweifende Gedanken oder andere Körperempfindungen abgelenkt wird, nehmen Sie es einfach hin und richten Ihre Aufmerksamkeit dann wieder auf Ihren Körper beziehungsweise die Übungen. Manchmal hilft es auch, die Anweisungen innerlich zu wiederholen und die entstehenden Empfindungen innerlich zu kommentieren.

Lassen Sie uns nun mit den Übungen beginnen. Konzentrieren Sie sich jetzt auf die erste Anspannungs- und Entspannungsphase, in der Sie die Muskulatur der Hände und der Arme gemeinsam an- und wieder entspannen werden. Dazu winkeln Sie beide Arme an, pressen sie an Ihren Körper und ballen die Hände zu Fäusten. Spannen Sie Arme und Hände bitte JETZT an und halten Sie die Spannung. Atmen Sie dabei ruhig weiter.«

Spannung für ungefähr fünf bis zehn Sekunden halten.

»Nun atmen Sie tief aus, lösen die Spannung und lockern gleichzeitig die Muskeln in den Händen, den Unteramen und den Oberarmen. Achten Sie auf den Unterschied zwischen der Anspannung zuvor und der Entspannung jetzt: Wie fühlen sich Ihre Hände und Arme nun an? Vielleicht spüren Sie ein Gefühl von Schwere und Wärme, vielleicht auch ein leichtes Kribbeln. Genießen Sie dieses angenehme Gefühl von Entspannung und Ruhe.«

Es folgt eine Entspannung von 40 bis 60 Sekunden.

»Lassen Sie Arme und Hände so entspannt und ruhig und richten Sie nun Ihre Aufmerksamkeit auf die nächste Anspannungs- und Entspannungsphase. Jetzt werden Sie die Gesichts- und Nackenmuskulatur anspannen. Dazu ziehen Sie die Augenbrauen zusammen, kneifen die Augen fest zu, rümpfen die Nase und pressen Lippen und Zähne fest aufeinander. Senken Sie Ihr Kinn in Richtung Brustbein und ziehen den

Kopf leicht nach hinten. Spannen Sie das Gesicht und den Nacken auf diese Weise JETZT an und halten Sie die Spannung. Atmen Sie die dabei ruhig weiter.«
Spannung für etwa fünf bis zehn Sekunden halten.

»Atmen Sie nun langsam wieder aus und lösen Sie die Spannung, indem Sie die Gesichtsmuskeln gleichzeitig lockern: Entspannen Sie Ihre Augenbrauen, Ihre Nase, Ihre Lippen und Ihre Kiefermuskulatur. Spüren Sie, wie sich die Entspannung in Ihrem ganzen Gesicht ausbreitet und Ihre Stirn immer glatter wird. Entspannen Sie auch Ihre Nackenmuskulatur und spüren Sie, wie sich der Nacken und der obere Schulterbereich immer mehr lockern. Spüren Sie den Unterschied zwischen der Anspannung zuvor und der Entspannung jetzt. Genießen Sie das angenehme Gefühl der Entspannung, die sich wohlig in ihrem Gesicht und in der Nackenmuskulatur ausbreitet.«
Entspannung von 45 bis 60 Sekunden

»Lassen Sie die Gesichts- und die Nackenmuskulatur so schön locker und richten Sie nun Ihre Aufmerksamkeit auf die nächste Anspannungs- und Entspannungsphase, in der die Rumpfmuskulatur angespannt wird. Dazu ziehen Sie die Schultern nach hinten unten und spannen den Bauch und den Rücken gleichzeitig an. Lassen Sie den gesamten Rumpf nun hart werden und halten Sie die Spannung. Atmen Sie dabei ruhig weiter.«
Spannung ungefähr fünf Sekunden halten.

»Atmen Sie nun tief aus und lassen Sie die Schultern fallen. Entspannen Sie gleichzeitig die Bauch- und Rückenmuskulatur. Spüren Sie den Unterschied zwischen der Anspannung zuvor und der Entspannung jetzt. Genießen Sie das angenehme Gefühl der Entspannung im ganzen Oberkörper. Spüren Sie, wie sich die Spannungen immer mehr lockern und Sie immer entspannter und ruhiger werden.«
Entspannung von 45 bis 60 Sekunden.

»Lassen Sie Ihre gesamte Brust-, Schulter-, Rücken- und Bauchmuskulatur so schön entspannt und richten Ihre Aufmerksamkeit nun auf die nächste Anspannungs- und Entspannungsphase. Jetzt wird die Fuß- und Beinmuskulatur angespannt. Ziehen Sie dazu die Zehen in Richtung Nase und spannen gleichzeitig die Oberschenkel- und Gesäßmuskulatur an. Spannen Sie die gesamte Bein- und Fußmuskulatur JETZT an und halten Sie die Spannung. Atmen Sie dabei ruhig weiter.
Spannung fünf bis zehn Sekunden halten.

»Entspannen Sie Ihre Fuß-, Bein- und Gesäßmuskeln jetzt wieder und lassen Sie alle Muskeln locker. Genießen Sie das Entspannungsgefühl in den Beinen und den Füßen. Spüren Sie, wie Ihre Muskeln dort immer lockerer und weicher werden.

Und nun konzentrieren Sie sich nur noch auf das angenehme Gefühl der Entspannung. Folgen Sie diesem Gefühl und versuchen Sie, es mit jedem Ausatmen noch etwas tiefer werden zu lassen. Lassen Sie die Entspannung in jeden Teil Ihres Körpers fließen: in die Arme und Hände, bis in jeden einzelnen Finger; in das Gesicht, in Stirn und Kopfhaut, in Augen, Kiefer und Wangen, in Hals und Nacken; in die Schultern, den ganzen Rücken hinunter, in den Bauch, den Po und die Ober- und Unterschenkel bis in die Füße und jeden einzelnen Zeh hinein.

Ihr Atem fließt frei und ruhig. Lassen Sie sich mit jedem Ausatmen noch tiefer in die Entspannung und Ruhe fallen. Genießen Sie dieses wohlige Gefühl der Ruhe und der tiefen Entspannung noch eine Weile ganz für sich. Prägen Sie sich dieses Gefühl ein, um es im Laufe des Tages abrufen zu können, wenn Sie es brauchen.

Entspannung zwei Minuten.

»Sagen Sie sich nun, dass Sie die Übung gleich beenden werden. Fangen Sie langsam an, sich wieder zu bewegen. Strecken und räkeln Sie sich und gähnen Sie, wenn Ihnen danach ist. Atmen Sie nun ein paar Mal kräftig durch und öffnen Sie dann die Augen.«

Zum Abschluss der Übung bitten Sie die Teilnehmer, wieder ihre Plätze einzunehmen. Sie machen eine kurze Abfrage, wie es ihnen mit der Übung ergangen ist. Die meisten werden positive Rückmeldungen zu dieser Übung geben. Erfahrungsgemäß werden aber auch einige berichten, dass sie sich gar nicht entspannen konnten. Machen Sie deutlich, dass dies in Ordnung ist und weisen Sie gegebenenfalls auf weitere Möglichkeiten der Entspannung hin. Erwähnen Sie aber auch, wie wichtig regelmäßiges Üben ist und dass noch kein Entspannungsmeister vom Himmel gefallen ist. Dann können Sie weitere Hinweise zum Üben geben. Zum Beispiel, dass es wichtig ist, zu Beginn zu festen Zeiten und mindestens dreimal pro Woche zu üben. Auch eine identische Übungsreihe und ein fester Platz zum Üben erleichtern das Konzentrieren auf das PMR-Training.

Anwendung im Einzelcoaching

Prinzipiell können Übungen aus der Progressiven Muskelrelaxation auch im Einzelcoaching angewendet werden, zum Beispiel als Vorübung für Fantasie- und Visionsreisen (s. dazu auch das Kapitel »Urlaub für den Geist – Fantasiereisen«, S. 116 ff.).

Die Übungen eignen sich auch als »Test« einer möglichen Entspannungsmethode für Klienten, bei denen Stressbelastung eine große Rolle spielt. Da die Effekte oft schon nach dem ersten Ausprobieren spürbar sind, kann ein solcher Test die Bereitschaft des Klienten erhöhen, PMR auch allein (oder in einem entsprechenden Kurs) regelmäßig zu üben.

Eine kurze Entspannungssequenz am Anfang einer Coachingsitzung kann außerdem das Stressniveau senken und so Ressourcen für das eigentliche Coachingthema freimachen. Insbesondere belastende Themen können auf diese Weise im wahrsten Sinne des Wortes entspannter angegangen werden.

Literatur

Bernstein, Douglas A./Thomas Borkovec (2000): *Entspannungstraining.* Handbuch der progressiven Muskelentspannung. 9. Auflage. Stuttgart: Klett-Cotta.
Kaluza, Gert (2005): *Stressbewältigung.* Trainingsmanual zur psychologischen Gesundheitsförderung. Heidelberg: Springer.
Johnen, Wilhelm (1995): *Muskelentspannung nach Jacobson.* München: Gräfe und Unzer.

Die Stimme schonend und effektiv einsetzen – Sprech- und Stimmübungen

Bert Lehwald

Kurz und knapp

In diesem Kapitel handelt es sich um Stimmübungen im Sinne von Vibrationsempfindungen, die man auch als »Voice Jogging« bezeichnen kann. Die Philosophie dieser einfachen Stimmübungen ist, dass sie ohne große Vorbereitung und aus dem Moment heraus durchgeführt werden können.

Ziele und Effekte

- Erst wenn Stimme, Gestik, Mimik und Sprechausdruck eine Einheit bilden, wird Authentizität zur Währung der Kommunikation, und es kommt an, was Sie mit Ihrer Rede beabsichtigen: Überzeugen, Berühren, Informieren, Unterhalten oder Führen.
- Kann sich unsere Stimme frei entfalten, ist sie in der Lage, alle Nuancen von Gedanken mitzuteilen. Voraussetzung dafür ist, sie schonend und effektiv einzusetzen.

Hintergrund und Beschreibung

Sprechen ist die höchstentwickelte Art menschlichen Kommunizierens, eine Fertigkeit, die sich im Lauf der menschlichen Evolution herausgebildet hat. Unser Sprechen ist eng damit verbunden, was und wie man anderen etwas sagt. Hierbei beeinflussen Rhythmik, Melodik, Stimmausdruck und Temperament des Gesprochenen die Botschaft. Die Steuerung der Stimme wird durch unser Gehirn bestimmt, womit all unsere Erfahrung, unsere Persönlichkeit und unsere Emotionen mit ins Spiel kommen. Unsere Stimme ist in der Lage, jenseits der gesprochenen Inhalte, Emotion zu vermitteln – die gesprochenen Worte erzeugen »Stimmungen«. Diese reflektieren unsere Seele und daher können wir mit Worten andere Menschen in unseren Bann ziehen oder abstoßen, Vertrauen erzeugen oder Zweifel hervorrufen. Zu den entscheidenden Erfolgsfaktoren des Sprechens gehören unbedingt unsere Motivation und eine positive innere Haltung. Sind wir vom Inhalt nicht überzeugt, überzeugen wir auch unsere Zuhörer nicht. Und möchten wir sogar jemanden begeistern, sollten wir selbst vor Begeisterung brennen.

Der Stimmklang

Das Sprechen ist eine Abstraktionsleistung, während der Klang unserer Stimme unmittelbar das Innere nach außen tönt. Was in der Stimme eines Menschen klingt, ist Ausdruck seiner Persönlichkeit. Das Wort »Person« kann unter anderem vom Lateinischen »personare« abgeleitet werden und bedeutet »hindurchtönen«.

Je mehr jemand mit sich im Reinen ist, umso klangvoller und ausdrucksstärker ist seine Stimme. Deshalb können wir an der Stimme eines uns bekannten Menschen sofort hören, wie es ihm geht. Ob eine Stimme monoton und kraftlos, hell oder heiter klingt, bestimmen also auch unsere Gefühle und unsere aktuelle Kraft. Nervosität und Anspannung wirken sich auf unsere Stimme ebenso aus wie emotionale Nähe, Unsicherheit, Schüchternheit oder Glücklichsein. Wahrheit lässt unsere Stimme fester klingen als die Lüge, Zufriedenheit lässt sie ruhiger, Unzufriedenheit nervöser klingen. Eine vibrierende Stimme bringt man mit Nervosität, Anspannung oder sogar mit Angst und Panik in Verbindung. Romantische oder erotische Stimmen sind weniger kraftvoll, sondern eher dahingehaucht.

Die stimmlichen Ressourcen

Die meisten Erwachsenen haben aufgrund negativer Erfahrungen oder Ähnlichem Hemmungen, die eigene Stimme frei einzusetzen oder gar mit ihr zu experimentieren. Wer sich seiner stimmlichen Fähigkeiten nicht bewusst ist, wird auch nur einen kleinen Teil davon nutzen und verschenkt damit wertvolle Ausdrucksmöglichkeiten.

Monotones, zu leises oder lautes, hektisches oder abgehacktes Sprechen kann die Folge sein. Des Weiteren erleben viele ihre Stimme als fremd oder unattraktiv, wenn sie sie von einer Aufzeichnung hören. Hier gilt es, die Wahrnehmung für die eigene Stimme zu verfeinern, um Fehleinschätzungen und negative Bewertungen zu vermeiden. Ziel der optimalen Anwendung stimmlicher Ressourcen ist es, selbstbewusst, sicher und frei aufzutreten, und zwar dort, wo die eigene Stimme gefragt ist.

Stimmstörung und Stimmpflege

Meist ist Auslöser einer Stimmstörung eine Überbelastung der Muskulatur. Das kann durch zu viel und zu lautes Sprechen, Singen oder Schreien geschehen. Wenn die Stimme dann wegbleibt, tritt an ihre Stelle oft Heiserkeit. Diese Art »Muskelkater der Stimme« klingt nach einigen Tagen von allein ab.

Der zweite Grund einer Stimmstörung kann ein viraler oder bakterieller Infekt sein. Bei Halsschmerzen, Husten oder Schnupfen sind oft auch die Schleimhäute im Kehlkopf mit angegriffen. Bei einer Erkältung sollten Sie warmen Tee trinken, Salzgemische aus der Apotheke inhalieren. Ätherische Öle, Kamille und Salbei beruhigen die Schleimhäute. Generell gilt: Viel trinken! Das bewahrt die Stimmbänder vor dem Austrocknen. Ein halber Teelöffel Salz in einem Glas Wasser hilft, die Feuchtigkeit zu binden und die Stimmbänder geschmeidig zu halten. Flüstern Sie auf keinen Fall, wenn Sie heiser sind! Flüstern schont die Stimme nicht, sondern belastet sie nur zusätzlich. Summen und Singen Sie stattdessen laut, bei Erkältungen nur in Maßen und machen Sie Stimm- und Sprechübungen nur, wenn Sie gesund sind!

Übrigens: Rauchen schadet der Stimme – immer! Auch passiv.

Anwendung in Gruppen und Teams

Für die Vorbereitung sind keine besonderen Materialien nötig. Unter www. beltz.de – direkt beim Buch – können Sie sich die zentralen Stimmübungen herunterladen.

Die Teilnehmer sitzen entspannt auf ihren Plätzen. Die Arbeit mit der Stimme erfolgt idealerweise in mehreren Schritten mit mehreren Übungsteilen – vom Warmmachen zur Abschlussübung. Der Trainer beginnt demnach mit einer Vorübung, bevor er zu den eigentlichen Stimmübungen kommt. Er bittet die Teilnehmer aufrecht im vorderen Drittel ihres Stuhles zu sitzen, beide Füße fest auf dem Boden und die Augen zu schließen.

Übung 1: Aufwärmübung für die Stimme

Übungsanleitung

»Erfahren Sie den festen Sitz auf dem Stuhl und Ihr Becken als Schale, in der Sie ruhen. Streichen Sie einige Male mit beiden Handflächen über Ihr Gesicht von oben nach unten und achten Sie darauf, dass Sie den Unterkiefer dabei nach unten fallen lassen.

Um die nachfolgenden Stimmübungen für Sie körperlich erfahrbar zu machen, kümmern wir uns als Erstes um die Resonanzräume Ihres Stimmkanals. Stellen Sie sich diesen als eine weitreichende Höhle vor – von der Kehle ausgehend bis in den Brustraum. Damit Sie die nötige Weite Ihrer Stimme – zur vollen Entfaltung von Klang und Resonanz – erzeugen können, lassen Sie jetzt bitte den Kopf in den Nacken fallen. Dabei darf und soll sich der Mund leicht öffnen.

Konzentrieren Sie sich nun auf die Nackenmuskeln und strecken Sie Ihren Körper, bis der Kopf aufrecht zu schweben scheint. Nehmen Sie wahr, wie sich der Durchgang im Halsbereich dabei verändert.

Nun senken Sie den Kopf in Richtung Brust, ohne den Mund zu schließen und spüren, wie der Durchgang wieder seine Form verändert – sich aber nicht verschließt.

Richten Sie sich jetzt wieder auf, der Kopf ist gerade, der Mund leicht offen und der Zwischenraum zwischen den Zähnen ist etwas größer als der Kopf nach vorn hing.

Nun lassen Sie den Kopf noch einmal in den Nacken fallen, ohne den Unterkiefer dabei mitzunehmen, sodass der Durchgang weit bis in die Brust hinein erscheint. Dieses sind die Resonanzräume Ihres Stimmkanals, die wir mit der nächsten Übung füllen wollen.

Schließen Sie diese Übung ab, indem Sie den Kopf wieder aufrichten.«

Übung 2: Praktische Durchführung der Tonerzeugung

Nach dieser Vorübung erst kommt man zur eigentlichen stimmlichen Arbeit. Der Trainer macht die Übung vor, die Teilnehmer folgen.

Übungsanleitung

»Sitzen Sie aufrecht oder stehen Sie in festem Stand. Versuchen Sie bei der folgenden Tonerzeugung die Resonanzen in Ihrem Stimmkanal zu spüren.«

Übung auf dem Vokal »U«

»Erzeugen Sie ein wohltönendes ›U‹ in einer angenehmen Singtonlage. Gleiten Sie jetzt in Ihre tiefste Stimmlage nach ganz unten, dann aufsteigend bis nach ganz oben. Lassen Sie den Ton auf- und abschwellen und üben Sie insgesamt zwei Minuten mehrmals hintereinander (sogenannte Achterbahnübung).«

Übung auf dem Vokal »E«

»Erzeugen Sie in einer angenehmen Singtonlage ein ›E‹. Versuchen Sie den Ton über zehn Sekunden zu halten, und die Tonhaltezeit jedes Mal zu steigern (15, 20 und mehr Sekunden).«

Summen

»Finden Sie jetzt Ihre Sprechstimmlage in einem unbeteiligten »Hm« und verlängern Sie es zu einem Summen. Nehmen Sie wahr, wie Ihr Körper zu vibrieren anfängt. Hängen Sie an das ›Hm‹ den Vokal ›o‹ und lassen Sie ihn lange auf ›hmoooooooo‹ tönen. Nehmen Sie dabei wahr, wie Ihre Lippen und die Mundhöhle geformt sind. Beginnen Sie jetzt mit einem ›mo‹ und gleiten Sie dann vorsichtig in ein ›mooo-oaaaaa‹ hinüber. Achten Sie darauf, dass der Klang der Vokale gleichlaut und sauber ist. Wechseln Sie auf die Vokale: e, i, u, ä, ö, ü, ei, eu, und au.
Intonieren Sie:

- moooeee
- moooiii
- moooouuu
- mooooooo
- mooooeuuu
- moooauuu

Wahren Sie die saubere Ausformung der Vokale und bleiben Sie mit Ihrem Resonanz-raum in Kontakt.«

Übung 3: Gesichtsmotorik- und Zungenübungen

Folgende Übungen lockern die Gesichts- und Zungenmotorik:

- Augenbrauen zusammenziehen – Augenbrauen hochheben
- Nase rümpfen
- Mund spitzen – Mund breit ziehen
- Wangen aufpusten und wie ein Pferd stimmlos die Lippen flattern lassen
- Zunge rausstrecken – Zunge in die Wangentasche stecken – schreiben Sie einen Kreis in die Wangentasche
- Zunge am Gaumen ansaugen
- Zunge an den Zahnreihen entlangfahren

Jede Übung dreimal wiederholen!

Übung 4: Artikulations- und Zungenübungen

Sprechen Sie weich und resonanzreich:
bla-ble-bli-blo-blu-blä-blö-blü-blei-bleu-blau

Sprechen Sie hart und resonanzreich:
- pla-ple-pli-plo-plu-plä-plö-plü-plei-pleu-plau
- pa-ra-ka
- pe-re-ke
- po-ro-ko
- pu-ru-ku
- pfa-kwa-schwa-zwa
- pfe-kwe-schwe-zwe
- pfi-kwi-schwi-zwi
- Mehrsilber deutlich sprechen:
- Strüm – pfe
- Scho – ko – la – de
- Pfau – en – fe – der
- Pfef – fer – minz – tee
- O – ran – gen – saft – glas
- Ver – ant – wort – lich – keit
- Mehr – frucht – kon – fi – tü – re

Übung 5: Übung an Text und Sätzen

Der Trainer bittet die Teilnehmer, auf ihre Aussprache zu achten: »Sprechen Sie laut genug, so deutlich wie möglich und so langsam wie notwendig. Laut genug bedeutet, dass jeder Sie ohne Anstrengung hören kann. Deutlich sprechen Sie, wenn Sie keine Endungen verschlucken, alle Laute eines Wortes sprechen und Silben nicht zusammenziehen.« Aus Deutlichkeit resultiert automatisch Langsamkeit. Wer sehr deutlich ausspricht, kann nicht schnell sprechen.
Erfahrungsgemäß wird beim ersten Mal der folgende Text zaghaft, leise und ausdruckslos vorgetragen. Daher bietet sich diese Übung sehr gut an, um zu erfahren, wie es sich anfühlt, einen Text mittels entsprechendem Sprechausdruck optimal zu sprechen.
Sprechen Sie folgenden Übungstext:
»Wer keine Pausen macht, atmet zu flach, spricht monoton, wirkt deshalb oft langweilig und wird auch, wenn er schneller spricht, nicht interessanter. Verringern Sie daher Ihr Sprechtempo, variieren Sie Satzlängen, Sprechmelodie und Sprechtempo. Starten Sie nie mit erhobener Stimme und senken Sie an jedem Satzende Ihre

Stimme wieder ab. Unterstreichen Sie Ihre Aussagen mit gut gesetzten Pausen und entsprechenden Gesten.«

Der Trainer bittet die Teilnehmer, sich gegenseitig einzuschätzen. Er erläutert: »Um gut und ausdrucksstark zu sprechen, muss richtig betont, die Stimme gesenkt und mit angemessenen Pausen gesprochen werden, genau so, wie es der Text vorgibt.«

> **Tipp:** Fehlt den Teilnehmern für diese Übungen vielleicht die nötige Ruhe, so bittet der Trainer, beide Hände ganz fest zur Faust zu ballen und kurze Zeit später die Spannung zu lösen: Anschließend atmet man automatisch tief durch und ist entspannt!

Der Trainer bittet die Teilnehmer nun den Übungstext noch einmal zu sprechen, diesen aber gleichzeitig mitzudenken und mit kräftiger und wohlklingender Stimme zu gestalten. Anschließend fordert der Trainer die Teilnehmer auf, die angewendeten Mittel zu benennen, die zur Verbesserung der Sprechleistung geführt haben.

Übung 6: Abschlussübung

Diese Übung zielt auf die Modulationsfähigkeit unseres Sprechens ab und unserer expressiven Gefühlsseite. Denn über Sprache vermitteln wir nicht nur Informationen, sondern auch Gefühle. Der Trainer bittet die Teilnehmer, sich in den nächsten Übungen verschiedene Stimmungen vorzustellen.
»Intonieren Sie:
a – Erstaunen
i – Ekel
o – Verwunderung.
Achten Sie auf saubere und authentische Tonerzeugung!«

Der Trainer bittet den Teilnehmer nun folgende Worte im Wechsel, leise und monoton vor sich hin zu sprechen: »Gestern« und »Immer«. Wechseln Sie jetzt den Sprechausdruck hin zu: entsetzt, fragend und freudig.

Übungsanweisung
»Sprechen Sie jetzt entsetzt, fragend und freudig: ›Was wollen Sie?‹ – Übertreiben Sie Ihren Ausdruck und nehmen Sie wahr, wie sich Ihre Stimme verändert, welchen Kraftaufwand Sie benötigen, um resonant zu sprechen, sauber zu artikulieren und um echt zu klingen. Sprechen Sie übertrieben: ›Was wollen Sie?‹«

Eine verbesserte Stimmwahrnehmung führt dazu, das eigene Potenzial zu erkennen und anzuwenden. Das Ergebnis ist ein adäquater, selbstbewusster stimmlicher Ausdruck.

Anwendung im Einzelcoaching

Die Übungen für Gruppen und Teams lassen sich auch im Einzelcoaching mit nur einem Klienten durchführen. Der Coach übernimmt es, dabei statt der Gruppe dem Coachee Feedback zu den Übungen zu geben. Vorteil der Stimmarbeit im Einzelcoaching ist natürlich, dass man noch intensiver an der individuellen Stimmlage arbeiten kann.

Literatur

Aich, Joachim (2009): *Erfolgsgeheimnis Stimme*. Besser sprechen – mehr erreichen. Berlin: Cornelsen Verlag Scriptor.

Gutzeit, Sabine F.: *(2008): Die Stimme wirkungsvoll einsetzen*. Das Stimm-Potenzial erfolgreich nutzen, mit Audio-CD. 3. Auflage. Weinheim und Basel: Beltz.

Gutzeit, Sabine F./Neubauer, Anna: *(2013): Auf Ihre Stimme kommt es an! Das Praxisbuch für Lehrer und Trainer*. 2. Auflage. Weinheim und Basel: Beltz.

Linklater, Kristin (2005): *Die persönliche Stimme entwickeln*. Ein ganzheitliches Übungsprogramm zur Befreiung der Stimme. 3. Auflage. München: Reinhardt.

Stengel, Ingeborg/Strauch, Theo (2005): *Stimme und Person*. 5. Auflage. Stuttgart: Klett-Cotta.

Winter, Georg/Puchalla, Dagmar (2015): *Sprechsport mit Aussprache-, Ausdauer- und Auftrittstraining*. 2. Auflage. Weinheim und Basel: Beltz.

Training für Bildschirmarbeiter – Fitnessübungen für die Augen

Cornelia Sinz

Kurz und knapp

In diesem Kapitel werden fünf Übungen für die Augenmuskulatur (eine Ganzkörperübung, drei Sehübungen und eine Entspannungsübung) vorgestellt, die in Gesundheitstrainings eingebaut oder als aktive Pause für die Augen im Arbeitsalltag genutzt werden können.

Ziele und Effekte

- Training und Lockerung der Augenmuskulatur
- Entspannung der Augenmuskulatur
- bessere Durchblutung der Augenmuskulatur
- Lockerung des starren Blicks
- lebendigeres, klareres Sehen
- Verbesserung der Regenerationsfähigkeit der Augen
- Verbesserung beziehungsweise Vermeiden von Sehschwächen
- Loslassen von optischen Eindrücken
- mentales Abschalten
- Zentrierung und Finden der inneren Mitte

Hintergrund und Beschreibung

Die Augen gehören zu unseren wichtigsten Organen. Wir benutzen sie den ganzen Tag über intensiv, ohne uns dessen bewusst zu sein. Viele von uns verbringen ganze Arbeitstage am Bildschirm und beanspruchen ihre Augen in der Freizeit weiter, indem sie auch dann auf den Bildschirm ihres Tablets, Smartphones oder Fernsehgeräts starren. Zwar trägt auch das technikfreie Lesen von Büchern oder Zeitschriften nicht unbedingt zur Gesundheit der Augen und Erhaltung der Sehkraft bei, aber aus mehreren Gründen werden die Augen bei der Bildschirmarbeit besonders belastet: Man blickt längere Zeit ununterbrochen auf eine beleuchtete Fläche, also direkt in eine Lichtquelle hinein. Das menschliche Auge ist aber nur für das Aufnehmen von reflektiertem Licht gemacht. Das merkt man zum Beispiel, wenn man versucht, direkt in die Sonne zu schauen. Sehr schnell schmerzen dann die Augen, und es dauert eine Weile, bis sie sich wieder erholt haben, und man die Umgebung wieder sehen kann. Natürlich ist die Leuchtquelle eines Bildschirms lange nicht so hell wie die Sonne, aber das Prinzip bleibt das gleiche – es handelt sich nicht um reflektiertes Licht und deshalb leiden die Augen, wenn man zu lange hineinschaut.

Außerdem zieht der Computerbildschirm – ähnlich wie der Bildschirm eines Fernsehers – Staub regelrecht an, das hat sicher jeder schon einmal bemerkt. Leider werden die Staubpartikel aber nicht nur angezogen, sondern auch wieder abgestoßen und landen dann direkt im Auge. Normalerweise werden diese Partikel wieder von der Hornhautoberfläche »abgewaschen«, und zwar immer dann, wenn wir blinzeln. Untersuchungen haben jedoch gezeigt, dass wir bei der Bildschirmarbeit zum »Starren« neigen. Das bedeutet, dass wir die Augen länger als normal zwischen zwei Lidschlägen offenhalten. Ein regelmäßiger Lidschlag ist aber wichtig, um die beschriebene Befeuchtungs- und Reinigungsfunktion zu gewährleisten. Zudem verschafft uns der Lidschlag auch einen Moment der Dunkelheit, in dem sich die Netzhaut regenerieren kann. Auch das wird durch die Bildschirmarbeit beeinträchtigt.

Insgesamt kann sich das Auge also weniger regenerieren, obwohl es durch die starke Beanspruchung sogar mehr und häufigere Erholung nötig hätte. Es ist also nicht verwunderlich, dass viele Menschen, die regelmäßig viel Zeit am Bildschirm verbringen, verstärkt über Verspannungen, trockene oder müde Augen, Augenreizungen und -entzündungen sowie verschwommenes Sehen klagen. Deshalb ist es für diese »Bildschirmarbeiterinnen und -arbeiter« besonders wichtig, regelmäßig kleine Pausen mit Blick- und Bewegungsübungen einzulegen. Dabei sollten auch Übungen, bei denen der ganze Körper mitarbeitet, eingesetzt werden.

Anwendung in Gruppen und Teams

Im Folgenden werden fünf ausgewählte Augenübungen für den Einsatz in der Gruppe beschrieben. Brillenträger sollten alle Übungen des Augentrainings ohne Brille durchführen. Weitere Anregungen für das Augentraining finden Sie bei der genannten Literatur (s. S. 79). Auch die Webseiten der Krankenkassen bieten mittlerweile einen guten Fundus an sinnvollen Übungen.

Übung 1: Schwingübung

Die Schwingübung hilft, das Blickfeld zu öffnen und einen starren, angestrengten Blick zu entkrampfen. Durch das gleichgerichtete Bewegen von Körper und Augen wird es möglich, sich vom Anhaften an äußere Seheindrücke zu lösen. Der ganze Körper zentriert sich beim Schwingen um seine Längsachse, die Wirbelsäule. Das Gewicht wird dabei an den Boden abgegeben, und der Blick hält sich nirgendwo fest. So werden die Augenmuskeln in der Bewegung immer lockerer.

Über diese körperlichen Wirkungen hinaus kann durch die rhythmische Drehbewegung um die eigene Achse auch ein Gefühl innerer Harmonie entstehen und davon, sich im Zentrum der Umwelt zu befinden. Der Blick erfolgt dann von tief innen durch die Augen in die Welt. Man findet im Anschluss wieder leichter den Überblick und kann handeln, ohne sich in Details zu verlieren.

Vorbereitung
- Wird die Übung nicht im Freien durchgeführt, kurz zuvor das Fenster öffnen, um die Sauerstoffversorgung anzukurbeln.
- Die Übung wird am besten im Stehen durchgeführt, wobei darauf zu achten ist, dass jeder Teilnehmer ausreichend Platz hat (mehr als eine Armlänge Platz zwischen den Teilnehmern).
- Die Übung sollte ohne Schuhe durchgeführt werden. Wenn Teilnehmer in dieser Hinsicht Hemmungen haben, können die Schuhe notfalls auch angelassen werden.
- Bevor man mit der Übungsanweisung beginnt, sollten die Teilnehmer darauf hingewiesen werden, dass sie während der Übung nicht den Atem anhalten, sondern einfach ruhig weiteratmen sollen. Dabei sollte das Ausatmen durch die leicht geöffneten Lippen erfolgen.
- Außerdem sollten Sie darauf hinweisen, dass es zu Schwindelgefühlen kommen kann. In diesem Fall sollte das Tempo verringert beziehungsweise die Übung abgebrochen werden.

Durchführung
Leiten Sie die Übung mit den folgenden Worten an beziehungsweise machen Sie sie entsprechend vor.

»Stellen Sie sich bequem und aufrecht hin. Ihre Füße stehen schulterbreit auseinander und sind minimal außenrotiert. Das bedeutet: Sie haben eine leichte V-Stellung. Stellen Sie sich vor, Ihr Kopf würde am höchsten Punkt von einem Faden nach oben gezogen. Ihr Hals wird lang, und die Schultern sinken nach unten. Ihre Arme hängen passiv und ganz locker an der Seite Ihres Körpers.

Nehmen Sie ein paar tiefe Atemzüge, sodass Sie das Heben und Senken der Bauchdecke deutlich spüren.

Jetzt beginnen Sie, sich langsam – nur aus der Hüfte heraus – mit dem Oberkörper locker nach links und nach rechts zu drehen. Der Unterkörper bleibt dabei stabil, und die Arme folgen einfach dieser Bewegung. Bewegen Sie sie nicht willentlich!

Lassen Sie auch Ihre Augen dieser Drehbewegung folgen. Halten Sie nichts mit Ihrem Blick fest, sondern lassen Sie ihn einfach in natürlich entspannter Blickhöhe über die Umgebung schweifen, als würden Ihre Augen eine Kreislinie um Ihren Kopf ziehen.

Achten Sie unbedingt darauf, dass Ihre Atmung dabei nicht ins Stocken kommt, und atmen Sie während der ganzen Zeit weich und fließend ein und aus.

Steigern Sie nun nach und nach das Tempo. Die Arme schwingen – ohne bewusst geführt zu werden – in immer größeren Halbkreisbewegungen automatisch mit Ihrem Oberkörper mit beziehungsweise Ihrem Oberkörper hinterher.

Beenden Sie die Übung, indem Sie das Tempo nach und nach zurücknehmen, bis Sie wieder gerade nach vorn schauend dastehen.

Zum Abschluss spüren Sie in sich hinein: Wie fühlen sich Ihr Körper und Ihre Augen jetzt? Wie ist Ihr Sehempfinden in diesem Moment?«

Nach einer kurzen Runde, in der Sie die Teilnehmer fragen, wie es ihnen mit dieser Ganzkörperübung gegangen ist, können Sie zur ersten »reinen« Augenübung übergehen (wobei auch hier eine entspannte Körperhaltung insgesamt wichtig ist).

Übung 2: Akkomodation

Beim Akkomodieren geht es darum, Gegenstände in verschiedenen Entfernungen zu fokussieren. Man benutzt bei der Akkomodationsübung im Prinzip einfach das normale Sehverhalten – mit dem Unterschied, dass man diese Fähigkeit jetzt bewusst steuert und dabei auf einen fließenden Atem achtet. So wird verhindert, beim Wechsel des Blicks und des Scharfstellens unbewusst die Atmung zu blockieren und anzuhalten.

Zum anderen ist diese Blickübung ein gutes Training für die Ziliarmuskeln. Dies sind haarfeine Muskelbänder, die sich ringförmig um die Augenlinse ziehen und damit deren Wölbung mitbestimmen. Auf diese Weise wird das gesehene Bild in einer bestimmten Entfernung scharfgestellt.

Vorbereitung
Die Übung kann im Sitzen oder Stehen durchgeführt werden. In jedem Fall ist eine aufrechte, aber entspannte Haltung wichtig.

Die Teilnehmer sollten sich so hinsetzen oder -stellen, dass sie am Ende der Übung ein weiter entferntes konkretes Objekt im Raum fokussieren können (also nicht direkt auf eine weiße Wand schauen).

Auch hier ist es wichtig, dass die Teilnehmer auf einen fließenden Atem achten.

Durchführung

Leiten Sie die Übung mit folgenden Anweisungen an beziehungsweise machen Sie sie entsprechend vor.

»Halten Sie die linke Hand etwa auf halber Armlänge in Augenhöhe vor sich und strecken Sie den linken Zeigefinger nach oben aus.

Richten Sie weiterhin den Blick auf den linken Zeigefinger gerichtet. Strecken Sie nun den rechten Arm nach vorn und heben an der rechten Hand den Zeigefinger ebenfalls nach oben. Dabei sollte sich der rechte Zeigefinger genau in Ihrer Blickrichtung, also hinter dem linken Zeigefinger, befinden.

Wenn Sie dabei den Blick auf den linken Zeigefinger gerichtet lassen, sehen Sie nun **drei** emporgereckte Zeigefinger – zum einen den der linken Hand, der sich in der Mitte befindet. Er sieht ›normal‹ aus, so wie immer. Den Zeigefinger der rechten Hand hingegen sehen sie doppelt, und zwar als halbdurchsichtige Schatten rechts und links hinter dem Zeigefinger der linken Hand.

Wenn es Ihnen nicht gleicht gelingt, die beiden hinteren Finger zu sehen, bewegen Sie den rechten Arm etwas mehr nach rechts oder links – und schon werden die beiden ›Schattenfinger‹ vor Ihren Augen erscheinen.

Jetzt lösen Sie Ihren Blick vom linken Zeigefinger und fokussieren den rechten Zeigefinger. Nun erscheint der rechte Finger normal und rechts und links davon erscheinen die Schattenfinger der linken Hand.

Beenden Sie die Übung, indem Sie sich einen Blickpunkt suchen, der weiter weg, hinter dem rechten Zeigefinger liegt.«

Machen Sie auch hier eine kurze Runde, wie es den Teilnehmern gerade geht. Wenn die Teilnehmer nach dieser Übung das Gefühl haben, ihre Augen seien angestrengt, können Sie die Übung »Palmieren« (s. S. 77 ff.) anschließen. Ist dies nicht der Fall, machen Sie direkt mit der folgenden Übung »Augenyoga« weiter. Und das entspannende Palmieren erfolgt dann am Ende der Augenübungen.

Übung 3: Augenyoga

Beim entspannten Sehen führen die Augenmuskeln bis zu 200 Bewegungen in der Sekunde aus, die sogenannten Saccaden. Je anstrengender das Sehen für den Menschen wird, desto mehr wird aus dem weichen, beweglichen Sehen ein Starren. Darunter leidet auch die Durchblutung der Augenmuskeln. Schwache und schnell ermüdende Augenmuskeln sind die Folge, Tendenzen zu Weit- oder Kursichtigkeit werden verstärkt.

Die folgende Übung schult die Augenmuskeln und führt wieder zu mehr Leichtigkeit und Geschwindigkeit in der Blickbewegung. Regelmäßig durchgeführt kann sie damit die negativen Folgen des starren Blicks verhindern beziehungsweise abmildern.

Vorbereitung
Die Übung kann ebenfalls im Sitzen oder Stehen durchgeführt werden. In jedem Fall ist eine aufrechte, aber entspannte Haltung wichtig. Wie bei den vorangegangenen Übungen ist auch hier ein ruhig fließender Atem essenziell.

Durchführung
Da die Übung sehr verständlich ist, ist ein Vormachen nicht unbedingt nötig, aber natürlich trotzdem möglich. Hier kommt wieder ein Vorschlag für die Formulierung der Übungsanleitung:

»Bewegen Sie Ihren Blick in Augenhöhe langsam nach links und nach rechts und wieder zurück, während die Nasenspitze gerade nach vorn zeigt. Halten Sie den Kopf dabei ruhig.

Führen Sie diese Bewegung eine Weile durch. Achten Sie darauf, wie Ihre Augen die Bewegung ausführen. Können Sie Bögen oder Zickzacklinien ausmachen? Springt der Blick? Ist dies der Fall, versuchen Sie, die Bewegung weicher und glatter werden zu lassen. Atmen und blinzeln Sie ganz entspannt.

Nun bewegen Sie Ihren Blick in der gleichen Weise nach oben und unten. Auch hier zeigt die Nasenspitze nach vorn, und der Kopf wird ruhig gehalten.

Führen Sie auch diese Bewegung eine Weile durch und achten Sie darauf, ob sich die Augen in gerader Linie bewegen oder ab es Abweichungen nach links und rechts gibt. Versuchen Sie, die Augenbewegung weich von oben nach unten und zurück fließen zu lassen.

Jetzt bewegen Sie den Blick in der Diagonale, also jeweils abwechselnd in die gegenüberliegenden Raumecken. Achten Sie darauf, dass Sie dabei den Kopf nicht schieflegen, sondern Ihr Scheitelpunkt weiterhin zur Decke zeigt. Führen Sie auch diese Bewegung eine Weile durch und versuchen Sie, die diagonalen Bewegungen weich und fließend werden zu lassen.

Beenden Sie die Übung, indem Sie kurz die Augen schließen.«

Übung 4: Einen Punkt fixieren

Im Gegensatz zur vorangegangenen Übung, wo die Teilnehmer den Kopf ruhig halten sollen, während die Augen wandern, wird der Kopf in dieser Übung bewegt, während die Augen einen Punkt fixieren.

Auch diese Übung trainiert die Augenmuskeln, zunächst einmal die Fähigkeit, sich auf einen kleinen Punkt zu konzentrieren. Dies haben viele Menschen verlernt, weil zum Beispiel beim Lesen mit den Augen immer schon mehrere Buchstaben zusammengefasst werden, weil man dann schneller lesen kann. Das führt wiederum auf Dauer dazu, dass wir die Pupillen häufig zu weit auseinander halten. Außerdem werden mit dieser Übung extreme Blickwinkel trainiert. Diese werden meistens vernachlässigt, weil wir stattdessen lieber den Kopf drehen.

Darüber hinaus entspannt die Übung durch die darin enthaltenen Kopfbewegungen nicht nur die Nackenmuskeln, sondern durch die Fokussierung auf einen Punkt und gleichzeitiges ruhiges Atmen auch den Geist.

Vorbereitung

Jeder Teilnehmer braucht einen Filzstift. Darüber hinaus gelten die Ausführungen der vorangegangenen Augenyoga-Übung entsprechend.

Durchführung

Leiten Sie die Übung folgendermaßen an:

»Malen Sie mit einem Filzstift einen kleinen Punkt auf den Fingernagel Ihres rechten Zeigefingers. Halten Sie die rechte Hand nun in halber Armlänge vor sich und strecken Sie den Zeigefinger nach oben aus.

Fixieren Sie jetzt ausschließlich den kleinen Punkt auf dem Fingernagel. Vielleicht stellen Sie fest, dass Ihre Augen es gar nicht mehr gewöhnt sind, sich auf so einen kleinen Punkt zu konzentrieren. Versuchen Sie es trotzdem.

Nun halten Sie diesen Punkt fest mit beiden Augen fixiert und bewegen dabei den Kopf langsam, so wie es Ihnen angenehm ist, in alle Richtungen.

Achten Sie dabei darauf, dass Sie alle möglichen Augenwinkel einmal abfahren. Der Kopf kann dabei auch kreisförmige Bewegungen absolvieren.

Beenden Sie die Übung, indem Sie den Kopf wieder ruhig halten und ein paar Mal tief durchatmen.«

Übung 5: Palmieren

Das Palmieren gehört zu den ältesten und bekanntesten Übungen im visuellen Training. Die Bezeichnung entstand aus dem englischen Wort »palm« (= Handfläche) und dem entsprechenden Verb »to palm« (mit der flachen Hand berühren oder in der hohlen Hand verbergen). Wenn wir die Augen mit den Händen abdecken, signalisieren wir dem Körper, dass im Moment keine äußeren Bildeindrücke verarbeitet werden müssen und das Sehzentrum »frei« hat.

Da die Augen während der Übung geschlossen und zusätzlich durch die Hände geschützt sind, werden Augen und Sehzentrum auch von ihrer Warn- und Informationsfunktion befreit. Ist es dunkel, können Augen und dazugehörige Augenmuskeln besonders gut entspannen und das Rhodopsin (lichtempfindlicher roter Sehfarbstoff in den Stäbchen der Netzhaut, der für das Hell-Dunkel-Sehen verantwortlich ist), kann sich physisch regenerieren. Deshalb ist das Sehvermögen nach dem Palmieren tatsächlich besser, Farben werden intensiver und die Außenwelt klarer wahrgenommen.

Auch das mentale Abschalten wird erleichtert, indem die Augen und damit auch der Geist von optischen Reizen abgeschirmt werden.

Vorbereitung

Wie bei den anderen Übungen ist auch hier die ruhige Atmung ein wichtiges Element. Das Palmieren kann im Sitzen oder im Liegen durchgeführt werden. Im Liegen gehen die Ellbogen himmelwärts, beim Sitzen ist ein Tisch oder ein dickes Kissen nötig, auf dem die Ellbogen liegen.

Durchführung

Für das Anleiten des Palmierens eignet sich folgende Übungsanleitung:

»Reiben Sie zunächst beide Handflächen kräftig aneinander, bis die Hände leicht erwärmt sind. Formen Sie nun hohlförmige ›Schalen‹ mit den Händen, so als ob Sie aus den Händen Wasser trinken wollten.

Lassen Sie nun den Kopf auf die ›Handmuscheln‹ sinken. Die Hände liegen dabei wie eine Kuppel über die Augen – sodass kein Licht mehr in die Augen fällt, aber die Augenlider nicht von den Händen berührt werden. Achten Sie darauf, dass Ihre Atmung durch die Nase dabei nicht behindert wird.

Schließen Sie nun die Augen und lassen Sie die Atmung fließen. Bleiben Sie in dieser Stellung. Entspannen Sie bewusst nacheinander die Gesichtsmuskeln, die Augen, die Schultern, Arme und Hände.

Genießen Sie die Dunkelheit hinter den Augenlidern. Um diese zu verstärken, können Sie sich auch die Farbe Schwarz vorstellen. Dann können ihre Augen noch besser entspannen.

Genießen Sie auch das Gefühl, jetzt einmal nichts sehen und erkennen zu müssen. Geist und Augen sind jetzt ganz entspannt. Genießen Sie einfach das müßige Nichtstun und beobachten Sie nur, wie Ihre Atmung fließt.

Beenden Sie die Übung, indem Sie zuerst die Hände heruntersinken lassen beziehungsweise behutsam den Kopf von den Händen heben. Öffnen Sie erst dann wie in Zeitlupe die Augen.«

Nun ist es wieder an der Zeit, mit den Teilnehmern der Wirkung der Übung nachzuspüren. Wie fühlt sich ihr Sehen nun an? Vielleicht bemerken einige, dass die Umgebung »wie frisch gewaschen« aussieht und sie buchstäblich klarer sehen. Oder dass sie Farben intensiver wahrnehmen als vorher.

Ermutigen Sie die Teilnehmer, diese positiven Wirkungen in ihren Arbeitsalltag zu integrieren und die Übungen regelmäßig durchzuführen. Dazu muss nicht jedesmal die komplette Übungsreihe durchgeführt werden. Manchmal reicht es auch eine kurze Augenyogasequenz mit anschließendem – ebenfalls kurzem – Palmieren, um wieder mit frischem Blick und klarem Geist tätig zu werden.

Anwendung im Einzelcoaching

Prinzipiell können Übungen für die Augen auch im Einzelcoaching angewendet werden. Das Palmieren eignet sich beispielsweise besonders gut als Haltung, wenn im Coaching Visualisierungsübungen durchgeführt werden. Die »doppelte Abschirmung« der Augen gegen optische Reize kann in diesem Fall helfen, sich noch besser auf innere Bilder zu konzentrieren.

Die Lockerung des ganzen Körpers und die Öffnung des Blicks, die durch die Schwingübung möglich werden, können dabei unterstützen, ins Stocken geratene Prozesse wieder ins Fließen zu bringen und das Coachingthema »mit neuen Augen« zu betrachten.

Literatur

Hätscher-Rosenbauer, Wolfgang (2002): *Augenschule für gesundes Sehen.* München: Südwest.

Scholl, Lisette (1994): *Das neue Augentraining.* München: Goldmann.

Du bist, was du isst – gesunde Ernährung schmackhaft machen

Katja Cordts-Sanzenbacher

Kurz und knapp

In diesem Kapitel werden Möglichkeiten vorgestellt, wie das Thema gesunde Ernährung auch für fachfremde Trainer theoretisch, aber vor allem ganz praktisch in Gesundheitsworkshops umgesetzt werden kann.

Ziele und Effekte

- Sensibilisierung für das Thema Ernährung
- Bewusstmachen der Einstellung zum Thema Ernährung
- Reflexion der eigenen Ernährungsgewohnheiten und der subjektiven Bedeutung des Essens
- Entwicklung erster Schritte in Richtung gesunder Ernährung

Hintergrund und Beschreibung

Ein wesentlicher Faktor für die körperliche, aber auch für die seelische Gesundheit ist die Ernährung. Sprichwörter wie »Liebe geht durch den Magen«, »etwas in sich hineinfressen« oder »Essen hält Leib und Seele zusammen« weisen darauf hin, wie eng Essen und Wohlbefinden verknüpft sind. Zugespitzt kommt dies im Ausspruch »Du bist, was du isst« zum Ausdruck.

Essen hat dabei auf der rein körperlichen Ebene die Aufgabe, den Körper mit Energie zu versorgen und die Körperfunktionen sicherzustellen. Neben dieser eigentlichen Aufgabe als Energielieferant hat das Essen aber oft auch weitergehende Bedeutung: Eine Tafel Schokolade wird in den seltensten Fällen gegessen, weil der Hunger so groß ist. Sie dient vielmehr häufig als Genussmittel oder als Belohnung, aber auch als Frust- oder Trostessen. Es gibt sogar die Hypothese, Schokolade mache glücklich. Aber tut sie das wirklich?

Tatsächlich gibt es Hinweise darauf, dass Zartbitterschokolade mit einem hohen Kakaoanteil durch die darin enthaltenen Stoffe Tryptophan und Phenylethylamin den Gemütszustand positiv beeinflusst. Tryptophan wirkt wie ein natürliches Antidepressivum, da es zur Herstellung von Serotonin dient – dem wichtigsten Botenstoff im Körper für das Glücksempfinden. Phenylethylamin ist verantwortlich für die Ausschüttung von Dopamin, welches stimmungsaufhellend wirkt. Aber trotzdem dürfte sich ein übermäßiger Konsum der Zucker-Fett-Kombination, wie sie vor allem in Milchschokolade zu finden ist, auf Dauer eher negativ auf die körperliche und seelische Gesundheit auswirken.

Bereits dieses kleine Beispiel zeigt, dass es nicht so einfach ist, »gesunde Ernährung« zu definieren – denn was individuelle Bedürfnisse nach Genuss oder Trost erfüllen soll, ist nicht zwangsläufig ernährungsphysiologisch wertvoll. Und manch einer ist der Ansicht, dass dieses Gesetz auch umgekehrt gilt: Was gesund ist, kann gar nicht schmecken. Erschwerend hinzu kommt die Tatsache, dass es wenige wirklich gesicherte Erkenntnisse im Bereich Ernährung gibt, was zu immer neuen Diättrends und Ernährungsweisheiten führt. Waren das zu meinen Jugendzeiten beispielsweise die »Atkins-Diät«, die »Brigitte-Diät« oder die »Dr. Haas-Diät«, so sind im Moment vegane Ernährung, »Low Carb« oder die »Paleo-Diät« en vogue. Diese Konzepte zeichnen sich nicht nur durch verschiedene Bezeichnungen, sondern auch durch völlig unterschiedliche Regeln aus: Mal sind Kohlehydrate pfui und Eiweiß topp, mal ist es umgekehrt, mal ist alles Tierische verboten, mal absolut notwendig, weil unser Vorfahren sich schließlich auch so ernährt haben. Wer soll da noch durchblicken? Und was soll man Menschen erzählen, die sich gesünder ernähren wollen?

Für dieses Dilemma habe ich für mich folgende Lösung gefunden: In Gesundheitstrainings oder -coachings gebe ich nur die Erkenntnisse über gesunde Ernährung weiter, die als gesichert gelten können beziehungsweise die einfach zu beherzigen sind:

- Wenn ich meinem Körper mehr Energie zuführe, als er verbraucht, werde ich zunehmen. Wenn ich meinem Körper weniger Energie zuführe, als er verbraucht, werde ich abnehmen. Steht beides im Gleichgewicht, bleibt das Gewicht stabil.
  Faustregel: Will ich Gewicht verlieren, kann ich also entweder meinen Energieverbrauch steigern (durch Aktivität) oder meine Energiezufuhr senken (also weniger beziehungsweise weniger kalorienreich essen).
- Der Körper braucht alle Makronährstoffe (Kohlehydrate, Eiweiß und Fett), die Energie liefern und alle Mikronährstoffe (Vitamine, Mineral-

stoffe, Spurenelemente und sekundäre Pflanzenstoffe), die eine wichtige Rolle für den Stoffwechsel spielen. Deshalb ist es wichtig, sich vielseitig und abwechslungsreich zu ernähren.

Faustregel: Darauf achten, dass das Essen auf dem Teller möglichst bunt ist (zum Beispiel braune Linsen, gelbe Kartoffeln, grüne Erbsen und dazu einen roten Tomatensalat) und mindestens einmal pro Woche etwas Neues ausprobieren.

- Naturbelassene Lebensmittel sind immer gesünder als verarbeitete Lebensmittel, Selbstgekochtes ist immer besser als ein Fertiggericht. Warum? Weil unser Körper diese natürlichen Lebensmittel sofort erkennt und optimal verarbeiten kann, was bei industriell produzierten und stark mit Zusatzstoffen versetzten Lebensmitteln nicht der Fall ist.

Faustregel: Mindestens viermal pro Woche selbst kochen und die Finger von Produkten lassen, die mehr als zehn Inhaltsstoffe aufweisen oder für deren Zutatenliste man ein Chemielexikon braucht. Alles, was unsere Oma nicht als Lebensmittel erkannt hätte, sollte man auch nicht essen!

- Es gibt verschiedene Ernährungspyramiden, die sich in der Position und der Wertigkeit bestimmter Lebensmittelgruppen unterscheiden. Die bekannteste ist sicherlich die der Deutschen Gesellschaft für Ernährung, die sich aber nicht nur im Laufe der Jahre immer wieder verändert (aktuell gibt es für den Ernährungsunterricht eine komplexe 3D-Falt-Version), sondern auch von einigen Fachleuten kritisch gesehen wird. Weitgehend einig ist man sich aber darin, dass es sinnvoll ist, Zucker, tierische Fette und gehärtete Pflanzenfette nur sparsam zu sich zu nehmen und bei Gemüse und Obst ordentlich zuzulangen.

Faustregel: Maximal eine Handvoll Schokolade oder Chips essen und mindestens fünf Hände voll Gemüse und Obst (idealerweise mehr Gemüse als Obst).

- Ausreichend trinken (ein bis drei Liter), am besten Wasser, ungesüßten Tee oder »dünne« Saftschorlen. Kaffee und Alkohol nur in Maßen.

Faustregel: Wenn der Urin hell (»zitronenlimofarbig«) fast durchsichtig ist, ist der Körper ausreichend mit Flüssigkeit versorgt. Ist er dunkelgelb oder geht sogar ins Bräunliche, braucht der Körper Flüssigkeit.

Anwendung in Gruppen und Teams

Unabhängig von den normativen Ernährungsrichtlinien und -empfehlungen versuche ich, Trainingsteilnehmern oder Coachingklienten die Möglichkeit zu geben, die eigenen Ernährungsgewohnheiten kritisch zu reflektieren, Änderungswünsche zu äußern und entsprechende Ziele zu formulieren – die angeführten Faustregeln stelle ich erst danach vor (beziehungsweise lasse sie am Ende erst erarbeiten), um die Teilnehmer oder Klienten möglichst unvoreingenommen üben zu lassen. Dabei setze ich als Einstiegsübung gern ein Partnerinterview zum Thema Ernährungsgewohnheiten ein.

Literaturtipp

Für diejenigen, die sich zum Thema gesunde Ernährung weiter informieren wollen, empfehle ich den pragmatischen und leicht verständlichen Ansatz von Dr. Matthias Marquardt, insbesondere in seinem Buch »Instinktformel« (2012).

Übung: Partnerinterview

Vorbereitung

Einen Beutel mit gesunden Snacks (jeweils in zweifacher Ausfertigung) für die Paarfindung bereithalten. Den Interviewleitfaden finden Sie als Download unter www.beltz.de – direkt beim Buch. Sie können ihn herunterladen und für jeden Teilnehmer ausdrucken. Damit die Faustregeln während der ganzen Übung sichtbar bleiben, bietet sich an, diese auf ein Flipchart zu schreiben.
Eventuell kleine Magnete zum Erstellen von Kühlschrankmagneten bereithalten.

Durchführung

Nach einer kurzen Sensibilisierung für das Thema (zum Beispiel kann man die Teilnehmer bitten, sich auf einer Skala von 1 bis 10 nach der Frage einzuordnen, wie gesund sie sich ernähren) bitte ich die Teilnehmer, in einen Beutel zu greifen, in den ich vorher gesunde Snackpaare gesteckt habe – also jeweils zwei gleiche Snacks und insgesamt so viele Snacks wie Teilnehmer. Bei ungeraden Zahlen gibt es einen Snack dreimal. Hierfür eigenen sich zum Beispiel unterschiedliche Nüsse, Radieschen oder anderes festes Gemüse, Mandarinen oder anderes festes Obst, Trockenfrüchte, Früchteriegel, aber auch kleine Täfelchen Zartbitterschokolade oder zuckerfreie Kaugummis.
Jetzt sollen sich die Teilnehmer anschauen, welches Lebensmittel Sie gezogen haben. Das bietet meistens schon Gesprächsstoff und ein erstes Befassen mit der Frage, was gesundes Essen ist und was nicht. Diejenigen, die den gleichen Snack gezogen haben, sollen sich dann zu Paaren zusammenfinden und sich gegenseitig anhand des folgenden Leitfadens interviewen.
Ich gebe den Teilnehmern für das Interview meist 30 Minuten Zeit und bitte sie, nach 15 Minuten die Rollen zu tauschen. Außerdem ermuntere ich sie zum Nachfragen, wenn sehr kurze Antworten gegeben werden oder sie etwas genauer wissen möchten.

Die Fragen im Leitfaden dienen zum einen dem generellen Bewusstmachen der eigenen Ernährungsgewohnheiten. Zum anderen bieten sie Gelegenheit, Unterschiede zu den Gewohnheiten und Vorlieben des Interviewpartners zu entdecken und diese gemeinsam zu besprechen.

Ernährungsgewohnheiten – Leitfaden

- Welche Mahlzeiten isst du am Tag?
- Wann nimmst du diese Mahlzeiten zu dir?
- Wieviel Zeit nimmst du dir für die Hauptmahlzeiten?
- Was ist dein Lieblingsessen und wie häufig steht das auf deinem Speiseplan?
- Wie viele Kalorien nimmst du im Schnitt pro Tag zu dir?
- Welche Getränke nimmst du zu dir?
- Wieviel trinkst du?
- Wie wichtig ist dir das Thema Gesundheit bei der Auswahl von Speisen und Getränken?
- Wie unterscheiden sich deine Ernährungsgewohnheiten von denen deiner Familie?

Das Interview bietet eine gute Grundlage, um anschließend im Plenum (oder in Kleingruppen – je nach Gruppengröße) die Frage zu diskutieren, was gesunde Ernährung ausmacht. Dabei sammle ich mit den Teilnehmern, was sie über gesunde Ernährung wissen und auch, was sie gern über gesunde Ernährung wissen wollen. Dabei kommen häufig gängige Ernährungsmythen zutage, wie zum Beispiel »nach 18 Uhr nichts essen« oder »lieber fünf kleine Mahlzeiten als drei große«, die dann besprochen werden können.

In jedem Fall wird offensichtlich, dass es nur wenige allgemein akzeptierte Regeln gibt, und dass Ernährungsgewohnheiten sehr individuell sind. Häufig ist das Thema Essen auch emotional besetzt und eng verknüpft mit den entsprechenden Einstellungen in der Ursprungsfamilie. Letzteres spreche ich durchaus an, vertiefe das in der Gruppensituation aber meist nicht weiter.

Abschließend führe ich die genannten Faustregeln ein und beantworte Fragen dazu. In den meisten Fällen sind die Teilnehmer ganz dankbar für diese einfachen Grundsätze und nehmen sich vor, das eine oder andere davon umzusetzen. Wenn es die Zeit zulässt, kann man dementsprechend noch eine Einzelübung anschließen, in dem jeder für sich ein ernährungsspezifisches Ziel nach den Kriterien aus dem Kapitel »Motivation durch konkrete Ziele – Tools zur Zielformulierung«, (s. S. 176 ff.) formuliert. Dieses kann dann auf vorbereitete Magnete geklebt werden, die die Teilnehmer zu Hause als Kühlschrankmagnete verwenden können.

Möglich ist auch eine Kleingruppenarbeit, in der sich die Teilnehmer über ihre jeweiligen Lieblingsgerichte austauschen und gemeinsam überlegen, wie diese (noch) gesünder gestaltet werden können. So entstehen aus den Teilnehmern heraus meist sinnvolle Ideen, wie man Pizza oder Burger mit recht einfachen Mitteln ernährungsphysiologisch aufwerten kann.

Da ich das eigene Erleben der Teilnehmer dem theoretischen Reflektieren vorziehe, bereite ich am liebsten mit den Teilnehmern im Anschluss ein einfaches gesundes Gericht zu, wenn es die Rahmenbedingungen zulassen. Da meist keine Küche zur Verfügung steht, bietet sich ein Sandwich an. Ein paar Stangen Mehrkornbaguette (alternativ ein paar Scheiben Vollkornbrot), bestrichen mit Olivenöl-Kräuter-Pesto, belegt mit Salatblättern, ein paar dicken Scheiben Räuchertofu sowie hauchdünn geschnittenen Möhren (das klappt hervorragend mit einem Sparschäler) – und fertig ist ein ausgewogenes, sättigendes, schmackhaft-knackiges Sandwich, mit dem ich auch schon passionierte Fleischliebhaber und/oder Tofuhasser überzeugen konnte.

Die weniger aufwendige Alternative ist das Bereitstellen von Wasser, Tee, Rohkost, Trockenfrüchten und Nüssen während des Trainings. Hier spüren die Teilnehmer oft am eigenen Leib, dass ihnen diese Art der Versorgung sowohl körperlich als auch mental besser bekommt als die obligatorische Kaffee- und Keksvariante. In den Feedbackrunden geben sie dann meist auch entsprechend positive Rückmeldungen.

Anwendung im Einzelcoaching

Das Thema gesunde Ernährung spielt insbesondere in Coachings zum Thema Life-Balance beziehungsweise zur Stressbewältigung eine Rolle: Gesunde Ernährung ist ein wesentlicher Faktor im Bereich »Körper und Gesundheit«. Stress hingegen reduziert den Grundumsatz, macht schlapp und führt häufig zu Frustessen. Aber auch das gegenteilige Phänomen in Form von hyperaktivem Verhalten und/oder Appetitlosigkeit ist möglich. In beiden Fällen leidet die Nährstoffversorgung (insbesondere mit Mikronährstoffen), was wiederum die Stressanfälligkeit erhöht. Ein Teufelskreis entsteht.

Wenn Sie mit gestressten Klienten am Thema Ernährung arbeiten, ist es wichtig, diese zunächst zu entlasten und ihnen den Zusammenhang zwischen Stress und Ernährung zu verdeutlichen. Außerdem sollte Verständnis für individuelle Vorlieben gezeigt und ungesunde Lebensmittel sollten nicht sofort als »böse« verurteilt werden. Hier ist das Maß entscheidend und es sollte zwischen Genuss und Sucht beziehungsweise misslungener Stressbewältigung unterschieden werden. Voraussetzung dazu ist, dass man gemeinsam mit dem Klienten die Hintergründe seiner Essgewohnheiten und Präferenzen beleuchtet. Ideen dazu finden Sie in den folgenden Abschnitten.

Einstieg in das Thema »gesunde Ernährung«

Als Einstieg ins Thema verwende ich gern Postkarten (alternativ Zitate zum Thema Essen) sowie für das Bewusstmachen der Gewohnheiten die Fragen aus dem Interviewleitfaden (s. S. 84) und für die weitere Reflexion vertiefende systemische Fragen.

Vorbereitung
30 bis 50 Postkarten mit unterschiedlichen Motiven bereithalten. Diese können Essensmotive enthalten, sollten aber bevorzugt andere Motive aufweisen.

Alternativ können Sie nach Zitaten zum Thema Essen recherchieren und diese auf kleine Kärtchen, zum Beispiel Karteikarten, schreiben.
Flipchart zum Festhalten der Assoziationen bereithalten.

Durchführung
Für die Einstiegsübung wähle ich Postkarten, wenn ich den Eindruck habe, dass es im Prozess oder für den Klienten gerade gut ist, einen kreativeren, eher nonverbalen Zugang zum Thema zu finden. In diesem Fall bevorzuge ich Postkarten mit Motiven, die nicht direkt Lebensmittel oder Situationen, in denen gegessen wird, zeigen. Auf diese Weise wird ein persönlicher Einstieg über Symbole oder Metaphern möglich. Wenn ich mich für Postkarten entscheide, breite ich diese auf dem Boden aus und bitte den Klienten, aufzustehen, um die Karten herumzulaufen und sich diese genau anzuschauen – mit der Frage, welche Bedeutung das Thema Essen für ihn hat. Schließlich soll er sich für eine Karte entscheiden, die etwas mit dieser Frage zu tun hat. Ein Klient hat sich beispielsweise eine Postkarte ausgesucht, auf der ein Schaf abgebildet ist. Anschließend hat er erklärt, dass er »wie ein Schaf« die Essgewohnheiten seiner Familie übernommen habe, sich aber wünsche, wieder so ein natürliches Essverhalten zu haben wie ein Schaf, das auf der Wiese grast.
Alternativ zur Postkartenübung lege ich verschiedene Zitate zum Thema Essen beziehungsweise Ernährung aus und bitte den Klienten, sich für zwei Zitate zu entscheiden: für eines, dem er absolut zustimmt und eines, mit dem er gar nichts anfangen kann. Zur Auswahl könnten neben den im Abschnitt »Hintergrund und Beschreibung« genannten Zitaten beispielsweise stehen:

- Wir leben nicht, um zu essen; wir essen, um zu leben.
- Sage mir, wie du isst, und ich sage dir, was du bist.
- Das Mit-der-Faust-auf-den-Tisch-Schlagen nimmt ab, wenn er gedeckt ist.
- Mens sana in corpore sano.
- Als wir noch dünner waren, standen wir uns näher.
- Du musst nicht nur mit dem Munde, sondern auch mit dem Kopfe essen, damit dich nicht die Naschhaftigkeit des Mundes zugrunde richtet.
- Tiere sind meine Freunde, und ich esse meine Freunde nicht.
- Wenn ein Mann für dich kocht und der Salat enthält mehr als drei Zutaten, meint er es ernst.
- Man soll dem Leib etwas Gutes bieten, damit die Seele Lust hat, darin zu wohnen.
- Die Dicken leben kürzer. Aber sie essen länger.
- Der Wohlstand beginnt genau dort, wo der Mensch anfängt, mit dem Bauch zu denken.
- Mäßigkeit setzt Genuss voraus, Enthaltsamkeit nicht. Es gibt daher mehr enthaltsame Menschen als solche, die mäßig sind.

- Es gibt Augenblicke, in denen eine Rose wichtiger ist als ein Stück Brot.
- Es ist besser, zu genießen und zu bereuen, als zu bereuen, dass man nicht genossen hat.
- Mäßigkeit setzt Genuss voraus, Enthaltsamkeit nicht. Es gibt daher mehr enthaltsame Menschen als solche, die mäßig sind.
- Es gibt Augenblicke, in denen eine Rose wichtiger ist als ein Stück Brot.
- Es ist besser, zu genießen und zu bereuen, als zu bereuen, dass man nicht genossen hat.

Im Anschluss daran lasse ich den Klienten erzählen, warum er sich die Zitate beziehungsweise die Postkarte ausgesucht hat und was er damit verbindet. Dann frage ich weiter nach, um gemeinsam mit dem Klienten seinen Ernährungspräferenzen und seiner ganz persönlichen »Essgeschichte« auf die Spur zu kommen. Anregungen zum Abfragen der konkreten Essgewohnheiten bietet der gezeigte Leitfaden. Weitergehende Fragen könnten zum Beispiel sein:

- Was assoziieren Sie mit dem Begriff Essen?
- Welche Funktionen erfüllt das Essen in Ihren Augen?
- In welchen Situationen essen Sie, obwohl Sie keinen Hunger haben?
- Welches Bedürfnis soll dann befriedigt werden?
- Wie könnte dieses Bedürfnis stattdessen befriedigt werden?
- Welches Essen tut Ihnen gut und warum?
- Wie fühlen Sie sich, wenn Sie viel oder üppig gegessen haben?
- Haben Sie schon einmal gefastet? Können Sie sich das vorstellen?
- Wie leicht fällt es Ihnen, Ihrem Körper etwas Gutes zu tun?
- Welche Einstellung zum Thema Essen gab es in Ihrer Ursprungsfamilie?
- Welche Rituale rund um das Essen wurden gepflegt?
- Was davon haben Sie übernommen?
- Wo verhalten Sie sich anders?

Die Erklärung aus der Postkartenübung sowie die Antworten auf die Fragen visualisiere ich auf einem Flipchart in Form eines Mindmaps. In der Mitte des Mindmaps steht der Begriff »Essen« und die Fragen beziehungsweise Antworten darauf bilden die Äste und Unteräste. Das Ergebnis der Coachingsitzung mit dem genannten Klienten sah beispielsweise folgendermaßen aus:

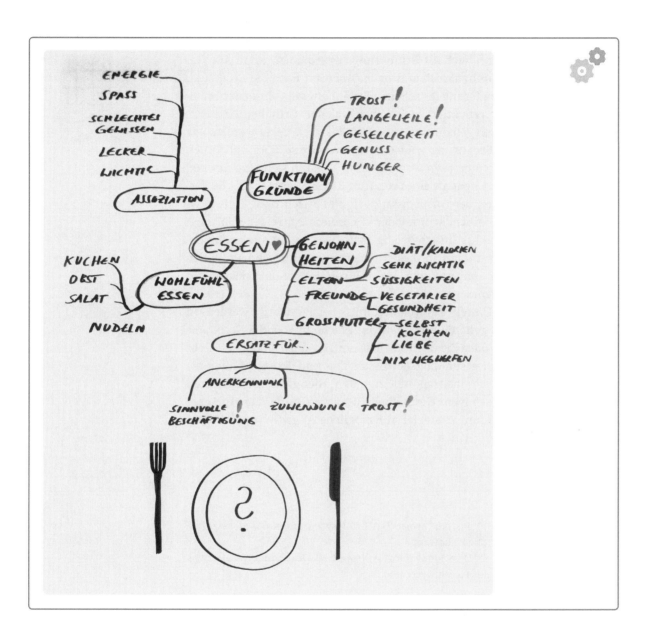

Auf diese Weise wird dem Klienten das Thema in all seinen Facetten deutlich. Das Flipchart kann auch als Erinnerungshilfe dienen, wenn alte Gewohnheiten wieder durchzubrechen drohen. Aber ich habe die Erfahrung gemacht, dass die Veränderung der eigenen Ernährungsgewohnheiten leichter fällt, wenn vorher reflektiert wurde, aus welchen Gründen diese entstanden sind. Dann kann gemeinsam auf dieser Basis erarbeitet werden, wie der Klient sich seine Ernährung wünscht, und wie dieses Ziel mit seinen individuellen Ressourcen erreicht werden kann. Es kann sich zum Beispiel herausstellen, dass der Klient als eines von fünf Kindern immer um die Portionen kämpfen musste, der Glaubenssatz »eine Mahlzeit ohne Fleisch ist keine Mahlzeit« verinnerlicht wurde oder der innere Antreiber »ich muss mich beeilen« vorherrscht. Ein langfristig maßvolles, ruhiges oder fleischreduziertes Essverhalten kann in diesen Fällen nur dann gelingen, wenn die Hintergründe klar sind und alternative Einstellungen entwickelt und gefestigt werden können.

Auch das aktuelle Umfeld des Klienten muss berücksichtigt werden. In bestimmten Branchen gehören regelmäßige Besuche in Steakhäusern, ausgedehnte Trinkgelage oder Zigarrenrauchen einfach dazu. Da ist es nicht einfach, sich durch ein gesundheitsbewusstes Ess- und Trinkverhalten als »Spaßbremse« und »Gesundheitsapostel« zu outen. Hier gilt es, den Klienten in seinen Wünschen nach mehr Gesundheit zu stärken, seine Selbstfürsorge zu fördern und gemeinsam Strategien für mögliche Angriffe von Kollegenseite zu entwickeln.

Literatur

Marquardt, Matthias (2012): *Instinktformel*. Das Erfolgsprogramm, das Sie wirklich glücklich macht. München: südwest.
Schweppe, Ronald Pierre (2011): *Schlank durch Achtsamkeit*. Durch inneres Gleichgewicht zum Idealgewicht. Lünen: Systemed.

Für eine stabile Mitte – bürotaugliche Bauchübungen aus dem Hatha Yoga

Eve Berns

Kurz und knapp

In diesem Kapitel finden Sie Übungen aus dem Hatha Yoga, die vor allem gut für den Bauch sind.

Ziele und Effekte

- gesunde Haltung
- Entlastung des Rückens
- Stützmuskulatur wird gekräftigt
- mit einer stabilen Körpermitte Herausforderungen neu begegnen
- Gefühl von Stabilität und Vertrauen

Hintergrund und Beschreibung

Schlank soll er sein, Entscheidungen sollen wir aus ihm heraus treffen – und das war's dann auch schon. Der Bauch selbst gerät häufig in Vergessenheit und wird meist nur für die Bikinifigur trainiert. Dabei hat die Volkskrankheit »Rückenschmerzen« beim Gegenspieler Bauch ihre Ursache. Der Bauch stabilisiert den Oberkörper und ist nötig für eine mühelose Aufrichtung des Körpers, was besonders wichtig ist für uns aufrecht gehende Menschen. Die Wirbelsäule kann über einen kraftvollen Bauch entlastet werden. Zu langes Sitzen und die immer gleiche Körperhaltung schwächen jedoch die Bauchmuskulatur und die Wirbelsäule wird folglich im Lauf der Zeit überanstrengt. Der Bauch ist die Körpermitte, aus der heraus wir uns stark fühlen können und ein Gefühl der Stabilität bekommen! Die ganze Zeit gekrümmt vor dem PC sitzen und Süßes gegen den Heißhunger essen, bringt hingegen nicht nur ein ungutes Gefühl.

Der populäre Waschbrettbauch ist in den folgenden Übungen keineswegs das Ziel. Ein zu stark ausgeprägter und verspannter Bauchmuskel kann nämlich für eine zusätzliche Anspannung der Wirbelsäule sorgen und Druck auf sie bedeuten. Atemprobleme können entstehen. Es geht bei den Übungen vielmehr darum, die tiefen Schichten der Muskulatur anzusprechen, die dann tatsächlich die Aufrichtung begünstigen und die Atemhilfsmuskulatur unterstützen.

Die Funktionen der Bauchmuskulatur sind vielfältig. Sie beugen und strecken den Oberkörper, ermöglichen Dehnungen zu den Seiten, Drehungen nach rechts und links, noch dazu stabilisieren sie den unteren Rücken und das Becken. Die Bewegungen werden im Alltag oft vernachlässigt, können aber durch Übungen ausgeglichen werden. Die Yogaübungen geben den Teilnehmern die Möglichkeit, in den Bauch hineinzuspüren und ein besseres Körpergefühl zu bekommen. Ungesunde Haltungsmuster können so im Alltag schneller erkannt und aufgelöst werden.

Anwendung in Gruppen und Teams

Die folgenden Übungen bauen aufeinander auf und sollten in der hier vorgesehenen Reihenfolge nacheinander durchgeführt werden. Alle Tools sind für untrainierte Menschen geeignet. Gleichwohl ist es wichtig, als Trainerin oder Trainer darauf hinzuweisen, dass die Teilnehmer in jeder Übung auf sich und ihren Körper achten, die Sequenzen im eigenen Tempo durchführen und gegebenenfalls früher aus einer Übung herausgehen, wenn der Körper signalisiert, dass die eigenen Grenzen erreicht sind.

Übung 1: Zur Einstimmung

Vorbereitung
Die Teilnehmer sollten im Kreis sitzen und nach Möglichkeit eine Matte haben. Es ist wichtig, genügend Platz im Raum zu schaffen. Die Übungen sollten Sie vorher selbst noch einmal durchprobieren, um ein besseres Gefühl für die Haltungen zu bekommen.
Gut ist es, wenn Sie Variationen im Hinterkopf haben, die leichter oder fordernder sind, um allen Teilnehmern gerecht zu werden.

Durchführung
Der Trainer beziehungsweise die Trainerin erklärt, warum ein kräftiger Bauch wichtig ist. Es handelt sich nicht einfach nur um Kräftigungsübungen, sondern es geht auch

---

darum die Körperwahrnehmung zu schulen, um Fehlhaltungen im Alltag schneller zu bemerken. Die Teilnehmer sollen sich dabei nicht überfordern oder mit anderen aus der Gruppe vergleichen.

Übungsanleitung

»Kommen Sie in einen Schneidersitz oder nehmen Sie einen Stuhl, wenn die Haltung im Schneidersitz für Sie unangenehm ist. Die Wirbelsäule gerade aufrichten und die Augen schließen. Um gut auf die folgenden Übungen ausgerichtet zu sein, spüren Sie in den Bauch hinein und nehmen die Atembewegung dort wahr. Die Hände können auf dem Bauch liegen, und Sie können dann bewusst gegen die Hände ein- und ausatmen. Eine tiefe Bauchatmung kann bereits zur Stressreduktion führen.«

Übung 2: Sufikreise

Durchführung

Die Teilnehmer bleiben im Schneidersitz oder auf dem Stuhl sitzen, je nachdem, welche Haltung für sie bequemer ist. Mithilfe dieser Übung wird der Oberkörper aufgewärmt, Anspannungen können sich lösen.

Übungsanleitung

»Lassen Sie den Oberkörper kreisen, dabei bleibt die Basis fest auf der Erde oder auf dem Stuhl, der Kopf ist passiv. Wenn der Oberkörper nach vorn geht, einatmen, nach hinten ausatmen. Eine Minute in die eine Richtung, dann wechseln.«

Übung 3: Das Boot

Durchführung

Jetzt finden sich alle Teilnehmer zum Sitzen auf dem Boden ein.

Übungsanleitung

»Die Füße hüftbreit aufstellen, den Rücken gerade aufrichten, die Arme nach vorn ausstrecken. Dann mit geraden Rücken nach hinten gehen – ausatmen, wieder nach vorn – einatmen. Machen Sie das ein paarmal im Wechsel, folgen Sie dabei Ihrem Atemrhythmus. Bleiben Sie schließlich nach hinten gelehnt und halten Sie diese Position. Wenn die Übung nicht zu anstrengend ist, können Sie zusätzlich die Füße von der Erde abheben. Die Aufmerksamkeit in der Körpermitte halten und die Kraft dort spüren. Die Übung stärkt den Bauch, den unteren Rücken und den Hüftbeuger.«

»Dann umfassen Sie mit den Händen die Knie und kommen Sie in die Rückenlage. Die Beine dabei fest zum Körper ranziehen. Der Bauch kann entspannen. Strecken Sie die Beine und Arme dann in Richtung Decke aus, die Knie können dabei leicht gebeugt sein. Die Zehen zum Körper ranziehen. Dann mit den Händen gegen die Oberschenkel drücken, um den Bauch zu aktivieren. So stärken Sie die Bauchmuskulatur, der untere Rücken wird entlastet und gleichermaßen die Muskeln zwischen den Wirbeln. Halten Sie diese Stellung für drei bis fünf Atemzüge. Anschließend ziehen Sie die Beine wieder zum Körper.«

Übung 4: Krokodilsdrehung

Übungsanleitung

»In der Rückenlage bleiben, die Arme nach außen ausstrecken und ablegen. die Beine in einen rechten Winkel bringen, sodass die Waden auf einem imaginären Stuhl liegen. Die Beine in diesem Winkel halten und dann abwechselnd nach rechts und links absenken.«

Durch diese Übung werden die schrägen Bauchmuskeln gekräftigt, der untere Rücken kann entspannen.

»Die Knie im Anschluss an diese Übung in Richtung Bauch sinken lassen, sodass sich die Waden entspannt in Richtung hintere Oberschenkel absenken. Die Beine zu einer Seite sinken lassen, die diagonale Schulter hält den Kontakt zur Erde. Legen Sie eine Decke unter die Beine, wenn sich die diagonale Schulter von der Erde abhebt, anschließend werden die Seiten gewechselt. Auf jeder Seite die Stellung drei bis fünf Atemzüge lang halten. Kommen Sie schließlich wieder in die Mitte zurück und ziehen Sie die Beine nochmals nah zum Körper heran.«

Die Teilnehmer können sich dann wieder aufrichten und der Trainer beziehungsweise die Trainerin kann nach Wirkungen oder Veränderungen fragen.
Die seitliche Bauchmuskulatur, die gekräftigt wurde, wird mithilfe dieser Übung gedehnt, die Muskeln, die entlang der Wirbelsäule verlaufen, werden gestreckt und gedehnt. Die Übung hat eine beruhigende Wirkung, weil die Nervenbahnen entlang der Wirbelsäule harmonisiert werden.

Anwendung im Einzelcoaching

Zur Vorbereitung ist es am besten, die Übungen vorher nochmals selbst auszuprobieren, um ein Gefühl dafür zu bekommen. Decke und eventuell Matte bereitstellen oder vom Klienten mitbringen lassen. Je nach Vorkontakt kann auch eine individuelle Ausrichtung auf den Coachee erfolgen.

Die Anleitung entspricht der Übungsanleitung für Gruppen und Teams. Der Coach kann die Übungen individuell durch Variationen oder zum Beispiel längeres Halten an den Klienten anpassen.

Für kaum jemanden ist eine stabile Körpermitte unwichtig. Trotzdem sollte die Relevanz für die Person überprüft und gegebenenfalls die Übungen angepasst werden. Bei den Übungen kann der Coach darauf achten, dass der Coachee nicht in übliche Haltungsmuster geht. Für sportlich ambitionierte Menschen kann eine stabile Körpermitte auch eine Leistungssteigerung bewirken.

Literatur

Kaminoff, Leslie/Matthews, Amy (2013): *Yoga Anatomie.* Ihr Begleiter durch die Asanas, Bewegungen und Atemtechniken. München: Riva.
Sterzenbach, Katja (2012): *30 Minuten Business Yoga.* 2. Auflage. Offenbach: Gabal.

Verspannungen wegbewegen – Nackenentspannung für zwischendurch

Kerstin Goldbeck

Kurz und knapp

Sie erhalten in diesem Kapitel drei Übungen zur Nackenentspannung, die gut am Arbeitsplatz durchgeführt werden können.

Ziele und Effekte

- Die Übungen lockern die Nackenmuskulatur und fördern deren Durchblutung.
- Sie können Verspannungskopfschmerzen lindern und die Durchblutung von Armen und Beinen verbessern, die durch Nackenverspannungen blockiert werden kann.
- Die Übungen können einfach in den eigenen Tagesablauf integriert werden und lassen sich gut am Arbeitsplatz durchführen.

Hintergrund und Beschreibung

Gerade Büroarbeiter leiden häufig unter einer verspannten Nackenmuskulatur. Zu wenig Bewegung zwischendurch, ungünstig eingestellte Bildschirme oder Bürostühle führen dazu, dass sich die Nackenmuskeln verkrampfen. In anderen Branchen ist es eher schweres Heben oder sind es unnatürliche Bewegungen, die zu Verspannungen führen. Natürlich kann einem auch wortwörtlich die »Angst im Nacken sitzen«, sprich: Private oder berufliche Belastungen können sich körperlich in Muskelverspannungen niederschlagen. Generell führt eins zum anderen: Bewegungen werden durch verspannte Nackenmuskeln so ausgeführt, dass sich auch in anderen Körperregionen (zum Beispiel im Rücken oder auch in den Armmuskeln) Verkrampfungen zeigen. Zudem können Verspannungen im Nacken dazu führen, dass die Durchblutung im ganzen Körper gestört ist und beispielsweise Arme, Beine oder Hände vermehrt einschlafen (häufig abends im Bett). Zudem kann ein verspannter Nacken das Sprechen beeinträchtigen.

Abgesehen davon sind Nackenverspannungen häufig schmerzhaft und beeinträchtigen das Wohlbefinden insgesamt. Übungen zur Lockerung der Nackenmuskulatur sind besonders effektiv, wenn sie zwischendurch immer mal wieder angewandt werden und nicht erst, wenn es Zeit für eine Massage ist und Betroffene zum Schmerzmittel greifen möchten.

Anwendung in Gruppen und Teams

Vorbereitung Für die drei Übungen sind keine besonderen Vorbereitungen nötig. Alle Übungen können gut am Arbeitsplatz durchgeführt werden.

Durchführung Die Übungen können entweder im Stehen oder im Sitzen durchgeführt werden. Im Stand sind die Beine hüftbreit geöffnet, die Schultern fallen entspannt nach unten, der Rücken ist gerade. Falls die Teilnehmer sitzen, sollen sie eine möglichst entspannte, gerade Haltung auf ihren Stühlen einnehmen. Die Beine stehen im rechten Winkel zum Boden, der Po rückt vorn an die Stuhlkante. Falls diese Haltung für Teilnehmer zu anstrengend ist, rücken sie mit geradem Rücken an die Stuhllehne etwas nach hinten. Die Schultern sind locker und fallen nach unten. Die Hände liegen auf den Oberschenkeln. Wenn alle Teilnehmer bequem und aufrecht sitzen, geht es los. Am besten macht der Trainer die Übungen jeweils einmal allein vor.

Übung 1: Nackendrehen mit Ein- und Ausatmung

Ziel
Ziel der Übung ist es, den Nacken zu entspannen und den Atem ruhiger werden zu lassen. Bewegung und Atmen sollen in Einklang erfolgen. Man kann die Übung beliebig oft wiederholen.

Durchführung
Am Anfang schauen alle Teilnehmer nach vorn. Die Trainerin gibt dann die folgende Anweisung:

»Jetzt drehen wir den Kopf zuerst langsam nach rechts, dabei atmen wir ein. Dann mit dem Ausatmen wieder zur Mitte kommen, der Kopf schaut nach vorn, kurz halten. Nun drehen wir den Kopf zur anderen Seite und atmen wieder ein. Danach kommen wir ausatmend wieder zur Mitte.«

Übung 2: Den Nacken rollen

Durchführung

Die Ausgangshaltung der Teilnehmer ist dieselbe wie bei der vorangegangenen Übung. Die Trainerin gibt die Anweisung: »Senken Sie den Kopf leicht nach vorn in Richtung Brust. Rollen Sie nun den Kopf über die rechte Schulter nach hinten in den Nacken, atmen Sie dabei entlang der Bewegung ein. Dann rollen Sie den Kopf über die linke Schulter wieder nach vorn und atmen dabei aus. Dann wechseln Sie die Richtung. Wiederholen Sie die Übung etwa fünfmal zu jeder Seite. Bitte machen Sie lediglich kleine Bewegungen, kreisen Sie langsam und achtsam. Spüren Sie in die Bewegung hinein. Wo fühlt sich das Kreisen besonders leicht an?«

Übung 3: Den Nacken dehnen

Durchführung

Die Teilnehmer nehmen wieder die Ausgangshaltung ein, der Kopf ist nach vorn gerichtet. Die Anweisung der Trainerin lautet:

»Jetzt strecken Sie bitte den rechten Arm nach rechts unten aus. Den Kopf lassen Sie entgegengesetzt in Richtung der linken Schulter kippen, als ob Sie das linke Ohr auf die Schulter legen wollten. Spüren Sie eine sanfte Dehnung in den rechten Nackenmuskeln? Halten Sie die Übung bitte fünf Atemzüge lang.

Anschließend wird die Seite gewechselt. Die Anweisung lautet: »Strecken Sie nun den linken Arm nach unten links aus und der Kopf sinkt in Richtung der rechten Schulter nach unten. Halten Sie diese Stellung bitte wieder fünf Atemzüge lang.«

Anwendung im Einzelcoaching

Der Klient kann vor der Arbeit an Themen den Nacken lockern, um Anspannung aus dem Arbeitsalltag abzulegen. Der Coach leitet entsprechend die beschriebenen Übungen an.

Gesundheit fängt bei den Füßen an – »Toega« für die Füße

Katja Cordts-Sanzenbacher

Kurz und knapp

In diesem Kapitel werden verschiedene einfache Übungen für die Füße aus dem Yoga beziehungsweise aus dem Natural Running vorgestellt. Alle Übungen erfordern keinerlei Vorkenntnisse und sind deshalb für alle Trainingsteilnehmer sowie als Element für eine aktive Pause im Büro geeignet.

Ziele und Effekte

- Bewusstsein für die Wichtigkeit der Füße erhöhen
- Aktivierung, Massage und Dehnung der Fußmuskulatur
- Mobilisation der Fußgelenke
- Durchblutungsförderung
- Konzentrationssteigerung

Hintergrund und Beschreibung

Die Redewendungen »auf sicheren Füßen stehen«, »das hat Hand und Fuß« oder »es geht beziehungsweise läuft gut« kommen nicht von irgendwoher: Ohne gesunde Füße sind schmerzfreies Stehen, Gehen und Laufen unmöglich – sie sind die Basis für unser Wohlbefinden. Trotzdem werden die Füße meist sträflich vernachlässigt. Bei Muskeltraining denkt kaum einer an die Fußmuskeln, und die meisten von uns sperren ihre Füße den ganzen Tag über in Schuhwerk, das Fußmuskeln und -gelenke in ihrer Funktion beeinträchtigt.

Viele Frauen quälen sich und ihre Füße sogar in Absätzen von zehn Zentimetern oder mehr, weil das die Beine optisch verlängert und lange Beine als Schönheitsideal gelten. Dass dies für die Füße suboptimal ist, spürt man beziehungsweise frau an schmerzenden Fußballen und an der unglaublichen Entlastung, wenn man die Füße nach einigen Stunden aus solchen Schuhen befreit und sie wieder barfuß sein und flach auftreten dürfen.

Dass man langfristig auch dem ganzen Körper schadet, wenn man solche Schuhe trägt, da die negativen Veränderungen einer solchen Haltung sich bis hin zu Nacken und Kopf fortsetzen, ist vielen nicht bewusst. Doch es braucht keine High Heels für diese negativen Konsequenzen. Auch kleine Absätze und die damit verbundene Sprengung (so wird der Höhenunterschied zwischen Ferse und Zehen bezeichnet) wirken sich auf Dauer negativ auf die Füße und unsere Haltung aus. Leider sind Absätze bei den meisten Schuhen die Regel, was insbesondere für Businessschuhe gilt, die viele den ganzen Tag über tragen (müssen).

Umso wichtiger ist es, die Füße in regelmäßigen Abständen aus diesen unnatürlichen »Käfigen« zu befreien und sie mit Freiheit, Bewegung und ein paar Streicheleinheiten zu versorgen. Dazu sind die folgenden Übungen, die aus dem Yoga stammen und von den Vertretern des Natural Running als Trainingselement eingesetzt werden, hervorragend geeignet.

Anwendung in Gruppen und Teams

Vorbereitung für alle Übungen Im Prinzip können alle Übungen ohne Hilfsmittel durchgeführt werden. Angenehmer ist es, insbesondere für Teilnehmerinnen und Teilnehmer mit Knieproblemen, sie auf weichen Gymnastikmatten durchzuführen. Außerdem haben manche Menschen Hemmungen, ihre Füße zu zeigen – gerade weil sie oft »versteckt« sind und deshalb manchmal auch in der Pflege vernachlässigt werden. Hier hilft die frühzeitige Ankündigung, dass das Training barfuß stattfindet, damit die Teilnehmenden sich (und ihre Füße) darauf vorbereiten können.

Übung 1: Füße und Hände »falten«

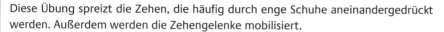

Diese Übung spreizt die Zehen, die häufig durch enge Schuhe aneinandergedrückt werden. Außerdem werden die Zehengelenke mobilisiert.

Durchführung

Die Teilnehmer werden gebeten, jeweils einen Fuß und eine Hand zu »falten«, also die Finger zwischen die Zehen zu schieben, sodass immer ein Zeh und ein Finger abwechselnd ineinandergreifen. Aus dieser Position werden die Zehen sanft jeweils zehnmal nach oben und unten gebogen.

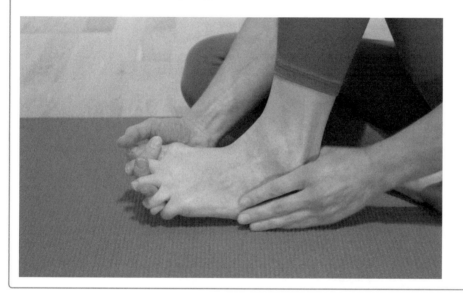

Übung 2: Tiefe Hocke

Diese Übung kräftigt die Fußmuskulatur und sorgt dafür, dass der ganze Fuß bis zur den Zehen mitarbeiten muss. Außerdem werden Gelenkigkeit und Balance gefördert.

Durchführung

Die Teilnehmer/innen werden gebeten, sich mit gespreizten Beinen so tief wie möglich auf die Gymnastikmatte zu hocken. Dabei sollte beide Füße flach auf dem Boden stehen bleiben und regelrecht in die Matte gedrückt werden – insbesondere der große Zeh, der für einen kraftvollen Fußabdruck wichtig ist. Die Arme werden nach vorne ausgestreckt. Diese Haltung sollte für ca. 20 Sekunden beibehalten werden. Dabei wahrnehmen, wie die Füße arbeiten und den Körper in der Position halten.
Die Übung wird einfacher, je weiter die Beide auseinander genommen werden. Man kann sie erschweren, wenn man die Arme nach oben nimmt oder nach hinten ausstreckt.

Übung 3: Fersensitz mit gebeugten Zehen beziehungsweise Füßen

Diese Übung dehnt die Zehen und das Fußgewölbe.

Durchführung

Die Teilnehmer werden gebeten, sich auf den Boden beziehungsweise die Gymnastikmatte zu knien und ihre Füße dabei mit gebeugten Zehen aufzustellen. Dann sollen sie sich mit dem Gesäß auf die Füße beziehungsweise die Fersen setzen und ihr Körpergewicht so stark nach hinten verlagern, dass eine leicht unangenehme, aber nicht schmerzhafte Dehnung in den Zehen und im Fußgewölbe entsteht. Diese Haltung wird etwa 20 Sekunden beibehalten.

Übung 4: Fersensitz mit gestreckten Zehen beziehungsweise Füßen

Der Fußsitz mit gestreckten Zehen beziehungsweise Füßen dehnt die Fußoberseite und die Schienbeinmuskulatur. Auch in den Oberschenkeln kann eine leichte Dehnung zu spüren sein.

Durchführung

Diese Übung kann im Wechsel mit der vorangegangenen Übung durchgeführt werden, denn sie bringt die Gegendehnung des Fußes, die häufig als angenehm empfunden wird. Die Teilnehmer werden gebeten, sich auf den Boden beziehungsweise die Gymnastikmatte zu knien und ihre Füße dabei mit gestreckten Zehen flach abzulegen. Dann sollen sie sich mit dem Gesäß auf die Füße beziehungsweise die Fersen setzen und ihr Körpergewicht so stark nach hinten verlagern, dass eine leicht unangenehme, aber nicht schmerzhafte Dehnung in den Zehen und auf der Fußoberseite entsteht. Diese Haltung wird ebenfalls wieder ungefähr 20 Sekunden beibehalten.

Übung 5: Fußmassage

Zum Abschluss der Kräftigungs- und Dehnungsübungen erhalten die Füße eine entspannende Massage.

Durchführung
Die Teilnehmer werden gebeten, ihre Füße vom Fußgewölbe hin zu den Zehen durchzumassieren. Dabei das Fußgewölbe mit allen Fingern durchkneten und die Zehen mit Daumen und Zeigefinger »langziehen«.

Anwendung im Einzelcoaching

Prinzipiell können alle Übungen analog auch in der Einzelarbeit angewendet werden.

Literatur und Internet

Larsen, Christian (2013): *Gut zu Fuß ein Leben lang.* Goldmann: München.
http://www.yoga-welten.de/yoga-uebungen/yoga-uebungen-fuer-die-fuesse.htm;
    Abrufdatum: 06.02.2015.

Tief durchatmen und auftanken – Atemübungen aus dem Kundalini Yoga

Gunild Kiehn

Kurz und knapp

Bewusstes Atmen entspannt und energetisiert. Dazu erhalten Sie in diesem Kapitel entsprechende Übungen.

Ziele und Effekte

- Atemübungen stärken das Nervensystem, Herzkreislauf, Verdauung.
- Die inneren Organe werden massiert und gekräftigt, der Blutdruck stabilisiert.
- Der Organismus wird mit Sauerstoff und Lebensenergie versorgt.
- Die Psyche kommt ins Gleichgewicht.
- Ein Gefühl der Wachheit, geistiger Klarheit und der Energetisierung stellt sich ein.

Hintergrund und Beschreibung

Jeder kennt es: In einem friedvollen, entspannten Zustand atmen wir ruhig und gleichmäßig. Geraten wir jedoch in Stress und Hektik, wird unser Atem flacher und schneller. Wir halten vor Schreck den Atem an oder hyperventilieren bei großer Erregung. Das bedeutet umgekehrt, dass wir unser körperlich-seelisches Befinden durch bewusstes Atmen beeinflussen können. Unser Atem läuft unwillkürlich – autonom – ab und kann doch willentlich gesteuert werden. Auf diese Weise werden wir achtsam gegenüber dem Selbst und dem gegenwärtigen Moment.

Eine bewusste Atemführung (Pranayama) verbindet Körper und Geist. Sie bringt den Geist zur Ruhe und fördert die Konzentrationsfähigkeit und innere Klarheit. Wie die nachfolgenden Übungen zeigen, können wir also unsere Befindlichkeit regulieren, indem wir den Atem verändern. Ziel ist es, möglichst wenige Atemzüge zu benötigen. Bei acht Atemzügen pro Minute fühlen wir uns entspannt und ruhig, allerdings brauchen wir im Alltag meist 16 bis 20 Atemzüge!

Sind wir in Kontakt mit dem Atem, sind wir auch unseren Reaktionen auf äußere Ereignisse nicht mehr so ausgeliefert. Erst einmal einen tiefen Atemzug zu nehmen, anstatt sofort zu reagieren, schafft den Raum, um uns unserer automatisch – unbewusst – ablaufenden Reaktionsmuster bewusst zu werden, sie zu überprüfen und gegebenenfalls zu modifizieren. Auf diese Weise verbindet uns der Atem gleichermaßen mit unserem Körper, unserem Geist und unserer Umwelt.

Anwendung in Gruppen oder mit Einzelklienten

Als Coach oder als Trainerin helfen Ihnen diese Atemübungen, um sich selbst vor einer Veranstaltung oder einem Termin zu beruhigen oder zu energetisieren und innerlich klar zu werden. Darüber hinaus können Sie sowohl mit einzelnen Klienten als auch mit Gruppen Atemübungen durchführen. Je nach Kontext empfiehlt sich eine kurze Einleitung in das Thema und eine Begründung, weshalb Sie sie an dieser Stelle des Programms durchführen möchten. Besonders effektiv sind Atemübungen zum Beispiel nach der Mittagspause oder wann immer frische Energie benötigt wird. Wählen Sie eine Übung, die zur aktuellen Befindlichkeit Ihrer Teilnehmer oder zu Ihren Zielen für die Veranstaltung passt. Im Kundalini Yoga nach Yogi Bhajan findet sich eine Vielzahl von leicht auszuführenden Atemübungen und Meditationen.

Sie benötigen eine Uhr oder einen Timer, um die jeweilige Übung nach der angegebenen Zeit zu beenden. Sorgen Sie dafür, während der Übungen ungestört zu sein. Öffnen Sie, wenn möglich, das Fenster, dimmen Sie gegebenenfalls das Licht und schalten Sie äußere Störquellen so weit wie möglich aus. Laden Sie die Teilnehmer ein, die Kleidung zu lockern und sich bequem und aufrecht hinzusetzen – ob auf dem Stuhl oder auf dem Boden, einer Decke, einem Kissen …

Erklären Sie in kurzen Worten die Übung oder führen Sie sie vor. Dann leiten Sie sie ein, indem Sie die Teilnehmer auffordern, die Augen zu schließen und die Aufmerksamkeit nach innen zu richten. Lassen Sie die Personen für einen Moment ihre Atmung wahrnehmen, bis die Atemzüge von selbst ruhiger und tiefer werden.

Übung 1: Sitali Pranayam (kühlende Atmung) gegen Stress, Unwohlsein, Fieber und Krankheit

(Anmerkung: »Pranayam« wird hier ohne »a« am Schluss geschrieben, da dies der traditionelle Name der Übung ist.)

Durchführung

Die Anweisung an die Teilnehmer lautet:

»Setzen Sie sich aufrecht hin und schließen Sie die Augen. Rollen Sie die Zunge zu einem ›U‹ und lassen Sie die Zungenspitze zwischen den Lippen herausschauen. (Wenn Sie die Zunge nicht rollen können, stellen Sie es sich einfach vor.) Atmen Sie durch die gerollte Zunge tief ein und durch die Nase aus.«

Die Übung dauert ungefähr drei Minuten und kann täglich durchgeführt werden. Es bietet sich an, sie morgens und abends je 26-mal zu machen.

Wirkung

Die Übung verleiht Kraft, Vitalität und Energie. Machen Sie sie, wenn Sie sich krank oder unwohl fühlen oder im Stress sind, denn sie hat eine kühlende Wirkung. 108 Wiederholungen führen zu einer tiefen Meditation und einer kraftvollen Heilwirkung für den Körper und das Verdauungssystem. Alles, was Sie brauchen, wird zu Ihnen kommen.

Übung 2: Wechselatmung

Durchführung

»Setzen Sie sich aufrecht hin, schließen Sie die Augen. Halten Sie mit einem Finger der rechten Hand das rechte Nasenloch zu. Atmen Sie links ein. Halten Sie mit einem Finger derselben Hand das linke Nasenloch zu und atmen Sie rechts aus. Atmen Sie rechts wieder ein, verschließen Sie dann das rechte Nasenloch und atmen Sie links aus. Links wieder einatmen, dann links verschließen und so fort.«

Dauer der Übung: drei bis elf Minuten.

Wirkung

Diese Übung balanciert die Hirnhemisphären aus und beruhigt den Geist.

Übung 3: Rechte oder linke Nasenlochatmung

Durchführung

»Machen Sie je nach Situation die folgende oder eine der anderen Übungen für jeweils drei bis elf Minuten. Setzen Sie sich aufrecht hin, schließen Sie die Augen. Verschließen Sie mit einem Finger der rechten Hand das rechte Nasenloch und atmen Sie durch das linke Nasenloch ein und aus.

Wirkung

Diese Übung beruhigt, wirkt emotional ausgleichend, verbindet mit den eigenen Gefühlen, der Intuition und Kreativität. Sie ist gut bei Nervosität und Lampenfieber. Sie stimuliert die rechte Gehirnhälfte, senkt den Blutdruck.

Die Atmung durch das rechte Nasenloch wirkt aktivierend, regt den Blutdruck an, macht handlungsorientiert, bringt Energie und Vertrauen. Stimuliert die linke Gehirnhälfte.

Übung 4: 3:1-Atmung gegen depressive Verstimmungen

Durchführung

»Atmen Sie in drei Teilen ein, in einem Teil aus. Alle vier Teile sind gleich lang. Üben Sie drei bis elf Minuten.«

Wirkung

Durch die Betonung des Einatmens gelangt viel Prana (Lebensenergie) in den Körper und stärkt die Lebenskraft.

Literatur

Oellerich, Heike/Wessels, Miriam (2013): *Soforthilfe-Yoga.* Beschwerden lindern durch gezielte Übungen. München: bv.

Reiche, Ulrike (2013): *Yoga-Coaching.* Der Weg zu einem gesunden Lebensstil. Stuttgart: Klett-Cotta.

Seitz, Anand Kaur (2005): *Kundalini-Yoga.* Harmonie für Körper und Seele durch die Chakra-Energien. Reinbek: Rowohlt.

Singh, Satya (2004): *Das Kundalini Yoga Handbuch.* Für Gesundheit von Körper, Geist und Seele. Berlin: Ullstein.

Yogi Bhajan (1984): *Das Kundalini Yoga Überlebens-Handbuch.* Amsterdam: Khalsa Editions.

Wuttich, Lilla N. (2014): *Atem und Pranayama.* In: yoga aktuell Februar/März 2014.

Gesunder Geist – Ressourcen und Tools für die mentale Gesundheit

Urlaub für den Geist – Fantasiereisen

Cornelia Sinz

Kurz und knapp

In diesem Beitrag werden Einsatzmöglichkeiten und konkrete Beispiele für Fantasiereisen vorgestellt, die in Gesundheitstrainings und Coachings eingesetzt werden können.

Ziele und Effekte

- Förderung der Fantasie und der Kreativität
- Persönlichkeitsentwicklung durch Verständnis der inneren Bilder
- Ziele formulieren und umsetzen
- Entspannung und Stressabbau
- Stärkung und Aktivierung des Immunsystems

Hintergrund und Beschreibung

Fantasiereisen, auch bekannt als Traum- oder Märchenreisen, sind gelenkte Tagträume, die positive Vorstellungsbilder erzeugen. Es handelt sich um fantasievolle und fantasieanregende Geschichten, die vorgelesen werden und den Zuhörer zum Träumen und Entspannen einladen.

Der Ursprung dieses imaginativen Verfahrens ist schwer auszumachen. Aber bereits C. G. Jung nutzte das konkrete Vorstellen von Traumbildern für die Persönlichkeitsentwicklung seiner Patienten. In den 1950er-Jahren entdeckten Verhaltenstherapeuten die positive Wirkung von Vorstellungsbildern und nahmen sie in ihr Repertoire auf, und in den 1960er-Jahren breitete sich die Verwendung von Fantasiereisen durch die humanistische Psychologie weiter aus.

Heute wird mit Vorstellungsbildern nicht nur in der Psychotherapie, sondern auch in der pädagogischen Arbeit mit Kindern und Jugendlichen, im Leistungssport, in der Rehabilitation oder eben im Coaching und Training gearbeitet. Die Gründe dafür liegen in den zahlreichen positiven Effekten von Fantasiereisen: Sie vermitteln angenehme Erlebnisse und beziehen dabei Emotionen, Erleben und Erinnern mit ein. Durch das erzeugte ganzheitliche Entspannungserlebnis wirken sie stimmungsaufhellend. Fantasiereisen mit entsprechendem Inhalt können auch das Selbstwertgefühl stärken und Leistungen erleichtern beziehungsweise verbessern. Sie bieten außerdem eine hervorragende Möglichkeit, um aus dem (Arbeits-)Alltag auszusteigen und sorgen für eine Auszeit vom Stress. Und schließlich wird durch regelmäßiges Training mit Fantasiereisen das ganze Immunsystem gestärkt. Deshalb eignen sie sich hervorragend für den Einsatz in Trainings und Coachings zum Thema Gesundheit.

Ein weiterer Pluspunkt ist, dass die Bereitschaft von Teilnehmern für die Methode oft hoch ist, weil es so leicht ist, sich darauf einzulassen. So wird auch Menschen ein leichter Einstieg in Entspannungsverfahren ermöglicht, die mit anderen Formen Probleme haben oder sonst gar nicht »herunterkommen« können.

Grundsätzlich werden Fantasiereisen nach folgendem Schema aufgebaut beziehungsweise eingesetzt:

- Vorbereitung – Schaffen einer angenehmen Atmosphäre
- Einstimmung – Entspannungssequenz
- Hauptteil – die Geschichte/eigentliche Fantasiereise
- Schlussteil – Rückkehr in die Realität/Rücknahme
- Auswertung – Reflexion

Was man als Trainerin oder Coach in diesen verschiedenen Phasen tun kann, wird in den Abschnitten »Vorbereitung« beziehungsweise »Durchführung« beschrieben.

Inhaltlich sind Fantasiereisen einfach gestaltete Geschichten, die meist in kurzen Hauptsätzen erzählt werden. Als Zuhörer folgt man in Gedanken der Anleitung, in der möglichst viele positive Sinneseindrücke eingearbeitet sind. So entstehen in jedem Zuhörer individuelle Bilderlebnisse und Wahrnehmungen, die nicht nur visueller, sondern auch akustischer, geschmacklicher, olfaktorischer, taktiler und emotionaler Natur sein können. Auf diese Weise kann der Zuhörer Zugang zu seiner eigenen inneren Bilderwelt finden und Ressourcen aktivieren, die ihm im normalen Wachzustand nicht zugänglich wären. Die Sensibilität für die eigenen Wahrnehmungen wird erhöht, das innere Sehen, Hören, Fühlen, Schmecken, Riechen neu erlebt.

Die Erzählsprache bleibt eher vage, Begriffe werden häufig nicht näher definiert. Auf diese Weise kann der Zuhörer die allgemeinen Anleitungen mit seinen eigenen inneren Bildern füllen. Das Unterbewusstsein wird aufgefordert, sich an Erfahrungen zu erinnern, die der Geschichte ähneln. Wird man beispielsweise angeleitet, sich ein Haus am Ufer eines Sees vorzustellen, hat jeder Zuhörer ein anderes Bild vor Augen, wie dieses Haus und dieser See aussehen. Durch die wenig konkreten Vorgaben kann der Zuhörer seine ganz persönliche Fantasiereise entwickeln.

Die Wortwahl im Erzähltext ist grundsätzlich positiv, da das Unterbewusstsein Verneinungen »unter den Tisch fallen« lässt. Jeder kennt das Beispiel mit dem rosa Elefanten, den man sofort vor sich sieht, sobald man darum gebeten wird, *nicht* an ihn zu denken. Bei der zeitlichen Gestaltung ist es wichtig, den Text langsam zu lesen und viele kleine Pausen einzulegen, damit die Zuhörer Zeit haben, ihre eigene Vorstellungswelt zu entwickeln und bei bestimmten Bildern zu verweilen. Es ist möglich, die Fantasiereise mit Entspannungsmusik zu hinterlegen, die nach Beendigung der Reise weiterlaufen kann, um die Entspannung zu verlängern.

Die Auswahl an »fertigen« Fantasiereisen ist groß: Hier kann man als Coach oder Trainerin zwischen verschiedenen Themen (zum Beispiel Bergwanderung, stiller See, Waldspaziergang, Bergwanderung, Begegnung mit einer Fee) unterschiedlicher Zeitdauer und Intensität wählen. Je nachdem, in welchem Setting beziehungsweise zu welchen Themen man arbeiten möchte, macht es jedoch meiner Erfahrung nach Sinn, diese Fantasiereisen an die eigenen Bedürfnisse beziehungsweise die der Teilnehmer anzupassen. Es ist auch möglich, eine ganz neue Fantasiereise nach den beschriebenen Kriterien zu entwickeln. So habe ich beispielsweise für ein Berufsfindungsseminar eine Visionsreise entwickelt, die genau dieses Thema unterstützt.

Im Kontext Gesundheit und/oder Stressmanagement arbeite ich gern in Anlehnung an Luise Reddemann mit zwei Fantasiereisen (Reddemann 2007, S. 52, 49), deren Symbolkraft ich als sehr ressourcenförderlich empfinde. Im Folgenden werden diese beiden Fantasiereisen mit Hinweisen zu ihrer Durchführung vorgestellt.

Anwendung in Gruppen und Teams

Auf eine Fantasiereise begibt man sich am besten freiwillig – nur so können die erwünschten Effekte entstehen. Deshalb ist es wichtig, vor der eigentlichen Übung den Sinn und Zweck zu erklären, über eigene positive Erfahrungen zu berichten und mögliche Erfahrungen der Teilnehmer mit dieser Methode oder anderen Entspannungsverfahren abzufragen. Ich formuliere den Einstieg meist als Einladung zu einer Reise und als Möglichkeit, etwas Neues auszuprobieren, das beim Entspannen unterstützen kann. Außerdem weise ich die Teilnehmer darauf hin, dass sie den Raum leise verlassen können, wenn sie spüren, dass sie sich nicht auf die Übung einlassen können und unruhig werden oder lachen müssen. Im Liegen fällt es meist leichter, sich in die eigene Bilderwelt fallen zu lassen, die Übung kann jedoch auch im Sitzen durchgeführt werden.

Fantasiereise

Vorbereitung

- Die Texte für die beiden Fantasiereisen können Sie sich unter www.beltz.de – direkt beim Buch – herunterladen und bereithalten.
- Die Übungen sind abgedruckt in: Luise Reddemann. Imagination als heilsame Kraft. Zur Behandlung von Traumafolgen mit ressourcenorientierten Verfahren. Unter Mitarbeit von Veronika Engl, Susanne Lücke und Cornelia Appel-Ramb. Klett-Cotta (Leben lernen Nr. 141) Stuttgart 2001, S. 49 und 52.
- Zunächst ist es wichtig, eine angenehme Atmosphäre herzustellen.
- Material dafür bereithalten: Kerzen, leise Entspannungsmusik, ätherische Öle und anderes mehr.
- Eventuell auch Matten und/oder Kissen zur Verfügung stellen.

Durchführung

In einer angenehmen Atmosphäre lässt es sich einfacher entspannen. Auch der nüchternste Seminarraum kann mit kleinen Mitteln freundlicher gestaltet werden: Vorher kurz durchlüften, ansonsten für eine angenehme Raumtemperstur sorgen. Kerzen anzünden oder anderes gedämpftes Licht anmachen. Entspannende Musik oder Naturgeräusche in Hintergrund laufen lassen. Duftlampen oder Pumpsprays mit wohlriechenden ätherischen Ölen einsetzen. Den Teilnehmern Matten und weiche Kissen zur Verfügung stellen.

Eine Fantasiereise empfinden die Teilnehmer besonders in einem entspannten Zustand angenehm, weil sie sich dann auf die Bilder, die entstehen, besser einlassen können. Aus diesem Grund sollte vor die eigentliche Fantasiereise immer eine Entspannungssequenz vorgeschaltet werden. Ziel der Entspannungsphase ist es, zur Ruhe zu kommen und den Alltag mit allen Gedanken und Gefühlen loszulassen. Dies wird ermöglicht, indem man sich auf die ruhige Stimme des Erzählers und dessen einleitenden Entspannungs- beziehungsweise Beruhigungsformeln konzentriert. Unterstützend wirken zudem bewusstes Ein- und Ausatmen beziehungsweise das Fokussieren auf den eigenen Atem. Wenn alle Teilnehmer ihren Platz und eine bequeme Haltung gefunden haben, kann die Entspannungsphase mit folgendem Text eingeleitet werden:

Entspannungssequenz
»Setzen oder legen Sie sich so bequem wie möglich hin. Schließen Sie Ihre Augen und konzentrieren Sie sich nun auf Ihren Atem. Beobachten Sie, wie sich die Bauchdecke beim im Einatmen hebt und wie sie sich beim Ausatmen wieder senkt. Atmen Sie ruhig ein und aus. Ein … und … aus. Während Sie einatmen, nehmen Sie Ruhe in sich auf. Beim Ausatmen spüren Sie, wie die Ruhe durch den ganzen Körper strömt. Bleiben Sie mit Ihrer Aufmerksamkeit eine Weile bei Ihrem Atem und spüren Sie, wie Sie mit jedem Ausatmen immer ruhiger werden … Ihre Arme werden schwer, ihre Beine werden schwer, ihr Oberkörper wird schwer. Alle Muskeln sind völlig träge und entspannt. Sie sinken mit Ihrem Körper immer mehr in die Unterlage … Vielleicht spüren Sie auch, wie Teile Ihres Körpers angenehm warm werden. Lassen Sie diese Wärme nun durch Ihren ganzen Körper fließen. Ihr ganzer Körper ist jetzt angenehm warm. Sie sind ganz ruhig und völlig entspannt.
In diesem entspannten Zustand möchte ich Sie nun einladen zu einer kleinen Fantasiereise.«

Jetzt wird die eigentliche Fantasiereise angeschlossen. Es folgen nun die Anleitungen für zwei ressourcenorientierte Fantasiereisen für Gesundheitsworkshops – »Baumübung« und »Der innere Garten«.

Fantasiereise »Baumübung« (Anleitung)

»Stellen Sie sich zunächst eine Landschaft vor, in der Sie sich wohlfühlen und wo Sie sich gern aufhalten. Das kann eine erfundene Landschaft sein, es muss keine real existierende sein. Und stellen Sie sich irgendwo in dieser Landschaft einen Baum vor, zu dem Sie gerne hingehen möchten, der Sie vielleicht sogar anzieht ... Und stellen Sie sich vor, dass Sie zu diesem Baum gehen und Kontakt mit ihm aufnehmen, indem Sie ihn vielleicht berühren oder ihn sich anschauen. Nehmen Sie seinen Stamm wahr, nehmen Sie den Geruch auf. Nehmen Sie dann wahr, wie der Stamm sich verzweigt. Die Blätter. Das alles registrieren Sie zunächst und nehmen Kontakt mit diesem Baum auf ... Und wenn es für Sie möglich ist, dann können Sie sich vorstellen, dass Sie sich an den Baum lehnen und ihn wirklich spüren ...

Und wenn Ihnen die Vorstellung angenehm ist, dann können Sie sich vorstellen, dass sie eins werden mit dem Baum. Und dann können Sie als Baum erleben, was es heißt, Wurzeln zu haben, die sich in der Erde verzweigen, und von dort Nahrung in sich aufzunehmen. Erleben Sie es, Blätter zu haben, die das Sonnenlicht aufnehmen und umwandeln können.

Wenn Sie nicht mit dem Baum verschmelzen wollen, dann betrachten Sie ihn einfach. Beschäftigen Sie sich damit, was es wohl für den Baum bedeutet, Wurzeln zu haben und Blätter, die das Sonnenlicht aufnehmen … Und dann beschäftigen Sie sich mit der Frage, womit Sie jetzt genährt werden möchten, versorgt werden möchten. Ist das körperliche Nahrung, Gefühlsnahrung, Nahrung für Geist, Ihr spirituelles Sein? Benennen Sie das so genau, wie es Ihnen möglich ist. Und wenn Sie eins sind mit dem Baum, dann stellen Sie sich vor, dass Sie von der Erde und von der Sonne diese gewünschte Nahrung erhalten. Und wenn Sie nicht mit dem Baum verschmolzen sind, können Sie sich trotzdem vorstellen, was es bedeutet, von der Sonne und von der Erde Nahrung zu bekommen, denn das ist auch bei uns Menschen so. Erlauben Sie sich die Erfahrung, dass die Nahrung jetzt zu Ihnen kommt, von der Erde und von der Sonne … Und spüren Sie dann, wie das, was Sie von der Sonne und der Erde bekommen, sich in Ihnen verbindet. Und dass Sie dadurch wachsen … Und dann lösen Sie sich wieder von Ihrem Baum … Sie können sich vornehmen, wenn Sie wollen, dass Sie oft zu Ihrem Baum zurückkehren, um mit seiner Hilfe zu erfahren, dass Sie mit allem, was Sie gerne hätten, genährt werden können. Sie können, wenn Sie möchten, ihm versprechen, dass Sie wiederkommen werden. Verabschieden Sie sich von ihm und bedanken Sie sich bei ihm für seine Unterstützung.«

Fantasiereise »Der innere Garten« (Anleitung)

»Stellen Sie sich jetzt ein unberührtes Stück Erde, ein Stück Land, auf dem noch nichts wächst, vor. Es kann so klein sein wie ein Fingerhut oder so groß wie eine Parklandschaft, wie es Ihnen gerade stimmig erscheint ... Und bepflanzen Sie dann Ihr Land ... Und dann können Sie diesen Garten nach Ihren Wünschen gestalten. Das, was Sie sich wünschen, wird sofort Wirklichkeit, weil Sie mit Ihrer Vorstellungskraft zaubern können ... Und wenn Sie später merken, dass Sie es anders haben wollen, dann haben Sie einen Kompost, den Sie in einer Ecke des Gartens anlegen. Dort können Sie alles hinbringen, was Sie nicht mehr haben wollen, so dass es sich in nützliche Erde verwandeln kann. Und Sie können so jederzeit wieder Veränderungen anbringen ... Wenn Sie möchten, können Sie auch ein Gewässer in Ihrem Garten anlegen, einen Teich, einen Brunnen oder einen Bach. Wenn Sie möchten, können Sie einen Sitzplatz anlegen ... Vielleicht möchten Sie Tiere in Ihrem Garten haben ... Und wenn Sie den Garten dann so gestaltet haben, wie Sie ihn gerne möchten, dann können Sie sich irgendwo niederlassen und an Ihrem Garten erfreuen ... Sie können überlegen, ob Sie jemanden in Ihren Garten einladen möchten ... Sie können jederzeit in Ihren Garten zurückkehren. Sie können ihn jederzeit verändern, wenn Ihnen danach ist.«

Rücknahme

Wie bei anderen Entspannungsübungen ist auch die Rücknahme der Entspannung wichtig. In der letzten Phase kommt man langsam wieder ins Hier und Jetzt zurück. Dabei ist es wichtig, sich genug Zeit zu lassen. Jede Fantasiereise schließt mit ausgiebigem Dehnen und Strecken ab, um den Körper wieder zu spüren und in seine körperliche Realität und Umgebung zurückzubringen und den Kreislauf wieder zu aktivieren. Dies kann mit folgenden Worten angeleitet werden:

»Kehren Sie nun langsam mit Ihren Gedanken in diesen Raum zurück. Nehmen Sie die Geräusche der Umgebung wahr, nehmen Sie den Raum wahr. Bewegen Sie nun Ihre Finger, Ihre Hände, Ihre Füße. Strecken und räkeln Sie sich ausgiebig. Vielleicht ist Ihnen auch nach Gähnen zumute. Atmen Sie mehrmals tief ein und aus. Öffnen Sie nun wieder behutsam die Augen. Sie sind nun erfrischt und voller Energie für den restlichen Tag.«

Reflexion und Auswertung

In der letzten Phase sollte das Erlebte reflektiert werden. Dafür gibt es verschiedene Möglichkeiten.

Zunächst sollte die Trainerin eine kurze Runde machen, wie es den Teilnehmern mit der Methode ging. Für diejenigen, die positive Erfahrungen damit gemacht haben, wird die Anregung gegeben, auch zu Hause weiterzuüben. Tägliche Wiederholungen, möglichst zur gleichen Zeit und am selben Ort bringen die nachhaltigsten positiven Effekte.

Dann kann ein Austausch mit den anderen Teilnehmern stattfinden und diejenigen, die sich dazu äußern möchten, können erzählen, was sie während der Reise erlebt, gedacht und gefühlt haben. Es ist besonders wichtig, dass sie dabei nicht unterbrochen werden. Erst wenn sie fertig berichtet haben, können wohlwollende Ideen oder Rückmeldungen dazu von den anderen Teilnehmern geäußert werden.

Möglich ist auch, das Erlebte mithilfe kreativer Methoden weiter zu verarbeiten – zum Beispiel durch Malen, Töpfern, Kneten oder das Erstellen einer Collage. Die Ergebnisse können dann ebenfalls in der Gruppe besprochen werden. Aber auch hier gilt, dass nur diejenigen ihr Werk vorstellen, die das möchten.

Insgesamt können die fünf Phasen einer Fantasiereise bis zu 30 Minuten dauern, wenn man noch eine kreative Weiterarbeit anschließt, dann entsprechend länger. Wichtig ist, dass die Teilnehmer ausreichend Zeit und Ruhe zur Besinnung erhalten.

Anwendung im Einzelcoaching

Fantasiereisen können hervorragend auch im Einzelsetting eingesetzt werden. Je nach Coachingschwerpunkt können sie so ausgewählt werden, dass sie den Selbstwert stärken oder eigene Ressourcen bewusst machen. Außerdem kann hier noch intensiver an der Reflexion des Erlebten gearbeitet werden. Neben dem Einsatz der angeführten kreativen Methoden bieten sich vertiefende Fragen an. Auch eine regelmäßige Wiederholung der Fantasiereise innerhalb des Coachings ist möglich, wobei mögliche Veränderungen der Vorstellungsbilder thematisiert werden können.

Literatur und Internet

Reddemann, Luise (2007): *Imagination als heilende Kraft.* 13. Auflage. Stuttgart: Klett-Cotta.

Sammer, Ulrike (2014): *Entspannung erfolgreich vermitteln.* 3. Auflage. Stuttgart: Klett-Cotta.

Wehrle, Martin (2011): *Handbuch Fantasiereisen.* Für Training, Coaching, Beratung, Jugendarbeit und Therapie. Weinheim und Basel: Beltz.

www.meditationsuebungen.de

Mehr Klarheit und Selbstwirksamkeit – Meditationen aus dem Kundalini Yoga

Gunild Kiehn

Kurz und knapp

Meditation als Weg zu Entspannung, innerer Ruhe und Nähe zu sich und anderen.

Ziele und Effekte

- Meditation beruhigt die Nerven und den Gedankenstrom.
- Sie stärkt das Immunsystem.
- Sie erhöht die Schmerztoleranz und die Stressresistenz.
- Sie bringt Wohlbefinden, inneren Frieden, psychische Stabilität, geistige Klarheit.

Hintergrund und Beschreibung

Meditation und Achtsamkeitstrainings stehen schon seit längerem vermehrt im Fokus wissenschaftlicher Untersuchungen. Die positiven Effekte von Meditation auf die Persönlichkeitsentwicklung und zum Beispiel in der Anwendung in Medizin und Psychotherapie sind mittlerweile unbestritten. So konnte nachgewiesen werden, dass bei Meditierenden die graue Substanz in bestimmten Hirnarealen zunimmt, beispielsweise im für die Stressbewältigung zuständigen Hippocampus. Auch werden Bereiche stimuliert, die mit positiven Gefühlen, Belohnung und emotionaler Bindung assoziiert sind. Messbar sind ebenfalls Auswirkungen der Meditationspraxis auf Blutdruck, Herz- und Atemfrequenz, Stoffwechsel und Hormonsystem sowie das Empathievermögen und die Konzentrationsfähigkeit. Meditierende erleben ein Wohlgefühl und ein emotionales, psychologisches und soziales Wohlergehen (Malinowski, zit. nach Eybisch-Klimpel, 2011, S. 86). Außerdem kann Meditation dabei helfen, belastende Situationen oder körperliche Schmerzen wahrzunehmen, ohne sich damit zu identifizieren und dagegen anzukämpfen. Dies führt zu einer besseren Selbstwirksamkeit und mehr Lebensqualität.

Meditative Techniken sind vielfältig. An dieser Stelle soll auf die Meditationen aus dem Kundalini Yoga nach Yogi Bhajan Bezug genommen werden, die leicht zu erlernen sind. Nach den Lehren Yogi Bhajans dient Meditation der Beruhigung des Gedankenstroms und der Reinigung des Unterbewusstseins. Dafür gibt es im Kundalini Yoga eine Fülle von Meditationen mit Atemführung, mit Einsatz von Mantras (energetisch geladenen Wörtern, die einen Klangstrom hervorrufen) und Mudras (Reflexzonen aktivierende Hand- und Fingerhaltungen) oder mit meditativem Gesang (Chanten), die passend zur jeweiligen Gruppe oder zum Einzelklienten ausgewählt werden können. Mithilfe dieser Techniken können Ängste und Blockaden aufgelöst werden, die Selbstwahrnehmung und der Kontakt zur inneren Führung verbessern sich, die Persönlichkeit stabilisiert sich und den alltäglichen Herausforderungen kann gelassener begegnet werden.

Anwendung in Gruppen oder mit Einzelklienten

Als Coach oder Trainerin profitieren Sie natürlich von einer eigenen regelmäßigen Meditationspraxis. In Ihren Veranstaltungen können Sie sowohl mit einzelnen Klienten als auch mit Gruppen meditieren. Je nach Kontext empfiehlt sich eine kurze Einleitung in das Thema und eine Begründung, weshalb Sie an dieser Stelle des Programms eine Meditation durchführen möchten. Besonders effektiv ist Meditation im Anschluss an Körperübungen beziehungsweise Yoga und über einen Zeitraum von 40 Tagen.

Auf welche Weise Sie meditieren, richtet sich nach dem jeweiligen Thema der Veranstaltung und dem Teilnehmerkreis. Im Kundalini Yoga findet sich zu fast jedem Anliegen eine passende Meditation. Nachstehend finden Sie drei Beispiele für Meditationen, die einfach durchzuführen sind, in viele Kontexte passen und deren Wirkung auch Ungeübte sofort spüren können.

Lassen Sie sich nicht beirren, wenn einzelne Teilnehmer sich möglicherweise unwohl fühlen oder sich auf eine Meditation nicht einlassen mögen. Gerade Menschen mit einem ausgeprägten Kontrollbedürfnis oder solche, die angespannt und gestresst sind, kann es schwerfallen, vor einer Gruppe die Augen zu schließen und ihre Aufmerksamkeit nach innen zu richten. Es kann verunsichern, nicht zu wissen, was als Nächstes kommt. Manche Menschen befürchten, eine ihnen fremde Weltanschauung übergestülpt zu bekommen – es gibt viele Vorbehalte gegenüber dem Thema Meditation.

Üben Sie keinen Druck aus, lassen Sie sich – zumindest an dieser Stelle – aber auch nicht auf eine Diskussion ein. Laden Sie die Teilnehmer ein, sich für eine (möglicherweise) neue Erfahrung zu öffnen. Vermitteln Sie ihnen das Gefühl, in einem sicheren Raum zu sein, in dem sie sich entspannen *dürfen*. Hilfreich kann es sein, schon zu Beginn der Veranstaltung zu vereinbaren, dass die Gruppe ein geschützter Raum ist, in dem der Einzelne sich zeigen kann und aus dem nichts nach außen gelangen wird. Erinnern Sie gegebenenfalls nochmals daran.

Sie können vorschlagen, dass die Teilnehmer sich mit dem Gesicht zur Wand drehen, falls sie befürchten, von den anderen beobachtet zu werden. Sollte jemand gar nicht zur Meditation bereit sein, akzeptieren Sie dies und bitten Sie diese Person, dennoch still sitzen zu bleiben, falls möglich die Augen zu schließen und einfach abzuwarten. Auch eine »passive« Teilnahme an der Meditation zeigt oftmals Wirkung.

Meditation

Vorbereitung

Sie benötigen eine Uhr oder einen Timer, um die Meditation nach der angegebenen Zeit zu beenden.

Sorgen Sie dafür, für die Dauer der Meditation und einige Zeit danach ungestört zu sein. Dimmen Sie gegebenenfalls das Licht und schalten Sie äußere Störquellen so weit wie möglich aus. Laden Sie den/die Teilnehmer ein, die Kleidung zu lockern und sich bequem und aufrecht hinzusetzen – ob auf dem Stuhl oder auf dem Boden, einer Decke, einem Kissen …

Erklären Sie in kurzen Worten die Übung oder führen Sie sie gegebenenfalls vor. Dann leiten Sie die Meditation ein, indem Sie den/die Teilnehmer auffordern, die Augen zu schließen und die Aufmerksamkeit nach innen zu richten. Lassen Sie sie für einen Moment ihre Atmung wahrnehmen, bis die Atemzüge von selbst ruhiger und tiefer werden. Gehen Sie auf diese Weise in die Meditation über.

Übung 1: Meditation für starke Nerven

Durchführung

Setzen Sie sich aufrecht hin, heben Sie die rechte Hand auf Ohrhöhe, Daumen und die Spitze des Ringfingers berühren sich (nicht die Fingernägel). Die linke Hand liegt im Schoß, die Spitzen von Daumen und kleinem Finger liegen aneinander. Für Frauen ist die Haltung umgekehrt, also linke Hand oben und die rechte liegt im Schoß. Die Augen sind etwa ein Zehntel geöffnet. Sie atmen lang und tief, aber nicht kräftig.

Die Meditation dauert drei bis elf Minuten, kann bis auf 31 Minuten ausgedehnt werden.

Am Ende der Meditation atmen Sie tief ein, öffnen die Finger und schütteln die erhobenen Hände einige Minuten lang kräftig aus.

Wirkung

Die Meditation sorgt für einen ruhigen Geist und starke Nerven. Sie schützt vor Unvernunft und Irrationalität von außen.

Übung 2: 4/4-Atem für Energie

Setzen Sie sich in einer entspannten, aufrechten Sitzhaltung hin und legen Sie die Handflächen vor der Brust zusammen, die Fingerspitzen zeigen nach oben. Die Augen sind leicht geschlossen, die Konzentration ist am »dritten Auge« – dem Punkt zwischen den Augenbrauen. Atmen Sie jetzt »schnüffelnd« in vier gleich langen Teilen ein und in vier Teilen aus. Ziehen Sie bei jedem Teil des Ein- und Ausatmens den Bauchnabel leicht nach innen – so gut es eben geht. Ein Zyklus dauert sieben bis acht Sekunden, die Übung insgesamt drei Minuten.

Zum Abschluss atmen Sie tief ein und drücken die Handflächen für 10 bis 15 Sekunden aneinander. Ausatmen und entspannen. Zwei Minuten Entspannung mit geschlossenen Augen in der Rückenlage können folgen.

Wirkung

Die Meditation wirkt in nur drei Minuten gegen Erschöpfung und Emotionalität. Sie verleiht Energie, entspannt und erfrischt den Geist. Sie lässt sich gut während einer Arbeitspause durchführen.

Übung 3: Heilmeditation mit Mantra

Anmerkung: Für die meisten Meditationen im Kundalini Yoga wird ein Mantra verwendet – still, gechantet (monoton gesungen) oder melodisch. Passende Musik ist unter anderem im Internet reichlich zu finden. Auch hier müssen manche Teilnehmer zunächst eine Hemmschwelle überwinden. Die Mehrzahl empfindet das »Singen« dann aber als besonders wohltuend für Körper, Geist und Seele!

In einer aufrechten, entspannten Haltung winkeln Sie die Arme bequem an, sodass die Unterarme nach oben zeigen. Die Hände zeigen mit den Handflächen nach oben in einer empfangenden Haltung, in einem Winkel von 45°, vom Körper weg, die Finger liegen aneinander. Die Augen sind fast ganz geschlossen, die Konzentration ist auf die Nasenspitze gerichtet (das hilft, Gedanken »draußen« zu lassen). Nach einem tiefen Einatmen chanten Sie monoton folgendes Mantra mit der Ausatmung:

- RA (= Sonne)
- MA (= Mond)
- DA (= Erde)
- SA (= Unendlichkeit)
- SA
- SE (= das Unendliche in dir)
- SO (= ich bin)
- HONG (= du)

Beim ersten SA und bei HONG wird der Bauchnabel kurz und kräftig eingezogen. Danach wieder tief einatmen und mit dem Ausatmen erneut chanten.
Die Meditation kann elf bis 31 Minuten dauern.

Wirkung

Diese Meditation aktiviert die Selbstheilungskräfte. Sie heilt Krankheiten und beugt ihnen vor. Über längere Zeit praktiziert ermöglicht sie Gesundheit auf allen Ebenen und positive Veränderungen.

Beenden Sie die jeweilige Meditation, indem Sie den oder die Teilnehmenden auffordern, noch einen Moment mit geschlossenen Augen zu verweilen, den Atem zu entspannen und dann die Aufmerksamkeit nach und nach wieder auf die Umgebung zu richten. Lassen Sie den Teilnehmern auch nach dem Augenöffnen noch ein wenig Zeit, um wieder in ihrem Alltagsbewusstsein anzukommen. Die »Meditation nach der Meditation« kann sehr wertvoll sein! Für den weiteren Verlauf empfiehlt es sich, an dieser Stelle zunächst eine Pause einzulegen.

Literatur und Internet

Eybisch-Klimpel, Cornelia (2011): *Meditation im Scanner.* In: Report psychologie 2/2011, S. 86 f.

Oellerich, Heike/Miriam Wessels (2013): *Soforthilfe-Yoga.* Beschwerden lindern durch gezielte Übungen. München: bv.

Reiche, Ulrike (2013): *Yoga-Coaching.* Der Weg zu einem gesunden Lebensstil. Stuttgart: Klett-Cotta.

Singh, Satya (2004): *Das Kundalini Yoga-Handbuch.* Für Gesundheit von Körper, Geist und Seele. Berlin: Ullstein.

Yogi Bhajan (1984): *Das Kundalini Yoga Überlebens-Handbuch.* Amsterdam: Khalsa Editions.

Yogi Bhajan (2009): *Kundalini Yoga Praxisbuch.* Band 2. 2. Auflage. Groß-Umstadt: Yogi Press Sat Nam Media.

Stressabbau durch Entschleunigung – Achtsamkeitsübungen für den Arbeitsalltag

Leoni Rettig

Kurz und knapp

In diesem Beitrag werden Achtsamkeitsübungen vorgestellt, die in Coachings und Trainings eingebaut werden können. Dauerhaft eingesetzt sorgen sie für einen »achtsameren Arbeitsalltag«.

Ziele und Effekte

- Man distanziert sich gegenüber den Inhalten des Verstands (»Alle Emotionen, Gedanken, Empfindungen, die auftauchen sind nicht ich.«).
- Ein dauerhafter Aufmerksamkeitsfokus wird entwickelt.
- Die Fähigkeit, seine Aufmerksamkeit auf den Moment/die Gegenwart zu verlagern, nimmt zu.
- Emotionale Reaktionen auf negativen Gedanken schwächen sich ab.
- Die Folgen sind: weniger grüblerische Gedanken und mehr Gelassenheit in schwierigen Situationen.
- Die Situations- und Selbsteinschätzung (»So war ich/es schon immer« versus »In diesem Moment bin ich so/ist es so …«) verbessert sich.
- Das subjektive Stressempfinden wird reduziert.
- Es erfolgt die Synchronisation verschiedener Gehirnregionen und kreative intellektuelle Leistungen verbessern sich.

Hintergrund und Beschreibung

Die immer schnelleren, oftmals parallelen Abläufe im Arbeitsalltag, die Dauererreichbarkeit und die Erwartungshaltung schneller Reaktionen in der Kommunikation lassen wenig Zeit zum Innehalten. Stress und die damit einhergehende Belastung für Körper und Psyche gelten als eines der größten Gesundheitsrisiken des 21. Jahrhunderts.

Erschöpfung und Unwohlsein werden von vielen Menschen häufig gar nicht mehr richtig wahrgenommen, weil sie wie selbstverständliche, wenn auch

Literaturtipp
Die Ergebnisse der Studie können Sie ausführlicher nachlesen im Kapitel »A Study of Stress« von Christine F. Doyle in ihrem Buch »Work and Organizational Psychology« (2013, S. 111 ff.).

unliebsame Begleiter zum stressigen Alltag gehören. Doch Stress lässt den Blutdruck steigen, provoziert Verspannungen und körperliche Schmerzen. Und die Aufnahmefähigkeit unseres Gehirns leidet unter dem hohen Stresslevel. In fast jedem Arbeitsalltag gehört es wie selbstverständlich dazu, To-do-Listen zu erstellen oder Eventualitäten, die nicht in der eigenen Macht stehen, abzuschätzen und vorauszuplanen. Oftmals fordern mehrere Projekte gleichzeitig und unterschiedliche Kommunikationsmedien unsere Aufmerksamkeit. Das macht es scheinbar erforderlich, dass die Gedanken hin- und herspringen. Ein sprunghafter Geist ist also durchaus normal und ein Tribut an die Anforderungen des Alltags. Wer einmal seinen eigenen Gedankenfluss beobachtet, stellt fest, wie viel Zeit man gedanklich in der Vergangenheit und Zukunft verbringt und wie wenig in der Gegenwart. Während der »Autopilot« in der Gegenwart funktioniert, ist die eigentliche Aufmerksamkeit dabei, die Vergangenheit zu beurteilen und die Zukunft hoffend oder bangend einzuschätzen. Dieses unruhige Flattern der Gedanken wird durch die enorme Beschleunigung unserer Zeit weiter verstärkt.

Achtsamkeitstraining ist ein einfaches Mittel, dem zu begegnen. Unter Einfachheit ist hier zu verstehen, dass die konkreten Übungen im Sitzen, Stehen oder Liegen durchgeführt werden können und keinerlei Hilfsmittel oder komplexer Erklärung bedürfen. Während des Trainings werden wichtige körperliche Funktionen, wie zum Beispiel der Atemvorgang, Denkabläufe und Körperempfindungen genau beobachtet, ohne sie dabei zu bewerten.

Das bekannteste Antistressprogramm, das auf den Prinzipien der Achtsamkeit basiert, ist die »Achtsamkeitsbasierte Stressreduktion«, im Englischen als »Mindfulness based stress reduction« oder kurz MBSR bezeichnet. Sie wurde von Dr. Jon Kabat-Zinn, inzwischen emeritierter Professor für Mikrobiologie an der Universitätsklinik in Worcester, in Massachusetts (USA) begründet. Er startete dort in den 1970er-Jahren den Versuch, Meditation und Yoga in die Therapie für chronisch kranke Patienten zu integrieren und stellte einen nachhaltigen Erfolg bei der Anwendung dieser Entspannungstechniken fest. Es gelang ihm, diese eigentlich fernöstlichen Heilmittel in den Westen zu übersetzen und als praktisches Training anzuwenden.

Obwohl Meditation und Yoga als Herzstück buddhistischer Religion gelten, kann Achtsamkeit losgelöst davon erfolgreich praktiziert werden. Das Training hat nichts Spirituelles, im Mittelpunkt steht die Wahrnehmung des gegenwärtigen Augenblicks.

Internettipp

Wenn Sie mehr über MBSR erfahren möchten, dann finden Sie auf der Internetseite des MBSR-MBCT Verbands (www.mbsr-verband.de) viele Informationen.

Mittlerweile spielt Achtsamkeit auch in der Arbeitswelt eine große Rolle. In vielen Unternehmen werden bereits MBSR-Kurse angeboten, die Wartelisten der Mitarbeiter dafür sind meist lang. Der Umstand, dass entspannte Mitarbeiter zufriedener und dadruch leistungsfähiger sind, gilt als ökonomischer Faktor – auch wenn noch nicht bewiesen ist, in welchem Ausmaß eine achtsame Haltung tatsächlich in Zahlen messbar und erfolgversprechend für das Unternehmen ist (Schnabel 2013).

Im Achtsamkeitstraining wendet man zum einen gezielte Übungen der Meditationspraxis an, zum anderen lebt man die Routine des Alltags bewusster und achtsamer. Im Zusammenspiel stehen diese beiden Elemente für eine Art des Seins, als ein wachsames Im-Hier-und-Jetzt-Leben. Die körperliche Entspannung ist dann vielmehr ein Nebenprodukt regelmäßiger Meditation, und nicht das Ziel. Sie lässt sich nicht erzwingen, noch weniger durch ein verkrampftes Warten auf »den Augenblick« der völligen Entspannung. Denn »der Augenblick« ist bereits da. Nichts muss unternommen werden, um ihn zu verändern, sondern es geht darum, ihn wahrzunehmen, so, wie er in diesem Moment ist (Kabat-Zinn 2006, S. 45 ff.). Wir können auf diese Weise den vielen Anforderungen im Alltag, aber auch schmerzhaften Emotionen, körperlichen Schmerzen oder schwierigen Kommunikationssituationen mit mehr Gelassenheit begegnen.

Beispiele für gezielte Übungen aus der Meditationspraxis sind der sogenannte »Bodyscan«, bei dem man seine Aufmerksamkeit auf die Reise durch den eigenen Körper schickt, oder spezielle Atemübungen. Um Achtsamkeit zu lernen, ist es notwendig, Körper und Geist in täglichen kleinen Übungen zu trainieren. Dann können sich die Übungen schnell positiv auswirken und sich auf unser Handeln im (Arbeits-)Alltag übertragen. Man kann achtsam zur Arbeit fahren, achtsam seinen Schreibtisch ordnen und achtsam im Gespräch mit den Kollegen sein. Nervige, »Zeit kostende« Abläufe werden aus einer neuen Perspektive gesehen und verändern damit ihre Bedeutung.

Anwendung im Training

Im Folgenden werden zwei einfache Achtsamkeitsübungen beschrieben. Diese ersetzen kein komplettes MBSR-Training, sondern sollen eine Einführung in Achtsamkeitsübungen beziehungsweise ein Hineinschnuppern in ein Achtsamkeitstraining bieten. In Trainings oder Coachings vermittelt und

auf Dauer in den Alltag integriert, können sie aber durchaus auch »allein«
zur Reduktion des subjektiven Stressempfindens beitragen.

Achtsamkeitsübungen

Vorbereitung

- Die folgenden Achtsamkeitsübungen benötigen keinerlei Hilfsmittel.
- Sie können in jedem beliebigen Setting durchgeführt werden.
- Insbesondere für die Gehmeditation, aber auch für die Atem- und Wahrnehmungsübung ist es förderlich, wenn diese an der frischen Luft durchgeführt werden können.
- Eine »Entspannungsatmosphäre« ist nicht unbedingt notwendig, da Achtsamkeit längerfristig ja auch im (Arbeits-)Alltag funktionieren soll.
- Der Trainer sollte vorab eine kurze Einführung in das Konzept der Achtsamkeit geben und erklären, warum sie nachweislich wirksam ist.
- Ein Hinweis darauf, dass es völlig normal ist, wenn Gefühle der Langeweile auftauchen oder die Gedanken immer wieder abschweifen, kann entlastend wirken.
- Beim Anleiten der Übungen ist auf einen ruhigen Vortrag und ausreichende Pausen zwischen den Anleitungen zu achten.

Übung 1: Atem beobachten

Durchführung

Nach der beschriebenen Vorbereitung leitet die Trainerin oder der Trainer die Übung mit folgenden Worten an:

»Wir werden jetzt gemeinsam eine Achtsamkeitsübung durchführen. Wenn Sie dabei merken, dass Ihr Verstand abwandert oder Sie abgelenkt werden, ärgern Sie sich nicht darüber beziehungsweise bewerten Sie diese Gedanken nicht. Kehren Sie stattdessen immer wieder ganz sanft mit Ihrer Aufmerksamkeit zu Ihrem Atem zurück. Dies ist der entscheidende Teil der Übung, mit der Sie Ihre Fähigkeit stärken, sich von Ihren eigenen Gedanken zu distanzieren. Dies wird Ihnen in Zukunft in stressigen Situationen helfen.
Setzen oder legen Sie sich jetzt bequem hin, schließen Sie die Augen und verfolgen nun den Rhythmus Ihres Atems. Atmen Sie ruhig, entspannt und gleichmäßig ein und aus. Spüren Sie, wie der Atem kommt und geht. Wo können Sie den Atem fühlen? Ist er eine Bewegung im Brustkorb, ein Einziehen und Dehnen der Bauchdecke, ein Luftzug in der Nase? Versuchen Sie nicht, den Atem zu verändern, lassen Sie ihn einfach los und bleiben Sie aufmerksam bei Ihrem Atem.«

Diese Übung sollte fünf bis zehn Minuten lang durchgeführt werden. In dieser Zeit kann die Anweisung, den Atem zu beobachten einfach in regelmäßigen Abständen wiederholt werden. So gibt der Trainer das Signal, immer »da« zu sein, ohne die Teilnehmer zu sehr zu steuern. Schließlich wird die Übung mit folgender Anweisung beendet:

»Öffnen Sie nun sanft die Augen, atmen Sie einmal tief durch und versuchen Sie die Erfahrung des reinen Beobachtens mit Ihren den Alltag aufzunehmen.«

An die Übung kann sich eine Reflexion anschließen, wie es den Teilnehmern mit der Übung gegangen ist. Manchen Teilnehmern wird die Zeitspanne der Übung lang vorkommen, da es sehr ungewohnt ist, einfach nur seinen Atem zu beobachten. Einige Teilnehmer werden vielleicht auch ein Gefühl der Langeweile äußern. Beide Äußerungen sollten ohne Wertung wahr- und angenommen werden. Abschließend kann der Trainer den Teilnehmern mit auf den Weg geben, die Übung in ihren Alltag einzubauen und die Dauer dabei kontinuierlich auf 30 Minuten zu steigern:

»Beginnen Sie mit wenigen Minuten und erhöhen Sie die Zeit, wenn es Ihnen guttut. Mag es jetzt noch absurd klingen, morgens oder zwischendurch einige Minuten den eigenen Atem zu beobachten, kann sich diese Form der Meditation als fester Bestandteil in Ihr Arbeitsleben integrieren.«

Übung 2: Wahrnehmen und rhythmisches Atmen

Bei der folgenden Übung bietet es sich an, dass die Teilnehmer diese im Stehen machen, wenn sie im Arbeitsalltag ohnehin viel sitzen. Auch hier leitet der Trainer die Übung mit ähnlichen Worten wie bei der vorhergehenden Übung ein:

»Wir werden jetzt gemeinsam eine Achtsamkeitsübung durchführen. Wenn Sie dabei merken, dass Ihr Verstand abwandert oder Sie abgelenkt werden, ärgern Sie sich nicht darüber beziehungsweise bewerten Sie diese Gedanken nicht. Kehren Sie stattdessen immer wieder ganz sanft mit Ihrer Aufmerksamkeit zur Übung zurück. Stellen Sie sich nun aufrecht und gerade hin und sorgen Sie für einen sicheren, bequemen Stand. Nun beobachten Sie die Außenwelt um sich herum. Schauen Sie sich um und zählen Sie innerlich fünf Dinge auf, die Sie gerade *sehen* können – große und kleine Gegenstände, Wände, Himmel oder was auch immer Sie gerade sehen.

Dann achten Sie auf das, was Sie *hören* können, auf Stimmen oder Geräusche die um Sie herum sind. Zählen Sie auch hier innerlich fünf Dinge auf.

Nun *spüren* Sie den Kontakt Ihres Körpers mit der Umwelt. Spüren Sie die Kleidung auf Ihrer Haut, den Kontakt zum Boden, auf dem Sie stehen; den Stuhl, auf dem Sie sitzen oder die Luft um Sie herum. Benennen Sie auch hier fünf Dinge, die Sie im Moment spüren können.

Beginnen Sie nun bei offenen oder geschlossenen Augen mit einer tiefen Atmung. Orientieren Sie sich dabei an einem Vier-Sekunden-Rhythmus: Atmen Sie vier Sekunden lang ein und anschließend vier Sekunden lang aus. Einatmen auf vier, ausatmen auf vier. Nun versuchen Sie sowohl nach dem Einatmen als auch nach dem Ausatmen eine Pause einzulegen, die ebenfalls vier Sekunden dauert. Einatmen auf vier, Atempause auf vier, Ausatmen auf vier, Atempause auf vier, Einatmen auf vier und so weiter.

Entsprechend Ihres Lungenvolumens können Sie die Intervalle kürzer oder aber auch langer machen. Wenn Ihnen die Übung mit vier Sekunden schwerfällt, können Sie den Rhythmus auf drei Sekunden verkürzen. Fällt Ihnen die Übung sehr leicht, verlängern Sie die Zeit jeweils auf fünf oder sechs Sekunden. Atmen Sie in Ihrem Rhythmus nun noch eine Weile weiter.

Richten Sie nun Ihre Aufmerksamkeit wieder auf Ihre Umwelt. Gehen Sie die einzelnen Sinne durch: Was sehen Sie? Benennen Sie innerlich drei Dinge. Was hören Sie? Benennen Sie wiederum drei Dinge. Und was spüren Sie? Benennen Sie schließlich auch hier drei Dinge.

Lösen Sie sich dann aus Ihrer Haltung, strecken Sie sich und probieren Sie ein Lächeln. Denken Sie nun darüber nach, was Ihre nächste Handlung ist und beginnen Sie diese mit großer Aufmerksamkeit.«

Auch an diese Übung kann eine Reflexion mit einigen Fragen in die Runde angeschlossen werden:
- Wie ging es Ihnen mit der Übung?
- Welche Wahrnehmungen fielen Ihnen leicht, welche nicht so leicht?
- Gab es Unterschiede in den Wahrnehmungen vor- und nach der Atemübung?
- Welche Effekte hatte das Atmen in einem bestimmten Rhythmus?

Hier bietet sich am Schluss ebenfalls die Empfehlung an, die Übung regelmäßig durchzuführen – auch als Unterbrechung des Arbeitsalltags, um mit allen Sinnen im Hier und Jetzt zu sein.

Übung 3: Achtsamkeit beim Gehen

Die folgende Übung sollte im Freien (idealerweise in der Natur) durchgeführt werden, kann aber notfalls auch im (Büro-)Raum stattfinden. Der Trainer leitet die Übung mit folgenden Worten an:

»Auch wenn das Gehen beziehungsweise Laufen in unserem Alltag immer weniger wird, legt jeder von uns einige Tausend Schritte pro Tag gehend zurück. Dabei denkt man normalerweise nicht darüber nach, dass man geht oder wie man geht. Erst wenn man eine Verletzung hat, stellt man fest, dass es sich beim Laufen durchaus um einen komplexen Vorgang handelt. Bei der folgenden Achtsamkeitsübung legen wir unseren Aufmerksamkeitsfokus auf das Gehen. Das mag zunächst etwas ungewohnt klingen, hilft aber enorm, den Geist zur Ruhe zu bringen.
Suchen Sie sich eine kleine Gehroute aus, die Sie gleich entlanggehen werden. Gegen Sie langsam, und konzentrieren Sie sich dabei auf Ihren Atem. Beobachten Sie, wie der Atem beim Gehen ein- und ausströmt. Danach fokussieren Sie sich auf den Takt der Schritte und darauf, wie sich Ihr Körper beim Gehen anfühlt. Wenn der Geist abwandert, zum Beispiel weil er sich langweilt oder andere Gedanken kommen, lassen Sie das einfach geschehen, bringen aber die Konzentration sanft wieder auf das Gehen und Ihren Atem zurück. Spüren Sie, wie die Füße den Boden berühren. Fühlen Sie den Druck der Fußsohle auf dem Boden. Spüren Sie, wie der Fuß abrollt.«

Wenn die Teilnehmer zehn Minuten achtsam gegangen sind, werden sie vom Trainer wieder zusammengerufen, und dieser schließt die Übung mit einer Reflexion und Empfehlungen für das zukünftige Üben ab.

Für alle Übungen gilt, dass es am Anfang schwierig ist, mit der Aufmerksamkeit bei den entsprechenden Dingen (Atmen, Wahrnehmen, Gehen) zu bleiben. Hier heißt es, die Teilnehmer dazu zu ermutigen, dranzubleiben und konsequent weiterzuüben. Je regelmäßiger man übt und je selbstverständlicher man Achtsamkeit auch im (Arbeits-)Alltag walten lässt, desto deutlicher werden die beschriebenen positiven Aspekte spürbar werden.

Literatur und Internet

Doyle Christine F. (2003): *Work and Organizational Psychology.* An Introduction with Attitude. East Sussex: Psychology Press.

Kabat-Zinn, Jon (2006): *Gesund durch Meditation.* Das große Buch der Selbstheilung, München: Knaur.

Löhmer. Cornelia/Standhardt, Rüdiger (2014): *MBSR – Die Kunst, das ganze Leben zu umarmen.* Stuttgart: Klett-Cotta.

Lorenz, Siegfried (2010): *Stress macht Körper und Seele krank.* Wie wir durch Meditation Stress abbauen können. Berlin: VWB.

Schmidt, Thomas (2010): *Konfliktmanagement-Trainings erfolgreich leiten.* Bonn: managerSeminare.

Schnabel, Ulrich (2013): *Neue Haltung im Büro.* In: DIE ZEIT N° 42/2013 22, Hamburg.

www.achtsamkeit-lernen.de
www.mbsr-verband.de

Ressourcen für das eigene Wohlbefinden – stabile Zonen der Gesundheit

Kerstin Goldbeck

Kurz und knapp

Coaching-Tool, mit dem der Klient ein Bewusstsein für die eigenen, identitäts-stiftenden stabilen Zonen seines Lebens entwickelt, die er bei Unsicherheiten als Kraftressource nutzen kann.

Ziele und Effekte

- Klarheit über die eigenen Identitätsmerkmale und Ressourcen gewinnen
- Strategien entwickeln, um Unsicherheiten zu bewältigen
- Anstoß, um neue, gesundheitsfördernde Lebensbereiche zu entwickeln oder bekannte stabile Zonen zu stärken
- Verbesserung der eigenen Lebensqualität durch mehr Stabilität

Hintergrund und Beschreibung

Das ursprüngliche Coaching-Tool der stabilen Zonen wurde von Dr. Roswita Königswieser entwickelt (2004, S. 95–98). Diesen Begriff habe ich übernommen, die Durchführung des Tools allerdings abgewandelt. Unter »stabile Zonen« versteht sie Bereiche mit immenser stabilisierender Bedeutung für die eigene Identität. Dazu können bestimmte Ideen und Werte gehören, nach denen man lebt (zum Beispiel Gerechtigkeit, Religiosität), Macht im Kleinen oder Großen wie etwa Einfluss im Job oder in der Familie, Menschen, die einem wichtig sind, bedeutsame Plätze, also Orte, wie beispielsweise das Dorf, in dem man aufgewachsen ist, einzelne vertraute Dinge, die nicht ohne Weiteres zu ersetzen sind (der Lieblingspulli, ein Erbstück und vieles andere mehr) oder Organisationen, wie etwa Vereine, Betriebe und Ähnliches. In schwierigen Lebensphasen können vorhandene stabile Zonen als Kraftressourcen dienen.

Umgekehrt erschüttert das Wegbrechen einer stabilen Zone nicht nur den eigenen Alltag, sondern die eigene Identität und das eigene Selbstverständnis – vorstellbar zum Beispiel beim Verlust des Arbeitsplatzes. Stabile

Zonen sind nicht für sich isoliert, sondern überlappen sich häufig und stehen miteinander in Beziehung. Ein Jobverlust kann beispielsweise sowohl die Bereiche Macht/Einfluss und Organisation betreffen, aber auch Auswirkungen auf die stabile Zone der Personen haben, mit denen man in enger Beziehung steht. Wird die persönliche Basis mit ihren verschiedenen stabilen Zonen erschüttert, fühlen Menschen sich ungeschützt und unsicher, negativer Stress kann die Folge sein. Auf die Dauer macht negativer Stress krank, und es können Symptome wie Schlaflosigkeit, Muskelverspannungen, Kopfschmerzen bis hin zu Depression, Herz- und Kreislauferkrankungen sowie einige mehr auftreten.

Aus gesundheitlicher Sicht macht es also großen Sinn, stabile Zonen zu stärken und sich bewusst zu machen, wie man sie absichern kann. Dass Menschen angesichts dieser enormen Wirkkraft ihre stabilen, ihnen Halt gebenden Zonen verteidigen und versuchen, sie gegen äußere Einflüsse abzuschirmen, verwundert nicht.

Anwendung in Gruppen und Teams

Obwohl die Idee der stabilen Zonen ursprünglich aus dem Coachingbereich stammt, ist sie auch geeignet für die Arbeit mit Gruppen und Teams. Dazu habe ich ein Arbeitsblatt entwickelt, das in einem Workshop eingesetzt werden kann.

Stabile Zonen stärken

Vorbereitung
Moderationskarten mit den Stichwörtern »Ideen«, »Macht«, »Menschen«, »Plätze«, »Dinge«, »Organisationen« beschriften. Arbeitsblatt herunterladen (unter www.beltz.de, direkt beim Buch) und Kopien gemäß der Anzahl der Teilnehmer bereithalten. Flipchart zur Dokumentation der Ergebnisse im Plenum bereitstellen.

Durchführung
Im Rahmen eines Workshops, in dem sich die Teilnehmer der Voraussetzungen für ihr Wohlbefinden und ihre Gesundheit bewusst werden sollen, erläutert der Trainer zum Einstieg die Idee der »stabilen Zonen« im Hinblick auf das Wohlbefinden und die Gesundheit des Einzelnen. Im Anschluss teilt er die Arbeitsblätter aus und dekliniert anhand eines Beispiels das Vorgehen durch.

Jeder Teilnehmer soll seine stabilen Zonen eintragen und die Fragen so weit möglich stichwortartig beantworten. Dazu haben die Teilnehmer 60 Minuten Zeit. Im Anschluss tauschen sie sich in Kleingruppen über ihre Ergebnisse aus, hierfür werden pro Kleingruppenteilnehmer 15 Minuten angesetzt.

Haben die Kleingruppen den Austausch beendet, fragt der Trainer im Plenum nach Gemeinsamkeiten der Teilnehmer und nach Erkenntnissen zum Zusammenhang stabiler Zonen und Gesundheit aus den Arbeitsgruppen. Die Diskussionsbeiträge dokumentiert er stichwortartig an einem Flipchart.

Arbeitsblatt stabile Zonen und Gesundheit

■ Meine stabilen Zonen	■ Ideen	■ Macht	■ Menschen	■ Plätze	■ Dinge	■ Organisationen
Wer oder was gehört in diese stabile Zone?						
Wie wirkt sich diese stabile Zone positiv auf Ihre seelische und körperliche Gesundheit aus?						
Seit wann hat diese stabile Zone Bedeutung für Sie?						
Was würden andere (zum Beispiel Freunde, Kollegen, Familie) über die Bedeutung dieser stabilen Zone für Ihre Gesundheit und Ihr Wohlbefinden sagen?						

Meine stabilen Zonen	Ideen	Macht	Menschen	Plätze	Dinge	Organisationen
Wie beurteilen Sie die Stabilität der Zone auf einer Skala von 1 (= weniger stabil) bis 10 (= absolut stabil)? Würden andere die gleiche Einordnung vornehmen? Tragen Sie eventuelle Abweichungen ein.						
Was tragen Sie aktuell zum Fortbestand beziehungsweise zur Stabilität der Zone bei? Möchten Sie mehr oder weniger beitragen?						
Was wäre, wenn es diese stabile Zone in ihrem Leben nicht mehr geben würde?						
Was könnte diese stabile Zone ins Wanken bringen?						

Meine stabilen Zonen	Ideen	Macht	Menschen	Plätze	Dinge	Organisationen
Wie sieht diese stabile Zone in 5, 10, 20 Jahren aus?						
Möchten Sie die stabile Zone in der jetzigen Form bewahren beziehungsweise wo sollte sich die Zone gegebenenfalls verändern?						
In welchen Lebenssituationen kann Ihnen diese stabile Zone helfen?						
Möchten Sie an der stabilen Zone festhalten?						

Anwendung im Einzelcoaching

Wie bei der vorgehenden Übung werden vorher Moderationskarten mit den Stichwörtern »Ideen«, »Macht«, »Menschen«, »Plätze«, »Dinge«, »Organisationen« beschriftet. Eventuell kann auch eine Pinnwand aufgestellt werden, um die Moderationskarten anzuheften, oder ein Flipchart, um die Ergebnisse zu visualisieren. Ansonsten ist genügend Platz für die Arbeit am Boden nötig. Natürlich können Sie auch das Arbeitsblatt nutzen (s. S. 141 ff.) und es unter unter www.beltz.de – direkt beim Buch – herunterladen.

Generell kommt die Arbeit mit den stabilen Zonen vor allem bei Unsicherheiten des Klienten infrage. Hier geht es um den Zusammenhang zum eigenen Wohlbefinden und damit letztlich um die Bedeutung für die eigene Gesundheit. Hierzu ist es nötig, die vorhandenen stabilen Zonen sichtbar zu machen und eine Bestandsaufnahme zu erstellen. Über diese Situationsbeschreibung wird sich der Coachee seiner Ressourcen bewusst, sieht jedoch womöglich auch, wo er in seine stabilen Zonen investieren sollte, um sie als Kraftquelle für sein gesundheitliches Wohlergehen zu erhalten.

Einleitend erklärt der Coach die Grundidee der stabilen Zonen und ihre Bedeutung für das persönliche Wohlbefinden beziehungsweise die dauerhafte seelische und körperliche Gesundheit. Mithilfe der Moderationskarten legt der Coach jede stabile Zone aus und erläutert sie. Sind alle Fragen geklärt, wird zunächst gemeinsam mit dem Klienten erarbeitet, welche stabilen Zonen der Coachee bei sich sieht oder ob er noch weitere Zonen ergänzen möchte. Gegebenenfalls werden noch Moderationskarten dazugelegt. Nun gehen Coach und Klient jede stabile Zone mittels des folgenden Fragebogens durch. Königswieser bündelt ihr Vorgehen in sechs verschiedene Fragekomplexe, die hier als Ausgangspunkt dienen, jedoch von der ursprünglichen Vorgehensweise abweichen (Königswieser 2004, S. 97 f.). Der Coach notiert die genannten Punkte auf einem Flipchartbogen, um die Ergebnisse sichtbar zu machen und zu ordnen. Denkbar ist auch, die Ergebnisse auf Moderationskarten festzuhalten, um im Nachhinein besser ordnen oder umstrukturieren zu können. Dann empfiehlt sich jedoch aus Platzgründen die Arbeit an einer Pinnwand oder am Boden. Der Coach hat auch die Möglichkeit, das Arbeitsblatt von Seite 141 ff. einzusetzen. Das Erarbeiten der Zonen und ihrer Merkmale wird dann allerdings weniger interaktiv.

Fragebogen zu den stabilen Zonen

1. Wer oder was gehört in diese stabile Zone?
2. Wie wirkt sich diese stabile Zone positiv auf Ihre seelische und körperliche Gesundheit aus?
3. Seit wann hat diese stabile Zone Bedeutung für Sie?
4. Was würden andere (beispielsweise Freunde, Kollegen, Familie) über die Bedeutung dieser stabilen Zone für Ihre Gesundheit und Ihr Wohlbefinden sagen?
5. Wie beurteilen Sie die Stabilität der Zone auf einer Skala von 1 (= weniger stabil) bis 10 (= absolut stabil)?
6. Was tragen Sie aktuell zum Fortbestand beziehungsweise zur Stabilität der Zone bei? Möchten Sie mehr oder weniger beitragen?

7. Was wäre, wenn es diese stabile Zone in Ihrem Leben nicht mehr geben würde?
8. Was könnte diese stabile Zone ins Wanken bringen?
9. Wie sieht diese stabile Zone in 5, 10, 20 Jahren aus?
10. Möchten Sie die stabile Zone in der jetzigen Form bewahren, wo sollte sich die Zone gegebenenfalls verändern?
11. In welchen Lebenssituationen kann Ihnen diese stabile Zone helfen?
12. Möchten Sie an der stabilen Zone festhalten?

Meine stabilen Zonen...

... Ideen

① Wer oder was?
„meine Freiheit und Unabhängigkeit"

② Positive Auswirkungen?
Zufriedenheit, innere Balance, Mut für mein Leben

③ Seit wann?
Studium, Promotion, erster Job

...

Am Schluss haben Coachee und Coach eine Bestandsaufnahme der stabilen Zonen vor Augen. Das soll vor allem die Fülle an Ressourcen, die dem Klienten zur Verfügung stehen und die sich auf sein Wohlbefinden auswirken, verdeutlichen. Geklärt werden sollte, wie diese Ressourcen abgerufen und gesichert werden können, welche zum Beispiel in der aktuellen Lebenssituation hilfreich wären. Hier zeigt sich womöglich auch, an welchen Stellen der Klient einzelne Zonen stärker stabilisieren sollte beziehungsweise wo er sie verändern möchte, um dauerhaft gesund zu bleiben. Abschließend könnte eruiert werden, ob sich der Coachee weitere stabile Zonen wünscht und wie diese aussehen könnten.

Je nach Anzahl dauert es seine Zeit, bis alle stabilen Zonen behandelt wurden. Möglich wäre auch, die Detailanalyse mittels Fragebogen auf mehrere Sitzungen aufzuteilen. Auch könnte der Klient zunächst allein mit dem Fragebogen arbeiten, um seine Ergebnisse dann gemeinsam mit dem Coach zu diskutieren und auszuwerten.

Literatur

Roswita Königswieser (2004): *Stabile Zonen.* In: Rauen, Christopher (Hrsg.): Coaching-Tools. Bonn: managerSeminare, S. 95–98.

Flexibel Denken – Perspektivwechsel mit der Sechs-Hüte-Methode

Marie Zorn

Kurz und knapp

Mithilfe der Denkhüte lassen sich sechs verschiedene Perspektiven einnehmen, um Fragestellungen wie etwa zur Förderung der Mitarbeitergesundheit zu erörtern, verschiedene Ideen zu entwickeln und diese zu bewerten.

Ziele und Effekte

- Experimentieren mit neuen Denk- oder Handlungsoptionen
- Kreative Potenziale werden ausgeschöpft
- Ein Perspektivwechsel kann zu neuen Erkenntnissen führen
- Themen oder Diskussionen werden auf eine einfache Art strukturiert

Hintergrund und Beschreibung

Eingefahrene Denkweisen sind unbefriedigend und versperren oft die Sicht auf ungewöhnliche Lösungen. Wer in der Lage ist, flexibel zu denken und situationsangemessene Lösungen zu finden, erhöht nicht nur die eigene Zufriedenheit, sondern kann auch langfristig leichter im Arbeitsalltag gesundheitsförderliche Strategien entwickeln. Dabei helfen Kreativitäts- oder Flexibilitätstechniken.

Die von Edward de Bono entwickelte Sechs-Hüte-Methode ist eine Technik, in der eine Fragestellung nacheinander aus sechs verschiedenen Perspektiven betrachtet wird. Die farbigen Hüte spiegeln sechs Denkweisen wider, mit deren Hilfe eine Fülle origineller Lösungen und Ideen entwickelt werden kann. Die Sechs-Hüte-Methode wird als Einzel- oder Gruppentechnik verwendet. Sie kann als Diskussionstechnik dienen oder im Rollenspiel eingesetzt werden. Die sechs Hüte beinhalten folgende Schwerpunkte:

Der weiße Hut: Daten und Fakten Die Aufgabe des weißen Huts ist es, relevante Informationen in Bezug auf das Thema zu beschaffen, zu ordnen und zu verwenden. Er geht dabei nüchtern und objektiv vor. Die Informationssuche gelingt durch gezieltes Fragenstellen und Überprüfen. Fragen sind zum Beispiel: Welche Informationen liegen vor? Was müssen wir noch überprüfen? Oder eben in Bezug auf das Thema »Förderung der Mitarbeitergesundheit«: Mit welchen Mitteln können wir die Gesundheit unserer Mitarbeiter fördern? Bei dieser Frage würden dementsprechend Fakten zur Mitarbeitergesundheit zusammengestellt. Denkbar wären hier unter anderem Zahlen zum Krankenstand im Unternehmen, zu Fehlquoten in verschiedenen Abteilungen, Ergebnissen aus Mitarbeiterbefragungen oder auch Studien zum Thema und Ähnliches.

Der rote Hut: Gefühle und Intuition Der rote Hut steht für Empfindungen und Intuitionen. Er bietet die Möglichkeit, dem Bauchgefühl Ausdruck zu verleihen, ohne dieses hinter vorgeschobenen Fakten verbergen zu müssen. Die ausgedrückten Emotionen können dabei das ganze Gefühlsspektrum betreffen: Überraschung, Zustimmung, Irritation bis hin zur Ablehnung. Vorstellbare Reaktionen zum Thema »Förderung der Mitarbeitergesundheit« könnten zum Beispiel positive Aufbruchstimmung (»Los geht's!«), negative Ablehnung (»Das bringt doch eh nichts.«) oder Ähnliches sein.

Der schwarze Hut: Kritik und Gefahren Der schwarze Hut deckt Gefahren, Unstimmigkeiten und Risiken auf und erfüllt damit eine wichtige Schutzfunktion. Seine Aufgabe ist es, Fehler aufzudecken und Probleme zu vermeiden. Im Gegensatz zum roten Hut müssen mögliche Gefahren jedoch immer objektiv begründet werden.

Hinsichtlich der Frage danach, wie die Mitarbeitergesundheit zu fördern sei, wären hier zum Beispiel Widersprüche zwischen dem Vorhaben und Aussagen aus der Mitarbeiterbefragung denkbar. Vielleicht wurde dort anderen Belangen mehr Priorität (»Wir brauchen mehr Parkplätze!«) eingeräumt und es ist daher fraglich, ob die Gesundheitsbemühungen im Betrieb auf offene Ohren stoßen.

Der gelbe Hut: Vorteile und Nutzen Der gelbe Hut kann als Gegenstück zum schwarzen Hut verstanden werden. Auch der gelbe Hut beschäftigt sich mit der Bewertung einer Idee, aber auf eine positive Weise. Er trägt dazu bei, neue Ideen und Gedanken wertzuschätzen. Er hebt die Vorteile und den Nutzen einer Sache hervor.

Vorteile, die Mitarbeitergesundheit zu fördern, könnte eine zufriedenere Belegschaft sein, ein geringerer Krankenstand und vieles andere mehr.

Der grüne Hut: Kreativität und Wachstum Unter dem grünen Hut sollen kreative Alternativen und ungewöhnliche Optionen entwickelt werden. Der grüne Hut hilft dabei, sich von der Hauptbahn des Denkens loszulösen und interessante Nebengleise zu finden. Jede Idee hat dabei ihre Berechtigung und sollte ohne Vorbehalt geäußert werden.

Wenn beispielsweise diskutiert wird, ob jede Abteilung mit Obst versorgt wird, könnte ebenso eine Salatbar in der Kantine die Mitarbeitergesundheit fördern.

Der blaue Hut: Organisation des Denkens Der blaue Hut ist der Organisator der anderen Hüte. Er wird genutzt, um Schwerpunkte und Prioritäten in einer Diskussion zu setzen. Wird der blaue Hut am Anfang verwendet, definiert er das Thema, die Reihenfolge der Hüte und die Strategie. Am Ende einer Sequenz kann der blaue Hut eingesetzt werden, um die Ergebnisse zusammenzufassen und Folgeschritte zu definieren.

Hier könnten Gesundheitsmaßnahmen zeitlich geplant werden, Lauftreffs, Pilates- oder Yogakurse organisiert werden oder Ähnliches.

Anwendung in Gruppen und Teams

Die Sechs-Hüte-Methode lässt sich gut bei der Arbeit mit Gruppen und Teams einsetzen, um Fragestellungen im Unternehmen zu bearbeiten, die Maßnahmen zur Mitarbeitergesundheit betreffen.

Die Sechs-Hüte-Methode als Diskussionstechnik

Vorbereitung

Zunächst einigen sich alle Teilnehmenden auf ein Diskussionsthema, zum Beispiel »Mit welchen Mitteln können wir die Gesundheit unserer Mitarbeiter fördern?«. Es kann aber auch um die Frage gehen: »Wie können wir den heutigen Workshop möglichst gewinnbringend gestalten?«

Sechs Blätter mit Erklärungen zu den sechs Hüten bereitstellen. Download unter www.beltz.de, direkt beim Buch.

Durchführung

Der Trainer stellt die Sechs-Hüte-Methode anhand der Ausdrucke vor. Dazu pinnt er die Blätter gut sichtbar an eine Pinnwand oder legt sie auf den Boden. Er übernimmt während der Diskussion die Rolle des Moderators.

Die Gruppe hat nun die Aufgabe, sich symbolisch einen der Denkhüte aufzusetzen und gemeinsam aus dieser Perspektive das Thema zu diskutieren. Nach der ersten Sequenz wird der nächste Hut ausgewählt. Wichtig ist, jeweils nur einen Blickwinkel einzunehmen (weißer, roter, schwarzer, gelber oder grüner Hut).

Der Moderator hat die Aufgabe, darauf zu achten, dass die Gruppe jeweils bei einem der Denkhüte bleibt. Dies hat den Vorteil, dass ein konstruktiver Austausch ermöglicht wird, ohne dass die Diskussionspartner gegeneinander argumentieren. Jede Sequenz sollte drei bis zehn Minuten dauern. Der schwarze Hut sollte nicht auf den grünen folgen, da sonst neue Idee im Keim erstickt werden können. Wichtige Ergebnisse werden vom Trainer auf einem Flipchart notiert.

Nachdem die fünf Denkhüte berücksichtigt worden sind, werden unter der Perspektive des blauen Huts die Ergebnisse der Diskussion zusammengefasst und notwendige Folgeschritte definiert.

Anwendung im Einzelcoaching

Die Sechs-Hüte-Methode lässt sich auch sehr gut im Einzelcoaching einsetzen. Das kann zum Beispiel als Rollenspiel geschehen, wie in der folgenden Übung gezeigt.

Sechs-Hüte-Rollenspiel

Vorbereitung

- Erarbeitung einer schriftlichen Rollenspielsituation
- Bereitstellen von sechs Hüten mit farbigen Bändern
- Aufbau einer Pinnwand mit Moderationskarten und Stiften
- Download der Übersichten zu den sechs Hüten unter www.beltz.de, direkt beim Buch
- Vorbereitung des Raums für das Rollenspiel

Durchführung

Das Sechs-Hüte-Rollenspiel baut auf eine Situation auf, in welcher der Coachee einen Optimierungs- oder Flexibilisierungsbedarf für sein Verhalten sieht. Der Coach fungiert dabei als Rollenspielpartner.

Zu Beginn der Sitzung erläutert der Coach die sechs Perspektiven anhand der ausgedruckten Übersichten. Die Denkhüte werden als sechs verschiedene Rollen verstanden, in die der Coachee während der Rollenspielsequenzen schlüpft. Danach folgt das Ausgangsrollenspiel, in welchem die Situation anhand der Schilderung von Coachee und Coach gespielt wird. Dieses wird ausgewertet, indem die Mitspieler kurz Rückmeldung geben. Der Coachee hat nun die Aufgabe, die Situation in fünf Durchgängen unter jeweils einem Blickwinkel (weißer, roter, schwarzer, gelber oder grüner Hut) zu gestalten.

Wichtig ist es, dem Coachee zu vermitteln, dass es kein richtiges oder falsches Verhalten gibt. Es geht darum, mit neuen Verhaltensweisen zu experimentieren und neue Dinge auszuprobieren. Dabei ist es hilfreich, während einer Rollenspielsequenz die bereitgestellten Hüte aufzusetzen. Am Ende jeder Sequenz wird der Coachee nach seinen Erfahrungen befragt und hilfreiche Ideen und Verhaltensweisen werden auf Moderationskarten festgehalten.

Nachdem alle Hüte zum Einsatz gekommen sind, werden die Ergebnisse zusammengefasst. Der Coachee hat abschließend die Möglichkeit, sein Zielverhalten in einem integrativen Rollenspiel unter dem blauen Hut zu erproben.

Denkbar ist auch, gemeinsam mit dem Coach konkrete nächste Schritte als »Hausaufgaben« zu erarbeiten. Themen, die sich bei der Sechs-Hüte-Methode herauskristallisieren, können Anstöße für den weiteren Coachingprozess liefern.

Literatur

De Bono, Edward (2000): *Six thinking hats.* London: Penguin.
Novak, Andreas (2001): *Schöpferisch mit System.* Kreativitätstechniken nach Edward de Bono. Heidelberg: I. H. Sauer.

Zeit für mehr Gesundheit –
mit der Eisenhower-Matrix

Laura Werkmeister

Kurz und knapp

In diesem Beitrag wird ein Tool zum Selbst-und Zeitmanagement vorgestellt, in dem Aufgaben zugleich gesammelt und priorisiert werden, vor allem hilfreich für Führungskräfte.

Ziele und Effekte

- fördert den effizienten Einsatz von eigenen und Teamressourcen
- ermöglicht die Priorisierung von Aufgaben zur besseren Zielerreichung
- hilft bei der Nutzung von Teamressourcen
- macht überflüssige Aufgaben deutlich und reduziert Stress
- ermöglicht eine Reflexion über das, was als wichtig empfunden wird

Hintergrund und Beschreibung

Persönliches Stresserleben resultiert oftmals daraus, dass Menschen am Arbeitsplatz einen enormen Zeitdruck verspüren. Ein Teil dieses Zeitdrucks ist auf die Rahmenbedingungen (zum Beispiel Vorgaben des Vorgesetzten oder enge Deadlines vonseiten des Kunden) zurückzuführen. Ein Teil dieses Zeitdrucks ist aber auch hausgemacht und entsteht dadurch, dass die zur Verfügung stehende Arbeitszeit nicht effektiv genutzt wird.

Zeit an sich kann man nicht »managen«. Sie ist das einzig gerecht verteilte Gut auf der Welt – jeder hat davon 24 Stunden pro Tag zur Verfügung – und sie verrinnt für jeden gleich schnell. Zeitmanagement ist also eigentlich Selbstmanagement. Das bedeutet, ich muss mich selbst so »führen«, dass ich die mir zur Verfügung stehende Zeit optimal nutze, um meine Ziele zu erreichen.

Ein wichtiges Tool, das dabei unterstützen kann, ist die sogenannte »Eisenhower-Matrix«. Sie geht zurück auf den früheren amerikanischen Präsidenten Dwight D. Eisenhower, der seine Aufgaben nach diesem System zu priorisieren pflegte. Die Eisenhower-Matrix gruppiert anstehende Aufgaben entlang der zwei Dimensionen »Wichtigkeit« und »Dringlichkeit« in Aufgaben, die wichtig und dringlich sind, solche, die wichtig, aber nicht dringlich sind, solche die dringlich, aber nicht wichtig sind, und schließlich solche, die weder dringlich noch wichtig sind. Daraus resultiert eine Vier-Felder-Matrix mit vier Aufgabenkategorien und entsprechenden Handlungsempfehlungen:

Wichtig sind in der Eisenhower-Matrix jene Aufgaben, die wesentlich zur Zielerreichung beitragen. Das sinnvolle und richtige Formulieren und Setzen von Zielen (s. Kapitel »Motivation durch konkrete Ziele – Tools zur Zielformulierung« S. 176 ff.) stellt daher eine unabdingbare Voraussetzung für die zweckmäßige Anwendung der Matrix dar. Als *dringlich* werden die Aufgaben bezeichnet, deren Abschluss, zum Beispiel aufgrund von gegebenen Deadlines, zeitnah erfolgen muss.

Bewertet man Aufgaben nun nach den Kriterien wichtig/nicht wichtig sowie dringlich/nicht dringlich, ergeben sich folgende Kombinationen:

Nicht wichtig und nicht dringend In diesem Feld befinden sich die typischen Zeitfresser und Zeitdiebe. Das sind meist Aufgaben, die selten von außen auferlegt werden, sondern eher aus einem inneren Antrieb heraus entstehen, sei es aus einem Hang zum Perfektionismus oder zur Zerstreuung. Beispiele für typische Zeitfresser sind grundlos im Internet nach Informationen zu recherchieren, die andernorts bereits vorhanden sind; bereits sehr gute Präsentationen auszufeilen oder an Dingen zu arbeiten, die von anderen bereits erledigt wurden. Auch das Pflegen sozialer Netzwerke und Lesen von Newslettern gehören in diese Kategorie.

Diese Dinge lenken von den wichtigen Aufgaben ab und stehlen Energie und Zeit. Um dieses Risiko zu minimieren, sollte man bei jeder Tätigkeit hinterfragen, welchen Beitrag sie dazu leistet, ein wichtiges Ziel zu erreichen. Geht der eher in Richtung null, dann sollte man diese Aufgaben, die ja eher Beschäftigungen sind, eliminieren und (manchmal auch buchstäblich) in den Papierkorb werfen.

Dringend, aber nicht wichtig In diesen Quadranten fallen alle Aufgaben, die zwar zeitnah erledigt werden müssen, um das Tagesgeschäft am Laufen zu halten, die für die Zielerreichung aber nur sekundär sind und geringe strategische Bedeutung besitzen. Routinetätigkeiten wie Kopien erstellen, die Ein- und Ausgangspost bearbeiten, Steuererklärungen anfertigen oder Telefonate entgegennehmen gehören dazu.

Diese Aufgaben können delegiert werden. Delegieren bedeutet, eine Aufgabe an jemand anders abzutreten beziehungsweise weiterzugeben. Damit ist nicht zwangsläufig das Weiterreichen »nach unten« gemeint, so wie es für Führungskräfte möglich ist. Auch Menschen, die nicht auf ein Team von Mitarbeitern zurückgreifen können, haben oft soziale oder finanzielle Ressourcen, um sich bestimmter Aufgaben zu entledigen. So ist es zum Beispiel möglich, Kollegen um Hilfe zu bitten, die im Moment vielleicht weniger ausgelastet sind. Partner und Kinder können mehr in die familiären Verpflichtungen eingebunden werden. Eine Haushaltshilfe kann beim Saubermachen und bei der Wäsche unterstützen. Die Patentante holt ab und zu die Kinder von der Schule ab, und man wechselt sich mit einer anderen Mutter ab, wenn es um das Bringen oder Abholen der Kinder vom Tanzunterricht geht.

Dringend und wichtig In dieses Feld fallen alle Aufgaben, die unmittelbar zum Erreichen der eigenen Ziele beitragen und die eine zeitnahe Bearbeitung erfordern. So kann es sein, dass ein Projekt rechtzeitig vor der Deadline fertiggestellt werden muss. Oder es gilt, ein dringendes Problem zu lösen, für das man selbst Experte ist; einen wütenden und wichtigen Kunden am Telefon zu beruhigen; einen Fachartikel zu schreiben, der am gleichen Nachmittag fertig sein muss.

Diese Aufgabenkategorie ist ist in den meisten Fällen primär für das persönliche Stressempfinden verantwortlich, da hier keine personelle und zeitliche Flexibilität (mehr) gegeben ist und man diese Dinge immer selbst und sofort erledigen muss. An der Tatsache, dass man persönlich tätig werden muss, kann man bei den wirklich wichtigen Aufgaben nichts ändern. Manchmal wäre es aber möglich, durch bessere Zeitplanung die zeitliche Dringlichkeit zu entschärfen. Damit kommen wir zum letzten Quadranten.

Wichtig, aber nicht dringend Alle Aufgaben, die einen hohen strategischen Wert für die eigenen Ziele haben, bei deren Terminierung aber noch Freiheitsgrade vorhanden sind, fallen in den letzten Quadranten. Er umfasst zum einen alle wichtigen Aufgaben, die einen festen Termin haben, der aber noch in mehr oder weniger ferner Zukunft liegt, wie zum Beispiel einen Jahresbericht schreiben, eine Messe vorbereiten oder für eine Prüfung lernen. Hier ist es eine gute Strategie, diese Aufgaben frühzeitig zu planen und feste Termine für Teilschritte festzulegen, damit aus diesen Aufgaben keine wichtigen *und* dringlichen Aufgaben werden.

Das Gleiche gilt für Aufgaben, die wichtig sind, aber keinen festen Termin haben. Dazu gehören insbesondere Aktivitäten zur Gesundheitsförderung, wie zum Beispiel Vorsorgeuntersuchungen, regelmäßiger Sport oder Entspannungsübungen. Auch die eigene Weiterbildung gehört dazu. Dies sind häufig die Dinge, die zuerst vom Zeitplan gestrichen werden, weil man sich ja immer noch machen kann, wenn man wieder mehr Zeit hat. Aber sie können plötzlich sehr dringend werden, wenn man ernsthaft erkrankt oder seinen Job verliert.

Die Aufgaben in diesem Quadranten sollten also frühzeitig »freiwillig« terminiert und fest eingeplant werden, damit sie nicht irgendwann in den Wichtig-und-dringlich-Quadranten »wandern«, der dann keine Handlungsfreiheit mehr zulässt.

Anwendung in Gruppen und Teams

Die Eisenhower-Matrix ist prädestiniert für Coachings und Trainings zum Thema Gesundheit (insbesondere im Bereich Selbstmanagement), weil sie hilft, Aufgaben zu priorisieren. Wie das im Training und im Einzelcoaching konkret aussehen kann, werde ich in diesem Beitrag beschreiben.

Das Tool lässt sich aber auch in der Teamentwicklung einsetzen, wenn es darum geht, Aufgaben sinnvoll zu verteilen. Hier können im Team alle Aufgaben gesammelt werden, die für das Erreichen des Teamziels wichtig sind. Anschließend wird diskutiert, in welche Quadranten die einzelnen Tätigkeiten gehören. Dabei können unterschiedliche Auffassungen darüber zutage treten, was als wichtig empfunden wird und was nicht. Auch Differenzen im Dringlichkeitsempfinden sind möglich. Beides ist auf unterschiedliche Persönlichkeitstypen beziehungsweise Verhaltensstile zurückzuführen. Daher ist es wichtig, diese zuvor geklärt zu haben und darauf hinzuweisen, dass für eine gute Teamleistung ein heterogenes Team mit unterschiedlichen Stärken von Vorteil ist (s. auch das Kapitel »Welche Typen gibt es im Team? – Verhaltensstilanalyse mit dem Riemann-Thomann-Modell«, S. 227 ff.). Beim (Neu-)Verteilen der Aufgaben sollte darauf geachtet werden, dass jedes Teammitglied annähernd gleich viele wichtige Aufgaben erhält.

Im Folgenden wird beschrieben, wie man die Eisenhower-Matrix nutzen kann, um Trainingsteilnehmer zum Thema Stress- und Selbstmanagement weiterzubilden.

Stress- und Selbstmanagement mit der Eisenhower-Matrix

Vorbereitung

- auf einen Flipchartbogen die leere Eisenhower-Matrix zeichnen
- A4-Vorlage der Matrix ausdrucken (halb so viele Exemplare wie Teilnehmende. Download unter www.beltz.de, direkt beim Buch)
- Aufgabenliste für jeden Teilnehmer bereithalten (Download unter www.beltz.de)
- Flipchart mit Reflexionsfragen vorbereiten

Durchführung

Trainingsdidaktisch ist es sinnvoll, die Eisenhower-Matrix nach dem Thema »Ziele setzen und richtig formulieren« (s. S. 176) einzuführen. Die Trainerin oder der Trainer kann zunächst versuchen, die Matrix gemeinsam mit den Teilnehmern durch folgende Einleitungsfrage herzuleiten: »Beim Selbstmanagement ist es entscheidend, die richtigen Prioritäten zu setzen. Wie entscheiden Sie darüber, was Priorität hat?« Meist kommt dann aus dem Plenum der Hinweis auf den Begriff »wichtig«. Hier kann dann weitergefragt werden: »Was ist denn wichtig?«, um darauf hinzuleiten, dass diejenigen Aufgaben wichtig sind, die wesentlich zur Erreichung eines vorher formulierten Ziels beitragen. Kommen keine entsprechenden Antworten, stellt man die Quadranten der Eisenhower-Matrix und ihre Funktion selbst vor, indem man die beiden Dimensionen und ihre Bedeutung erklärt. Anschließend ist es sinnvoll, zusammen mit den Trainingsteilnehmern für jeden Quadranten ein paar typische Beispiele aus dem Arbeitsalltag zu erarbeiten.

Gibt es für jeden Quadranten ein paar typische Aufgaben, fragt die Trainerin oder der Trainer in die Runde, welche unterschiedlichen Strategien verfolgt werden sollten, um mit den einzelnen Aufgabentypen umzugehen. Die Teilnehmenden kommen meist sehr schnell darauf, dass die unwichtigen und nicht dringlichen Dinge in den Papierkorb gehören. Auch dass wichtige und dringliche Aufgaben selbst und sofort erledigt werden müssen, liegt nahe. Nicht so schnell sind die Strategien für die anderen beiden Aufgabentypen festgelegt. Meist erfolgt beim »Delegieren« der Einwand – außer im Führungskräftetraining –, das könne man ja gar nicht. Hier ist es sinnvoll, auf andere Möglichkeiten des Delegierens hinzuweisen, wie ich eingangs einige genannt habe, beziehungsweise Vorschläge dazu im Plenum zu sammeln.

Auch dass es für wichtige, aber nicht dringliche Aufgaben sinnvoll ist, diese frühzeitig zu planen und Teilschritte mit festen Terminen festzulegen, ist nicht jedem Teilnehmer sofort eingängig. Hier arbeitet man am besten mit konkreten Beispielen wie: »Wenn jetzt Januar ist und Ende März eine wichtige Präsentation ansteht, dann ist sie jetzt noch nicht dringend. Was kann ich tun, um zu vermeiden, dass sie irgendwann wichtig *und* dringend ist?« Durch ein solches Beispiel wird klar, dass ich zuerst überlegen muss, welche einzelnen Schritte erforderlich sind (zum Beispiel Informationen sammeln, Inhalte festlegen, PowerPoint-Präsentation erstellen), um diese dann zu terminieren und entsprechend abzuarbeiten.

Wenn das Modell und die entsprechenden Handlungsstrategien klar sind, werden die Teilnehmer dazu aufgefordert, alle möglichen Aufgaben und Aktivitäten, die sie an einem prototypischen Arbeitsalltag zu bewältigen haben, aufzulisten und sie in eine Liste einzutragen (Download unter www.beltz.de, direkt beim Buch). Dabei ist wichtig, dass alle Aktivitäten aufgelistet werden, das heißt auch Dinge wie Kaffee kochen, Post öffnen, E-Mails beantworten, Internetrecherche und so weiter.

Haben die Teilnehmer Schwierigkeiten dabei, kann man sie bitten, den vorangegangenen Tag noch einmal Revue passieren zu lassen und sich möglichst an alles, was sie getan haben, zu erinnern.

Dann finden sich die Teilnehmer in Paaren zusammen und stellen sich gegenseitig kurz ihre Aktivitätenlisten vor. Im Anschluss daran hat jedes Paar die Aufgabe, gemeinsam zu entscheiden, in welchen Quadranten der Matrix jede einzelne Aktivität eingeordnet werden kann. Auch hier können sich interessante Diskussionspunkte, zum Beispiel durch unterschiedliche Auffassungen darüber ergeben, was »dringlich« und »wichtig« sei, die dann später in der Plenumsdiskussion aufgegriffen werden können.

Wiederum in Partnerarbeit sollen die Teilnehmerinnen und Teilnehmer ihre tatsächliche Vorgehensweise reflektieren. Die Leitfragen dazu notiert die Trainerin/der Trainer am besten auf einem Flipchart:

- Wo liegen Unterschiede zwischen einer sinnvollen Priorisierung und meiner tatsächlichen Aufgabenbearbeitung?
- In welche Aufgaben aus welchem Quadranten investiere ich am meisten Zeit?
- Was sind meine persönlichen »Zeitfresser« (das heißt unwichtige und nichtdringliche Aktivitäten)?

Anschließend können die gesammelten Zeitfresser in der Gruppe ausgetauscht und am Flipchart vom Trainer gesammelt werden. Häufig stellt sich heraus, dass die Teilnehmer von ähnlichen Zeitfressern geplagt sind. Darauf aufbauend können dann Ideen gesammelt werden, wie diese Zeitfresser vermieden beziehungsweise von der persönlichen Agenda gestrichen werden können. Diese Maßnahmen werden ebenfalls am Flipchart festgehalten.

Anwendung im Einzelcoaching

Auch im Rahmen eines Einzelcoachings mit einer Führungskraft zum Thema Gesundheit beziehungsweise Life-Balance kann man gut mit der Eisenhower-Matrix arbeiten. Zum einen bietet sie natürlich Möglichkeiten, die Effizienz im Arbeitsbereich zu steigern. Darüber hinaus kann aber mithilfe dieses Tools beziehungsweise entsprechender Fragen im Anschluss tiefer reflektiert werden, wie der Coachee seine »Lebensaufgaben« organisiert und welche Veränderungen er sich dort wünscht.

Life-Balance mithilfe der Eisenhower-Matrix beurteilen

Vorbereitung
- Moderationskarten mit den Begriffen »wichtig«, »nicht wichtig«, »dringlich« und »nicht dringlich« vorbereiten
- Tesakrepp, einen leeren Mülleimer und kleine Karteikarten bereithalten

Durchführung

Idealerweise wurde im Coachingprozess zuvor bereits an den Themen »Life-Balance« (s. S. 184) und Zielformulierung (s. S. 176) gearbeitet, und der Coachee hat für jeden Lebensbereich wichtige Ziele formuliert. Außerdem sollte aus der Sitzung zuvor (oder als »Hausaufgabe«) eine Liste aller Aufgaben und Termine, die wöchentlich beim Coachee anfallen (inklusiver privater Aufgaben, Hobbys … vorliegen.

Der Coach erklärt in ähnlicher Weise wie im Training, worum es bei der Eisenhower-Matrix geht und wozu sie verwendet werden kann. Dazu klebt er die Umrisse der Matrix mit Tesakrepp auf den Boden und legt die Moderationskarten mit den Begriffen – (nicht) wichtig und (nicht) dringlich – neben die entsprechenden Felder. In den Quadranten »nicht wichtig/nicht dringlich« stellt er einen Papierkorb.

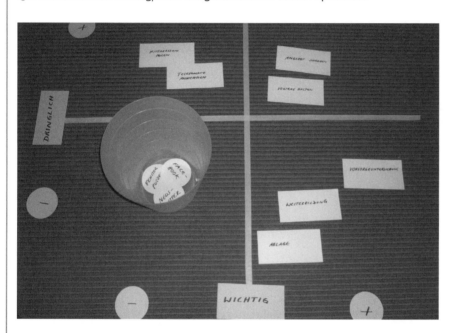

Anschließend bittet er den Coachee, seine Aufgabenliste hervorzuholen. Jetzt werden alle Aufgaben nach folgendem Schema durchgegangen:

- Aufgabe auf eine kleine Karteikarte oder auf eine Moderationskarte schreiben
- Reflektieren, wohin die Aufgabe gehört; dazu formulierte Ziele aus den einzelnen Lebensbereichen ins Gedächtnis rufen
- Entscheidung treffen
- Karteikarte in das entsprechende Feld legen beziehungsweise in den Papierkorb werfen

Damit werden zunächst typische Zeitfresser identifiziert und direkt und faktisch im Mülleimer entsorgt. Diese Handlung kann auch für ein Gefühl der Entlastung sorgen. Eventuell kann der Coach dazu den Hinweis geben, sich beim nächsten Mal, wenn eine solche Tätigkeit interessant erscheint, daran zu erinnern, dass man diese »aus dem Mülleimer« herausholen müsste.

Weiterhin entsteht ein Überblick, wie viele Aufgaben sich in den einzelnen Quadranten befinden. Häufig entsteht Stress bei Führungskräften dadurch, dass sie außerordentlich viele Aufgaben im Quadranten »wichtig und dringlich« einordnen. Hier gilt es, gemeinsam mit dem Coachee an den Fragen zu arbeiten:

- Ist die entsprechende Aufgabe wirklich wichtig (dient sie der Erreichung eines wesentlichen Ziels)?
- Wenn sie eigentlich nicht so wichtig ist, an wen kann ich sie delegieren?
- Wenn sie wirklich wichtig ist, wie kann ich zukünftig vermeiden, dass sie dringlich wird?

Meist gelingt es auf diese Weise schon, die Anzahl der Aufgaben im entsprechenden Quadranten zu reduzieren.

Damit ist das Thema Delegieren schon angesprochen, womit eine gute Überleitung zum entsprechenden Quadranten möglich ist. Dieser ist bei manchen Führungskräften erstaunlich leer. Bei genauerer Analyse der Aktivitäten stellt sich bisweilen heraus, dass Aufgaben, die eigentlich in der Kompetenz der Mitarbeiter liegen, als wichtig deklariert und vom Coachee selbst erledigt (und oder zumindest noch einmal »perfektioniert«) werden. Dies birgt die Gefahr, sich im operativen Tagesgeschäft zu verlieren und die eigentlich wichtigen strategischen Aufgaben zu vernachlässigen.

Ursache für mangelndes Delegieren beziehungsweise für das »An-sich-Reißen« von Aufgaben können unterschiedliche Bedürfnisse beziehungsweise Einstellungen des Coachees sein:

- Perfektionismus (»Ich selbst kann es am besten«)
- mangelndes Vertrauen (»Wird er/sie das auch richtig machen?«)
- sich verantwortlich fühlen (»Ich muss für alle Ergebnisse geradestehen.«)
- Mitarbeiter nicht belasten wollen (»Er/sie hat sowieso so viel zu tun.«)
- sich nicht unbeliebt machen wollen (»Arbeit abzugeben macht unbeliebt.«)

Hier gilt es, im weiteren Coachingprozess diese Einstellungen kritisch zu hinterfragen und förderliche alternative Einstellungen zu entwickeln.

Generell gilt, dass die als dringlich eingestuften Aufgaben für das Thema Gesundheit eine hohe Relevanz haben, da sie Zeitdruck erzeugen und dieser nachweislich bei vielen Menschen für Stressempfinden sorgt. Aber auch typische Aufgaben im letzten Quadranten – wichtig, aber nicht dringlich – haben eine besondere Bedeutung für das Thema Gesundheit. Wie bereits erwähnt, landen vielfach Aufgaben der Gesundheitsfürsorge in diesem Quadranten: die Vorsorgeuntersuchung, die man schon eine Weile vor sich her schiebt; der Yogakurs, für den man sich bestimmt anmelden wird, sobald der ganze Stress vorbei ist. Oder es gehört dazu die gesunde Ernährung, die im Moment wegen Zeitmangel zu kurz kommt – und Fast Food auf die Hand geht eben schneller als Biogemüse schnippeln.

All diese Dinge besitzen (noch) keine Dringlichkeit, solange man körperlich gesund ist. Erst wenn der Stress zu Herzrhythmusstörungen oder gar einem Herzinfarkt führt, wenn der Rücken jeden Morgen so schmerzt, dass man kaum aus dem Bett kommt oder wenn das Übergewicht sicht- und spürbare Folgen hat – dann plötzlich erhalten diese Aufgaben eine ganz andere Dringlichkeit. Sie »wandern« dann in den Quadranten »wichtig und dringlich« und verdrängen möglicherweise sogar alle zuvor als wichtig erachteten beruflichen Aufgaben, die sich darin befinden. Manchmal braucht es die drastische Schilderung solcher gesundheitlichen Konsequenzen, um dem Coachee bewusst zu machen, dass auch diese Aufgaben eingeplant werden müssen, wenn man gesund und leistungsfähig sein möchte. Doch nicht nur körperbezogene Aktivitäten halten gesund. Auch psychosoziale »Aufgaben« wie Hobbys, Zeit mit der Familie und Freunden verbringen oder einfach einmal nichts tun und seinen Gedanken nachzuhängen, erhalten gesund. Gibt es diese Aufgaben in der Aufgabenliste des Coachees? Wenn ja, in welchen Quadranten gehören sie? Auch an diesen Fragen lohnt es sich zu arbeiten, wenn die Verbesserung der Life-Balance (und damit auch der Gesundheit) das Coachingziel ist.

Literatur

Marquardt, Matthias (2012): *instinktformel.* Das Erfolgsprogramm, das Sie wirklich glücklich macht. München: südwest.

Alles eine Frage der Betrachtung – Reframing gegen Stress

Kerstin Goldbeck

Kurz und knapp

In diesem Beitrag finden Sie Übungen, mit denen Teilnehmer eigene stressver-stärkende Denkmuster erkennen und neue förderliche Mentalstrategien kennen-lernen.

Ziele und Effekte

- schärft Bewusstsein für die eigenen Stressfallen
- macht mentale, stressverstärkende Denkmuster bewusst und entkräftet sie
- Anstoß, um neue, förderliche Mentalstrategien zu entwickeln

Hintergrund und Beschreibung

Was Menschen als Stress empfinden, ist individuell sehr unterschiedlich. Für manche ist das nächste Projekt eine Herausforderung, andere fühlen sich gestresst. Je nach Bewertung startet der Körper eine Stressreaktion. Dann wird Adrenalin ausgestoßen, der Blutdruck und der Blutzucker steigen. Ob eine Situation als Stress eingestuft wird, ist also zu einem großen Teil davon abhängig, wie der Einzelne aufgrund von Erfahrungen, Denkmustern oder Grundüberzeugungen die Situation bewertet. Versieht er das Erlebte mit einem negativen oder einem positiven Rahmen im Sinne von: »Ist das Glas halb voll oder halb leer?«

Bewertungen sind allerdings veränderbar. Unter anderem lassen sich stressenden Erlebnissen mittels Reframing (deutsch: Umdeutung) positive Deutungen entlocken. Witze basieren beispielsweise auf diesem Prinzip, indem sich alltägliche Begebenheiten in der Pointe überraschend anders auflösen. Sätze wie »wer weiß, wozu es gut ist«, »Scherben bringen Glück« oder auch »für jede Tür, die sich schließt, geht eine neue auf«, die aus dem Alltag bekannt sind, wirken auf dieselbe Weise.

Reframing wurde in der systemischen Familientherapie entwickelt (Virginia Satir) und ist unter anderem auch im Neuro-Linguistischen Programmieren (NLP) geläufig, wo beispielsweise nach der guten Absicht hinter einem störenden Verhalten gefragt wird. In der provokativen Therapie (Frank Farelly) dienen provokante, gezielt eingesetzte Reframings dazu, dass Klienten in neue Richtungen denken und sich von alten Bewertungen lösen.

Anwendung im Einzelcoaching

Auch im Coaching sind Reframing-Tools sehr gut einsetzbar. Beispielsweise können gezielte Fragen, Umformulierungen sowie auch Geschichten dem Klienten neue Perspektiven eröffnen.

> **Reframing im Einzelcoaching**
>
> **Vorbereitung**
> Eventuell Fragenrepertoire zum Reframing vorbereiten.
>
> **Durchführung**
> Im Coaching wird Reframing bei der Arbeit an einzelnen störenden Verhaltensweisen (»ich bin immer so unsicher«) oder an konkreten Belastungssituationen eingesetzt.

Fallbeispiel

Die Coachee, eine Studentin, durchlebt eine stressige Phase: Die Abschlussarbeit muss fertig werden, sie leidet stark unter dem »Druck« und hat das Gefühl, den Anforderungen nicht genügen zu können.

Mit Fragen wird an ihrer Einstellung gearbeitet.

Zirkuläre Fragen: Zirkuläre Fragen dienen dem Perspektivwechsel. Häufig eröffnen sich dem Coachee neue, oftmals positivere Möglichkeiten der Bewertungen, wenn er durch die Augen eines Dritten auf die eigene Situation blickt:

- Was würde dein bester Freund/deine beste Freundin zu der Art und Weise sagen, wie du deine Situation meisterst?
- Was würde dein Vater/deine Mutter dazu sagen?

Direkte Fragen: Auch durch direkte Fragen können Anstöße für eine Neubewertung der Situation gegeben werden. Ziel ist es, den Coachee aus den gewohnten Denkmustern zu lösen. Dabei hilft das Überraschungsmoment, wenn nach positiven Aspekten einer doch so negativ empfundenen Lage gefragt wird. Hier benötigt der Klient allerdings häufig etwas Zeit, um antworten zu können.

- Was könnte an deiner Situation gerade positiv sein?
- Welche Chancen könnte die Situation für dich beeinhalten?
- Was könntest du durch das Erstellen deiner Abschlussarbeit lernen?
- Stell dir vor, du blickst als Großmutter auf diese Lebensphase zurück und erzählst deinen Enkeln von dieser Situation, was würdest du ihnen erzählen?
- Wenn dich deine Enkel fragen würden, was du aus der Situation gelernt hast, was würdest du ihnen antworten?

Umdeutung über Sprache: Geht es darum, dass für die Abschlussarbeit neue Kompetenzen gefragt sind, die die Klientin bei sich nicht sieht, kann der Coach anregen, in Aussagen »noch« zu ergänzen und zu überprüfen, wie sich die Bewertung dadurch verändert. Aus »in dem Thema XY kenne ich mich nicht aus« wird »in dem Thema XY kenne ich mich *noch* nicht aus.« Auf diese Weise verringert die Coachee die Hürde, sich in neue, unbekannte Themen einzuarbeiten.

Im Coachingfall hatte die Klientin ihr Aha-Erlebnis, als sie aus der »Großmutterperspektive«, nach der ich gefragt hatte, ihrem imaginären Enkel erzählte, dass es etwas Wichtigeres als Abschlussnoten gibt und sich der Wert von Menschen nicht an Noten bemisst. Daneben kam sie über das Reframing dazu, ihr Ziel nach der Abschlussarbeit – eine Reise – bildlich zu fokussieren und für sich als positive Energieressource zu erschließen

Zu beachten gilt auch, dass viele Coachees häufig den Ausdruck »muss« verwenden, wenn sie ihre aktuelle Situation schildern. Hier kann man anregen, statt Muss-Formulierungen, Will-Aussagen zu treffen. Aus »dann muss ich das Schlusskapitel schreiben« wird »dann will ich das Schlusskapitel schreiben«. Aus »ich muss mich ganz neu einarbeiten« wird »ich will mich ganz neu einarbeiten«. Die passive Haltung des Coachees wandelt sich so in eine aktive. Die als Zwang bewertete Situation wird nun aktiv veränderbar gerahmt. Künftig bei »Muss«-Sätzen ein »will« zu verwenden, kann auch eine Hausaufgabe sein, die der Coach dem Klienten mit auf den Weg gibt.

Literatur

Fischer-Epe, Maren (2011): *Coaching: Miteinander Ziele erreichen.* Reinbek: Rowohlt.

Basteln zur Selbstreflexion –
das »rundum gesunde Tüten-Ich«

Kerstin Goldbeck

Kurz und knapp

Kreative Bastelübung, in der gesundheitsfördernde Faktoren erarbeitet und reflektiert werden.

Ziele und Effekte

- regt die Kreativität an
- fördert die aktive Auseinandersetzung mit der persönlichen Gesundheit und damit, welche äußeren und inneren Faktoren für das eigene Gesundbleiben wichtig sind
- neue Herangehensweise und neuer Blick auf die Themen Gesundheit und Selbstfürsorge
- kann Überleitung für weitere Inputs sein, zum Beispiel zur gesunden Ernährung, zu körperlichen und geistigen Stressbewältigungsstrategien als gesundheitsfördernde Faktoren

Hintergrund und Beschreibung

Mittels kreativer Methoden wie Basteln, Malen oder auch Kneten haben Teilnehmer die Möglichkeit, auf ungewohnte Weise Themen zu reflektieren und sich jenseits der Routine auszudrücken. Kreative Techniken aktivieren die rechte Gehirnhälfte, die kreative Tätigkeiten wie auch Gefühle, Fantasie oder Intuition steuert, während das rein rationale, systematisch-analytische Denken in der linken Gehirnhälfte zu Hause ist.

Kreative Übungen in einem Workshop bringen häufig viel Leben in eine Gruppe. Teilweise entdecken Teilnehmer alte Leidenschaften wieder, die sie in der Alltagsroutine abgelegt haben. Natürlich gibt es auch immer Menschen, die Angst haben, von der Routine abzuweichen und sich Ungewöhnlichem lieber verschließen möchten. Als Trainer sollte man ein Faible für solche Methoden haben und selbst gern basteln, malen, kneten oder was auch immer, um der Gruppe das Kreativsein schmackhaft zu machen und einschätzen zu können, welche Materialien und wie viele man benötigt.

Anwendung in Gruppen und Teams

Im Folgenden geht es um eine Bastelübung mit Papiertüten, die kreativ von den Teilnehmern unter dem Fokus »Was brauche ich, um gesund zu bleiben?« gestaltet werden. Inspiriert wurde das Tool von der Bastelübung »Papiertüten-Ich«, die Herbert Gudjons in seinem Buch »Spielbuch Interaktionserziehung« beschreibt (2003, S. 92 f.), in der es um die Selbstreflexion von nach außen sichtbaren und innen verborgenen Persönlichkeitsanteilen geht.

Das »rundum gesunde Tüten-Ich«

Vorbereitung

- Papiertüten entsprechend der Teilnehmerzahl bereitstellen, ebenso Bastelmaterialien wie Scheren, Kleber, Malstifte, Farben, buntes Bastelpapier, Perlen, Pailletten, Zeitschriften und so weiter
- Flipchart mit Arbeitsanweisungen vorbereiten

Durchführung

Sich kreativ auszudrücken, Basteln, Malen oder gar Kneten gehört normalerweise nicht zur Alltagsroutine von Seminarteilnehmern. Daher haben manche von ihnen Scheu, sich darauf einzulassen – wohl auch, da viele verinnerlicht haben, kein kreatives Talent zu besitzen. »Ich kann nicht malen« oder »Im Basteln war ich schon immer ganz schlecht« sind Sätze, die oft reflexartig kommen, wenn man kreative Übungen ankündigt. Manche Teilnehmer verweigern sich auch komplett, denn hier geht es ja letztlich darum, sich auf eine Weise auszudrücken, die man nicht routiniert erlernt hat.

Auf Sätze wie »Das ist mir zu albern« oder »Sind wir hier im Kindergarten?« sollte man vorbereitet sein und entspannt, humorvoll reagieren. Je nachdem hilft etwas Überzeugungsarbeit, indem man auf den theoretischen Hintergrund eingeht. Als Trainerin oder Trainer ist es wichtig, zu betonen, dass es nicht um Ästhetik oder um einen Talentwettbewerb geht, sondern darum, neue Wege zur Selbstreflexion jenseits des rein Rationalen auszuprobieren.

Die von außen und innen leere und schlichte Papiertüte soll jedem Teilnehmer als Projektionsfläche dienen. Der Workshop und seine Übungen sind letztlich natürlich nur ein Angebot, annehmen müssen es die Teilnehmer selbst.

Die Übung selbst gliedert sich in drei Teile: Zunächst wird jeder Teilnehmer allein kreativ (Teil 1), um schließlich sein gestaltetes »rundum gesundes Tüten-Ich« in der Kleingruppe zu präsentieren (Teil 2) und zu diskutieren. Als Drittes folgt noch eine gemeinsame Kleingruppenarbeit (Teil 3), um Erkenntnisse zu bündeln. Die Trainerin beziehungsweise der Trainer erklärt den Ablauf und die Arbeitsanweisungen.

Damit die Teilnehmer den Überblick behalten, schreibe ich die Aufgabenstellung, die zur Verfügung stehende Zeit sowie die Arbeitsform stichwortartig auf einen Flipchartbogen. Das kann beispielsweise so aussehen:

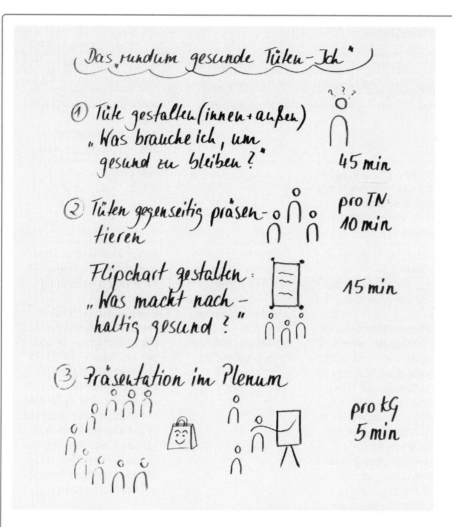

Das „rundum gesunde Tüten-Ich"

① Tüte gestalten (innen + außen)
„Was brauche ich, um
gesund zu bleiben?"   45 min

② Tüten gegenseitig präsen-   pro TN
tieren   10 min

Flipchart gestalten:
„Was macht nach-   15 min
haltig gesund?"

③ Präsentation im Plenum

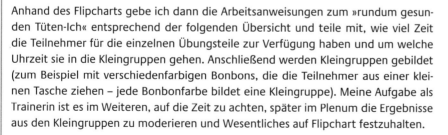   pro KG
                                        5 min

Anhand des Flipcharts gebe ich dann die Arbeitsanweisungen zum »rundum gesunden Tüten-Ich« entsprechend der folgenden Übersicht und teile mit, wie viel Zeit
die Teilnehmer für die einzelnen Übungsteile zur Verfügung haben und um welche
Uhrzeit sie in die Kleingruppen gehen. Anschließend werden Kleingruppen gebildet
(zum Beispiel mit verschiedenfarbigen Bonbons, die die Teilnehmer aus einer kleinen Tasche ziehen – jede Bonbonfarbe bildet eine Kleingruppe). Meine Aufgabe als
Trainerin ist es im Weiteren, auf die Zeit zu achten, später im Plenum die Ergebnisse
aus den Kleingruppen zu moderieren und Wesentliches auf Flipchart festzuhalten.

Übersicht der einzelnen Übungsteile

■ Übungs-teile	■ Teil 1: Einzelarbeit	■ Teil 2: Kleingruppe	■ Teil 3: Gemeinsame Kleingruppenarbeit
Dauer	45 Minuten	10 Minuten pro Teilnehmer	15 Minuten Kleingruppen-arbeit 5 Minuten Präsentations-zeit pro Gruppe im Plenum
Materialien	Bastelmaterialien: Kleber, Sche-re, Stoff, Bänder zum Verzieren, Bastelpapier, Krepppapier Zeitschriften, Stifte, Malfarbe und so weiter		Flipchart Stifte
Arbeits-anweisung	Bitte gestalten Sie Ihr rundum gesundes Tüten-Ich. Stellen Sie sich die Frage: »Was brauche ich, um gesund zu bleiben?« Welche äußeren Rahmenbedin-gungen benötige ich, womit signalisiere ich meiner Umwelt, dass ich gesund bin? (Diese kommen außen auf die Tüte.) Welches sind innere Faktoren, die für meine Gesundheit wich-tig sind, zum Beispiel Gefühle, persönliche Einstellungen, Wesensmerkmale, Bedürfnisse oder Motive. (Diese werden symbolisch innen platziert.) Wie fühle ich mich, wenn ich rundum gesund bin? Nutzen Sie die bereitgestellten Bastelmaterialien, um Ihre Tüte in Ihr rundum gesundes Tüten-Ich zu verwandeln. Sie haben dafür 45 Minuten Zeit.	Im Anschluss gehen Sie in die Kleingrup-pen und stellen sich gegenseitig Ihr »rundum gesundes Tüten-Ich« vor. Jeder Teilnehmer hat dazu zehn Minuten Zeit.	Diskutieren Sie dann bitte gemeinsam die Frage: »Was macht nachhaltig gesund?« Visualisieren Sie Ihre Diskussionsergebnisse auf dem Flipchartpapier und präsentieren Sie Ihr Chart im Anschluss im Plenum. Die Trainerin/der Trainer moderiert die Präsentation der Kleingruppen und führt in der anschließenden Ge-sprächsrunde Schwerpunk-te aus den Ergebnissen zu-sammen (zentrale Punkte am Flipchart notieren!).

Nach der Präsentation der Kleingruppenergebnisse sollte man im Plenum auch noch einmal abfragen, wie die Teilnehmer das Basteln empfunden haben. Hier kommen überwiegend sehr lebendige, positive Rückmeldungen, auch von Teilnehmern, die anfangs skeptisch waren. Diese Aussagen lassen sich nutzen, um hervorzuheben, wie gut es oft tut, altbekannte Wege zu verlassen, Ressentiments über Bord zu werfen und Neues zu wagen – auf die Gesundheit bezogen können das zum Beispiel neue Sportarten sein, in die man hineinschnuppert oder neue, gesunde Ernährungsweisen, die man bislang für sich ausgeschlossen hat. Je nachdem, kann man am Flipchart sammeln, welche neuen Gesundheitsideen den Teilnehmern in den Kopf kommen.

Literatur

Gudjons, Herbert (2003): *Spielbuch Interaktionserziehung.* 185 Spiele und Übungen zum Gruppentraining in Schule, Jugendarbeit und Erwachsenenbildung. 7. Auflage. Bad Heilbrunn: Julius Klinkhardt.

Noack, Karsten (2005): *Kreativitätstechniken – Schöpferisches Potenzial entwickeln und nutzen.* Berlin: Cornelsen.

Die eigenen Stärken bewusst machen – »Gut und gern«-Übung

Katrin Rautter

Kurz und knapp

Die in diesem Beitrag geschildert Methode ermöglicht den Teilnehmern, sich ihrer Stärken bewusst zu werden. Sie wird in Tandems absolviert, Dauer etwa 30 Minuten.

Ziele und Effekte

- Teilnehmer setzen sich mit sich selbst auseinander
- können nach kurzer Zeit acht persönliche Stärken benennen
- das Selbstbewusstsein der Teilnehmer wird gesteigert

Hintergrund und Beschreibung

Jeder Mensch hat Begabungen und Talente, die es ihm ermöglichen, bestimmte Dinge besonders gut durchzuführen und umzusetzen. Das Wissen über die eigenen Stärken und Schwächen ist zum einen für das berufliche und private Weiterkommen sehr wichtig. Es ermöglicht uns, mit den eigenen Schwächen besser umgehen zu können und lässt uns erfolgreicher neue Herausforderungen bewältigen.

Zum anderen ist es aber auch wichtig, sich in Bezug auf die (psychische) Gesundheit seiner Stärken bewusst zu sein. Es gibt Menschen, die in der Lage sind, schwierige Lebenssituationen gut zu meistern und sich daraus weiterentwickeln. Anderen gelingt dies weniger. Grundvoraussetzung für das Überstehen von Krisen ist die psychische Widerstandsfähigkeit, die sogenannte »Resilienz«. Menschen mit einer gut ausgeprägten Resilienz erleben zwar genauso Krisen und Belastungen, lassen sich davon aber nicht unterkriegen. Für alle, die mit dieser Fähigkeit nicht auf die Welt gekommen sind, gibt es dennoch Möglichkeiten, die psychische Widerstandsfähigkeit zu entwickeln. Dafür müssen sie im ersten Schritt die eigenen Stärken analysieren, um dann im zweiten Schritt die eigenen Ressourcen weiter auszubauen.

Anwendung in Gruppen und Teams

Was sind nun unsere persönlichen Stärken? Nicht jedem Teilnehmer fällt es leicht, diese konkret zu formulieren. Mit der »Gut und gern«-Übung gelingt es, die eigenen Fähigkeiten und Eigenschaften (wieder) ins Bewusstsein zu holen.

»Gut und gern«-Übung

Vorbereitung
Der Trainer bereitet ein Flipchart vor, das die Aufgabenstellung verdeutlicht und teilt die Teilnehmer in Zweiergruppen ein. Dies kann durch Abzählen oder eine andere kreative Form der Einteilung erfolgen. Am besten finden sich die Tandems aber bei dieser Übung von selbst. Möglich ist beispielsweise einfach den Nachbarn zur rechten Seite zu wählen.

Durchführung
Den Teilnehmern wird die Aufgabe folgendermaßen erklärt:

»Erzählen Sie Ihrem Partner eine Erfolgsgeschichte aus Ihrem beruflichen oder privaten Leben. Überlegen Sie, was Sie bei dieser Begebenheit ›GUT‹ und ›GERN‹ gemacht haben und berichten Sie Ihrem Gegenüber davon. Der Zuhörer des Tandems folgt aufmerksam den Ausführungen und notiert schon währenddessen die Fähigkeiten, die er hört beziehungsweise assoziiert. Ist der Erzähler mit seiner Geschichte fertig, haben beide noch einmal kurz Zeit, um die Stärken aus dieser Episode aufzuschreiben beziehungsweise zu ergänzen. Danach beginnt die Auswertung: Der Zuhörer zählt mindestens fünf Kompetenzen auf, die er herausgehört hat. Der Erzähler ergänzt diese im Anschluss daran um mindestens drei weitere Stärken.«

Nach etwa zehn Minuten wird getauscht. Der Zuhörer erzählt nun seine Geschichte und beide verfahren wie im ersten Teil der Übung.
Zum Schluss hat jeder Teilnehmer acht Stärken ermittelt, die seiner Persönlichkeit entsprechen.

Hinweis für den Trainer: Es kann sein, dass Teilnehmer in den Widerstand gehen. Dies ist denkbar, wenn sich die Teilnehmer noch nicht so gut kennen und vielleicht nicht bereit sind, private Details preiszugeben. In solchen Situationen ist es hilfreich, ein Beispiel aus dem beruflichen Kontext auswählen zu lassen. Ermutigen Sie die Teilnehmer, sich auf diese Übung einzulassen und benennen Sie den Nutzen für jeden Einzelnen noch einmal.

Je nach zur Verfügung stehender Zeit kann an dieser Stelle die Übung beendet oder noch weiter fortgeführt werden. Beispielsweise ist es möglich, dass die Teilnehmer ihre ermittelten Stärken visualisieren. Dafür eignet sich die Kompetenzensonne: Jeder zeichnet auf einem A4- oder A3-Blatt eine Sonne (Kreis mit mindestens acht Strahlen) und schreibt auf jeden Strahl eine seiner Kompetenzen. Die Sonne mit ihren Strahlen kann sowohl farbig als auch schwarz-weiß gestaltet werden. Mit dieser Visualisierung erfährt die Übung mehr Nachhaltigkeit, da einerseits die Ergebnisse nochmals aufgeschrieben werden und andererseits dieses Bild gut im Kopf verankert wird.

Zum Abschluss dieser Sequenz kann eine kurze Reflexion erfolgen: Die Teilnehmer werden gefragt, wie es ihnen mit dieser Methode ergangen ist und welche Erkenntnisse sie gewonnen haben.

Anwendung im Einzelcoaching

Im Einzelcoaching kann diese Vorgehensweise entsprechend der Anleitung für Gruppen und Teams eingesetzt werden. Hier übernimmt dann der Coach den »Zuhörerpart« gegenüber dem Klienten. Durch geschultes aktives Zuhören und gezieltes Nachfragen können auf diese Weise noch mehr Stärken und Ressourcen erfragt werden, die dem Klienten vielleicht gar nicht bewusst waren.

Motivation durch konkrete Ziele – Tools zur Zielformulierung

Anna-Lisa Werner

Kurz und knapp

Dieser Beitrag zeigt praktische Tools, die helfen, Ziele so zu formulieren, dass sie auch tatsächlich umsetzbar sind.

Ziele und Effekte

- Hilfestellung, Ziele so zu formulieren, dass sie realistisch umgesetzt werden können
- längerfristige Motivation und Vertrauensgewinn in die eigenen Leistungen und Fähigkeiten durch das Formulieren von tatsächlich erreichbaren Zielen

Hintergrund und Beschreibung

Jeder kennt die Situation: Ob im Beruf, in der Freizeit oder in der Familie, in jedem Bereich ist man täglich mit einer Vielzahl von Aufgaben, Terminen oder unvorhergesehenen Herausforderungen konfrontiert, die es länger- oder kurzfristig zu erledigen gilt. Oftmals fällt es jedoch schwer, unsere Energien und Fähigkeiten so zu bündeln, dass das Vorgenommene auch tatsächlich erreicht werden kann. Wer kennt nicht die guten Silvestervorsätze, die dann im Laufe des Jahres verloren gehen? Besonders Pläne, die die eigene Gesundheit betreffen – endlich mehr Sport machen, endlich mit dem Rauchen aufhören und Ähnliches –, gehen im Alltag häufig unter.

Tools zur Zielformulierung helfen dabei, anhand verschiedener Kriterien Gruppen- oder Einzelziele so zu formulieren, dass diese sich präzise, realistisch und aktivierend gestalten, in einem klar vorgegebenen Zeitrahmen erreicht werden können und sich die Leistung anschließend überprüfen lässt.

Es gibt verschiedene Instrumente, die bei der Zielformulierung helfen und in Workshops und Einzelcoaching verwendet werden. Eine der anschaulichsten Methoden, mit der sich in der Praxis gut arbeiten lässt, ist die sogenannte SMART-Methode.

Wie funktioniert die SMART-Methode?

Bei der SMART-Methode (engl. für schlau, clever) werden fünf Kriterien herangezogen, anhand derer ein Ziel klar formuliert und seine Umsetzung später überprüft werden kann. Die Methode kann sowohl für die Festlegung und anschließende Überprüfung persönlicher Ziele als auch für Gruppen- oder Projektziele verwendet werden. Wichtig ist nur, dass alle fünf Kriterien bei der Zielformulierung mit einbezogen werden. Demnach sollten Ziele so formuliert werden, dass sie

- spezifisch,
- messbar,
- attraktiv,
- realistisch und
- terminierbar sind.

Spezifisch Das angestrebte Ziel sollte eindeutig, konkret und positiv formuliert werden. Das heißt, dass alle Beteiligten die gleiche präzise Vorstellung davon haben sollen, welche positive Veränderung mit dem Erreichen des Ziels eintreten soll.

Messbar Das Ziel sollte so formuliert sein, dass später objektiv überprüft werden kann, ob es erreicht wurde oder nicht. Allerdings ist nicht jedes Ziel in Zahlen messbar, weshalb bei der Formulierung des Ziels auch gleichzeitig der Indikator festgelegt werden sollte, mithilfe dessen der Erfolg gemessen werden kann.

Attraktiv Das Ziel muss so gestaltet sein, dass es für die Person emotional attraktiv ist, also mit positiven Gefühlen besetzt werden kann. Setzt man sich beispielsweise zum Ziel, durch mehr Sport zwei Kilo abzunehmen, kann man mit dem Ziel positive Gefühle wie gesteigertes Selbstbewusstsein, körperliches Wohlbefinden und bessere Fitness assoziieren. Bei Gruppen sollte an dieser Stelle beachtet werden, dass sich alle Beteiligten mit dem angestrebten Ziel identifizieren können und das Erreichen des Ziels als erstrebenswert betrachten. Denn oftmals sind vielfältige Anstrengungen und Herausforderungen notwendig, um ans Ziel zu gelangen. Dies funktioniert nur, wenn alle Gruppenmitglieder erfolgreich zur Beteiligung motiviert werden können. Zur besseren Annäherung an das vergleichsweise »weiche« Kriterium der Attraktivität kann auch danach gefragt werden, ob das Ziel so formuliert ist, dass es »aktivierend«, »anspruchsvoll«, »akzeptabel« oder »aktionsorientiert« wirkt.

Realistisch Trotz Motivation und Ehrgeiz im Vorfeld sollte das Ziel realistisch erreichbar sein. Das bedeutet, dass das Ziel mit den vorhandenen Ressourcen und den persönlichen Kompetenzen im vorgegebenen Zeitrahmen zu erreichen ist. Im besten Fall besteht schon von vornherein eine klare Vorstellung, wie, mit welchem Aufwand und Mitteln es erreicht werden kann. Realistisch bedeutet jedoch nicht, dass das angestrebte Ziel nicht anspruchsvoll sein darf. Vielmehr muss schon bei der Zielsetzung abgewogen werden, was den Einzelnen beziehungsweise die Gruppe fordert und ab wann Überforderung eintreten kann.

Terminierbar Bei der Zielsetzung sollte ein genauer Zeitpunkt festgelegt werden, bis wann das Ziel erreicht werden soll. Nur so lässt sich später überprüfen, ob das Vorhaben erfolgreich erfüllt wurde. Zudem wirkt ein realistischer, aber klar festgelegter Zeitrahmen aktivierend für alle Beteiligten.

Anwendung in Gruppen und Teams

Für den Erfolg von Teams ist eine klare Zielsetzung das A und O. Ein Tool wie die SMART-Methode kann dabei helfen, die Zieldefinition noch präziser und erfolgreicher zu gestalten.

Ziele SMART formulieren

Vorbereitung

Die SMART-Kriterien auf einem Flipchart vorbereiten:

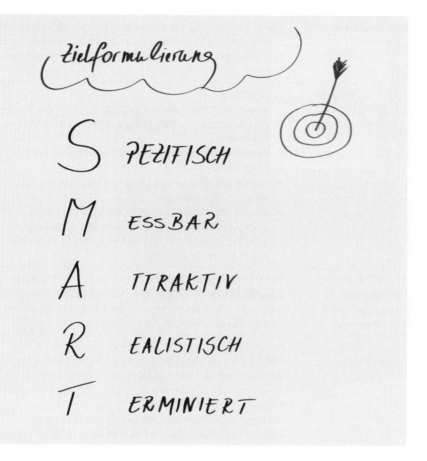

Durchführung

Der Trainer stellt die SMART-Methode vor und erklärt die fünf Kriterien. Anschließend werden im Plenum mögliche Gruppenziele besprochen und abgestimmt. Danach gehen die Teilnehmer in Kleingruppen (drei bis vier Personen) zusammen und formulieren gemeinsam ein Ziel anhand der SMART-Methode. Im Anschluss stellen die Kleingruppen ihre Ziele im Plenum zur Diskussion. Kann die Formulierung noch optimiert werden? Erfüllt sie alle SMART-Kriterien?

■ Kriterium	■ Beschreibung	■ Beispiel
Spezifisch	So genau wie möglich beschreiben, was man erreichen will.	Wir (die fünf Mitarbeiter der Abteilung X des Unternehmens) möchten ab sofort (Datum) drei Monate lang einmal die Woche in der Unternehmensküche zusammen frisch und gesund kochen und anschließend gemeinsam essen.
Messbar	Anhand welcher Kriterien kann man überprüfen, ob man das Ziel erreicht hat?	Überprüfung: ■ Wurde im vorgegebenen Zeitrahmen jede Woche an einem beliebigen Arbeitstag zusammen gekocht und gegessen? ■ Wurde das Essen frisch zubereitet mit gesunden Produkten? ■ Haben alle Mitarbeiter, die an diesem Tag vor Ort waren, teilgenommen? ■ Wurde das Wochenziel erreicht, kann dies zum Beispiel mit Smileys in einen Kalender eingetragen werden, damit am Ende der Erfolg des Gesamtziels eingeschätzt werden kann.
Attraktiv	Will man das Ziel wirklich erreichen? Erscheint es angemessen, ausführbar, anspruchsvoll genug?	Die Erreichung des Ziels ist für das ganze Team attraktiv, da alle Mitarbeiter sich in ihrer Mittagspause längerfristig gesünder ernähren wollen und Kontakte mit ihren Kollegen vertiefen, anstatt allein zu essen.
Realistisch	Ist es praktisch möglich das Ziel zu erreichen?	Es ist praktisch möglich, da eine Küche und ein Aufenthaltsraum vorhanden sind und eine Stunde Mittagspause gemacht werden kann. Zudem sprechen sich die Mitarbeiter ab, wer an welchen Tagen für das Team gesunde Lebensmittel einkauft. Da nicht jeden Tag alle Mitarbeiter gleichzeitig und gleich lange Mittagspause machen können, ist es realistisch sich das gemeinsame Essen vorerst einmal die Woche vorzunehmen.
Terminierbar	Bis wann konkret will man das Ziel erreicht haben?	Das Ziel soll vorerst bis in drei Monaten terminiert werden, damit die Zeitspanne nicht unrealistisch groß erscheint.

Anwendung im Einzelcoaching

Im Einzelcoaching ist eine klare Zielformulierung zu Beginn des Coachingprozesses von großer Wichtigkeit. Oft sind Ziele zu Beginn zu weit gefasst. Dann gilt es, gemeinsam mit dem Coachee eine Zieldefinition zu erarbeiten, die dem jeweiligen Anliegen am besten entspricht und mit der sich der Coachee wohlfühlt. Die SMART-Methode kann dem Coachee bei der Zielformulierung eine Hilfestellung bieten.

Kommt ein Coachee beispielsweise mit dem vagen Wunsch ins Coaching, dass er sich »beruflich verändern« möchte, so kann daraus mithilfe der SMART-Formel werden: »Bis zum Ende dieses Jahres habe ich meine Bewerbungsunterlagen auf Stand gebracht und mich auf zehn Stellen, die mich interessieren, beworben.« Dieses Ziel wird am besten auf einem Flipchart festgehalten und eventuell mit einer Visualisierung versehen:

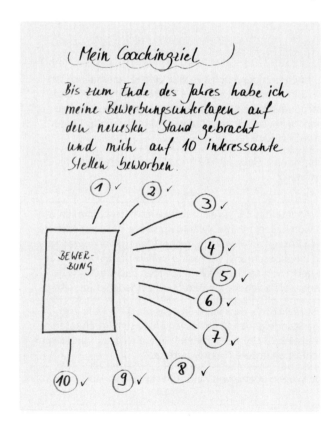

So kann im Laufe des Coachingprozesses immer wieder darauf zurückgegriffen werden. Auch das sinnvolle Formulieren von Zwischenzielen hängt von einem griffigen Coachingziel ab – in diesem Fall wären denkbare Zwischenziele, die jeweils wieder mit Terminen versehen werden: Lebenslauf überarbeiten, Fotos machen lassen, Zeugnisse zusammenstellen, Mappen kaufen, Stellen recherchieren, an Jobportalen anmelden und so weiter.

Ziele im Coaching SMART formulieren

Vorbereitung
SMART-Kriterien auf einem Flipchart notieren.

Durchführung
Der Coach stellt dem Coachee die SMART-Methode vor und erklärt die fünf Kriterien. Anschließend formuliert der Coachee mithilfe des SMART-Rasters ein Ziel.

Beispiel eines SMARTen-Ziels im Einzelcoaching

▪ Kriterium	▪ Beschreibung	▪ Beispiel
Spezifisch	So genau wie möglich beschreiben, was man erreichen will	Ich möchte in den nächsten vier Wochen einmal pro Woche, und zwar dienstags um 17:30 Uhr, zur Yoga-Stunde gehen, um meine Rückenmuskulatur zu stärken und zu entspannen, besser zu schlafen und mich wieder körperlich wohlzufühlen.
Messbar	Anhand welcher Kriterien kann man überprüfen, ob man das Ziel erreicht hat?	Überprüfung: Habe ich die Yoga-Stunde einmal pro Woche absolviert?
Attraktiv	Will man das Ziel wirklich erreichen? Erscheint es angemessen, ausführbar, anspruchsvoll genug?	Ich möchte das Ziel erreichen, weil ich mich körperlich wieder wohlfühlen möchte. Außerdem strebe ich einen schmerzfreien Rücken an, damit ich meine Arbeit gut erledigen kann und uneingeschränkt für meine Familie da sein kann. Das steigert mein tägliches Wohlbefinden und macht mich wieder selbstsicherer im Beruf und zufriedener im Alltag.
Realistisch	Ist es praktisch möglich das Ziel zu erreichen?	Es ist realistisch, dass ich dienstags um 17:30 Uhr zur Yoga-Stunde gehen kann, da ich an diesem Wochentag nur bis 16:30 Uhr im Büro bin und mein Partner an diesem Nachmittag unsere Tochter betreut.
Terminierbar	Bis wann konkret will man das Ziel erreicht haben?	Jede Woche über einen Zeitraum von einem Monat.

Alternatives Tool zur Zielformulierung: Zieldefinition mit dem ZIEL-Schema (nach Bischof/Bischof)

Eine Alternative zur SMARTen-Zieldefinition stellt das ZIEL-Schema (nach Bischof/Bischof 2009) dar.

Z	Zweck	Aus welchem Grund möchte ich das Ziel erreichen? Was habe ich persönlich davon?
I	Inhalt	Was benötige ich zum Erreichen meines Ziels? Kompetenzen, Voraussetzungen, Eigeninitiative, andere Personen, Methoden, bestimmte Vorgehensweisen ...
E	Ergebnis	Habe ich mein Ziel erreicht? Was habe ich erreicht? (Überprüfung anhand von objektiven Kriterien, siehe »messbar«)
L	Länge	Welchen Zeitrahmen lege ich für die Erreichung fest?

Das folgende Beispiel zeigt die Zielformulierung mithilfe des ZIEL-Schemas in Bezug auf Mitarbeitergesundheit.

Z	Zweck	Ich möchte mich an jedem Wochentag (vor, nach, während der Arbeit oder in der Mittagspause) mindestens 30 Minuten bewegen. Ich möchte dieses Ziel erreichen, damit ich mich besser entspanne und dauerhaft gesund bleibe.
I	Inhalt	Zur Erreichung meines Ziels benötige ich ■ Eigeninitiative und Disziplin ■ Planung und Zeitmanagement (Fahre ich mit dem Fahrrad zur Arbeit? Habe ich in der Mittagspause Zeit spazieren zu gehen? Nehme ich meine Yoga-Matte mit? Gehe ich danach weiter ins Fitnessstudio?) ■ Fahrrad, Laufschuhe, ...
E	Ergebnis	Ich habe mein Ziel erreicht, wenn ich mich jeden Tag unter der Woche mindestens 30 Minuten bewegt habe. Für jeden Tag, an dem ich mein Ziel erreicht habe, mache ich mir eine Markierung zum Beispiel im Kalender.
L	Länge	Ich lege zunächst einen Zeitrahmen von einem Monat fest.

Literatur und Internet

Bischof, Anita/Bischof, Klaus (2009): *Selbstmanagement*. 6. Auflage. München: Rudolf Haufe.

Doran, George T. (1981): *There's a S.M.A.R.T. way to write management's goals and objectives*. In: Management Review. Volume 70. Issue 11 (AMA FORUM). S. 35–36.

http://www.projektmanagementhandbuch.de/projektinitiierung/zieldefinition

Alles in Balance, oder? –
Übungen zur Life-Balance

Katja Cordts-Sanzenbacher

Kurz und knapp

Mithilfe der vorgestellten Tools können Coachingklienten oder Trainingsteilnehmer einschätzen, wie es um ihre Lebensbalance bestellt ist. Aus den Ergebnissen lassen sich dann Ziele für die einzelnen Lebensbereiche ableiten, die wiederum im Training oder im Einzelcoaching weiterverfolgt werden können.

Ziele und Effekte

- Bewusstsein dafür schaffen, dass ein ausgewogenes Leben für Gesundheit und Zufriedenheit wichtig ist
- Reflektieren, welche Lebensbereiche wichtig sind
- Einschätzen, wie viel Energie und Zeit in die einzelnen Lebensbereiche im Moment investiert wird
- Zufriedenheit mit der aktuellen Situation bewerten
- Ziele für »vernachlässigte« Lebensbereiche formulieren

Hintergrund und Beschreibung

Der klinische Psychologe Nossrat Peseschkian hat untersucht, was Menschen gesund und zufrieden hält, und dabei herausgefunden, dass dafür ein ausgewogenes Leben besonders wichtig ist. Ausgewogen heißt dabei, dass verschiedene Lebensbereiche annähernd gleichwertig zum Tragen kommen. Diese Idee findet sich im sogenannten »Work-Life-Balance«-Konzept wieder, das für ein ausgewogenes Verhältnis zwischen Arbeit und den anderen Lebensbereichen plädiert. Aufgrund der immer höher werdenden Anforderungen im Arbeitsleben und den damit verbundenen steigenden Zahlen an Burnout-Betroffenen hat das Thema Work-Life-Balance in den letzten Jahren enorm an Bedeutung gewonnen und es sind zahlreiche Coachingtools dazu entwickelt worden. (Anmerkung: Obwohl der Begriff »Work-Life-Balance« sehr verbreitet ist, finde ich den Begriff nicht wirklich treffend, da er impliziert, dass Arbeit kein Leben ist. Für viele Menschen erfüllt die Arbeit aber nicht nur den Zweck, das Geld für das »echte« Leben zu verdienen, sondern sie bietet im Idealfall auch Möglichkeiten für soziale Kontakte, zur persönlichen Weiterentwicklung und zur beruflichen Identifikation. Aus diesem Grund bevorzuge ich die Begriffe »Life-Balance« oder »Lebensbalance«, wenn ich mit Klienten oder Trainingsteilnehmern an diesem Thema arbeite.)

Die meisten Coachingstools gehen auf die Erkenntnisse von Peseschkian zurück. Zwei der wichtigsten – das Modell der Lebensbereiche nach Lothar Seiwert und die Säulen der Identität nach Hilarion G. Petzold – werden im Folgenden beschrieben.

Das Modell der Lebensbereiche nach Seiwert

Lothar Seiwert galt sehr lange als der »Zeitmanagementpapst« und hat in zahlreichen Büchern Rezepte zum effektiveren Umgang mit der Zeit erfolgreich vermarktet. Mit der wachsenden Erkenntnis, dass ein perfekt gepflegter Terminplan allein nicht der Schlüssel zum (beruflichen) Glück ist, hat er zunehmend auch das Thema Lebenssinn in den Fokus genommen. Denn ohne Idee davon, was einem wirklich wichtig ist und wo es mit dem eigenen Leben hingehen soll, sind auch sinnvolle Ziele, Prioritäten und Zeitpläne nicht möglich. Im Zuge dessen hat Seiwert auf der Basis der Erkenntnisse Peseschkians sein Modell der Lebensbalance entwickelt, das folgende Lebensbereiche umfasst: Arbeit und Leistung, soziale Kontakte, Körper und Gesundheit, Sinn und Werte.

Sinn und Werte Der Lebensbereich »Sinn und Werte« umfasst Themen wie Lebensinn und die persönliche Lebensvision, individuelle Werte, Spiritualität und Religion, aber auch Lernen und persönliche Weiterentwicklung. Diesem Bereich kommt eine besondere Bedeutung zu, da von ihm die anderen Lebensbereiche in gewisser Weise abhängen. Ein buddhistischer Mönch wird andere Anforderungen an die Bereiche »Arbeit und Leistung« oder »Soziale Kontakte« stellen als jemand, dessen Lebensvision es ist, zu den zehn bestbezahlten Managern Deutschlands zu gehören.

Arbeit und Leistung Der Lebensbereich »Arbeit und Leistung« spricht für sich: Hierunter fällt alles, was mit beruflichen oder leistungsbezogenen Tätigkeiten zu tun hat. Dazu gehören bei jungen Menschen auch die Schule oder das Studium.

Soziale Kontakte Der Lebensbereich »Soziale Kontakte« beinhaltet sämtliche Beziehungen zu anderen Menschen: von der Ursprungsfamilie über den

Partner beziehungsweise die Partnerin und die eigenen Kinder bis hin zu Freundschaften, Bekanntschaften oder Vereinskollegen.

Körper und Gesundheit Der Lebensbereich »Körper und Gesundheit« ist schließlich in Trainings oder Coachings zum Thema Gesundheit besonders relevant, denn Gesundheit stellt die Voraussetzung für ein zufriedenes Leben dar und wird gleichzeitig von einem ausgewogenen Leben positiv beeinflusst. Hier wird erneut deutlich, dass Gesundheit kein statischer Zustand ist, sondern etwas, das in einem aktiven Prozess immer wieder hergestellt werden muss. Dementsprechend umfasst dieser Lebensbereich alle Aktivitäten, die zur körperlichen und seelischen Gesundheit beitragen: ausgewogene Ernährung, Bewegung und Sport sowie Entspannung, Erholung und Schlaf.

Die fünf Säulen der Identität nach Petzold

Der Gestaltpsychologe Hilarion G. Petzold postuliert in seinem Fünf-Säulen-Modell, dass sich unsere Identität aus Erfahrungen und Bewertungen fünf verschiedener Lebensbereichen bildet:

- Leiblichkeit
- soziales Netzwerk
- Arbeit, Leistung, Freizeit
- materielle Güter und Sicherheiten
- Werte

Versinnbildlicht man diese Vorstellung in einem Modell, ruht die Identität auf fünf Säulen (den genannten Lebensbereichen):

IDENTITÄT

LEIBLICHKEIT · SOZIALES NETZWERK · ARBEIT, LEISTUNG, FREIZEIT · MATERIELLE GÜTER UND SICHERHEITEN · WERTE

Schon auf den ersten Blick wird deutlich, dass sich die beiden Modelle stark ähneln. Unterschiede bestehen in der Benennung der Lebensbereiche sowie im Fokus auf die Identität bei Petzold. Zudem gibt es bei Petzold einen zusätzlichen Bereich »materielle Sicherheiten«. Dieser ist bei Seiwert im Bereich »Arbeit und Leistung« implizit enthalten. Für diese Vorgehensweise spricht die Tatsache, dass die materielle Sicherheit tatsächlich häufig mit der beruflichen Tätigkeit zusammenhängt. Für ein explizites »Ausgliedern« dieses Bereichs sprechen die Tatsachen, dass es auch finanziell unabhängige Menschen gibt, die wenig arbeiten müssen oder wollen und dass die materielle Sicherheit für viele Menschen ein extremer Einflussfaktor auf Gesundheit und Zufriedenheit darstellt. Dies gilt insbesondere in wirtschaftlich schwierigen Zeiten und für selbstständig tätige Menschen.

Letztere sind eine wichtige Zielgruppe im Einzelcoaching, weshalb ich dort gern mit dem Säulenmodell arbeite. Das Modell von Seiwert eignet sich aufgrund der klaren Struktur und der geringeren Materialanforderung hingegen besonders gut als Trainingsmethode. Daher beschreibe ich die Anwendung des Modells von Seiwert im Trainingseinsatz und das Säulenmodell als Tool im Einzelcoaching. Grundsätzlich lassen sich beide Methoden aber auch im jeweils anderen Setting verwenden.

Anwendung in Gruppen und Teams

Im Folgenden wird beschrieben, wie man das Seiwert-Modell – insbesondere in Trainings zu den Themen Gesundheit, Selbst-, Zeit- oder Stressmanagement – zur Einschätzung der aktuellen Life-Balance einsetzen kann.

Das Modell der Lebensbereiche nach Seiwert

Vorbereitung

- leeres Modell (Kreis, der in vier Viertel eingeteilt ist) an Pinnwand anheften und abdecken
- runde Moderationskarten bereithalten
- Fragen zu den einzelnen Lebensbereichen auf einen Flipchartbogen schreiben oder als PowerPoint-Präsentation vorbereiten, eventuell auch Handouts bereithalten

Durchführung

Thematisch steige ich gern ein, indem ich ins Plenum frage, was nach Meinung der Teilnehmer zu einem ausgefüllten Leben dazugehört. Jeder Teilnehmer soll die für ihn wichtigen Punkte auf Moderationskarten (pro Punkt eine Karte) aufschreiben und diese an eine Seite der Pinnwand heften. Nachdem die Teilnehmer ihre »Lebensbestandteile« gesammelt haben, wird gemeinsam erarbeitet, welche sich ähneln beziehungsweise was zusammengehört.

Dabei wird meist deutlich, dass es verschiedene Bereiche gibt, die allen Teilnehmern wichtig sind und andere Bereiche hingegen vielleicht nur für einzelne Teilnehmer Bedeutung haben. Häufig kristallisieren sich hier bereits die Bereiche heraus, die Seiwert in seinem Modell darstellt.

Anschließend mache ich als Trainerin das leere Modell auf der anderen Seite des Flipcharts sichtbar und lasse die Teilnehmer vermuten, um welche vier Bereiche es sich handeln könnte. Meist sind die Bereiche »Arbeit und Leistung« und »Soziale Kontakte« schnell gefunden und mit Inhalt gefüllt. Auch auf Körper und Gesundheit mit den entsprechenden Inhalten kommen die Teilnehmer recht schnell. Lediglich der Bereich Sinn und Werte liegt vielen Teilnehmern nicht so nahe und es bedarf einer gewissen Erklärung beziehungsweise Diskussion, was darunter zu verstehen und warum dieser wichtig ist.

Je nach den zeitlichen Möglichkeiten können im Anschluss die zuvor auf den Moderationskarten gesammelten Punkte in die jeweiligen Bereiche einsortiert werden. Dabei (oder spätestens bei der Einschätzung der eigenen Lebensbalance, die danach erfolgt) wird meist deutlich, dass die Bereiche nicht trennscharf sind. Hier sollte man als Trainer darauf hinweisen, dass die Trennung in diese Bereiche für die Reflexion eines ausgewogenen Lebens trotzdem hilfreich sein kann, weil sie eine genauere Analyse ermöglicht. Außerdem ist es wichtig, zu betonen, dass eine gleichmäßige Verteilung wie in der Idealform des Modells kaum erreichbar ist und die Verteilung je nach Lebensphase sehr unterschiedlich ausfallen kann.

Nach diesen Erläuterungen erhält jeder Teilnehmer eine runde Moderationskarte mit der Aufgabe, diese wie einen Kuchen in verschieden große Stücke einzuteilen, die jeweils die beschriebenen Lebensbereiche repräsentieren. Als Hilfestellung werden den Teilnehmern dabei folgende Fragen als Handout (Download unter www.beltz. de, direkt beim Buch) zur Verfügung gestellt:

Fragen zur Selbsteinschätzung – mein »Lebenskuchen«

- Wie viel Prozent Ihrer aktiven Zeit, Ihrer Energie und Priorität widmen Sie dem Bereich Arbeit und Leistung? Betrügen Sie sich hier nicht selbst, sondern rechnen Sie zu Ihrer wöchentlichen regulären Arbeitszeit An- und Abreisen hinzu. Ja, bitte auch die Zeit, die Sie zu Hause noch mit beruflichen Telefonaten und E-Mails verbringen. Gleiches gilt für Geschäftsessen und Einladungen zu Kundenevents oder ähnliche arbeitsbezogene Veranstaltungen. Wenn Sie all dies berücksichtigen, wie groß ist das Arbeitsstück Ihres Lebenskuchens?
- Wie viel Prozent investieren Sie in den Bereich Körper und Gesundheit? Was tun Sie tatsächlich für sich? Rechnen Sie hier die Zeiten für Sport oder Spaziergänge und für bewusste Entspannung zusammen. Wie steht es um Ihre Ernährung? Versorgen Sie Ihren Körper mit schneller, aber minderwertiger Energie durch Fastfood, weil die Zeit knapp ist? Oder legen Sie Wert auf gesunde Ernährung, die frisch zubereitet ist – vielleicht sogar von Ihnen selbst? Schreiben Sie alles auf und schätzen Sie den Anteil, den Ihre Gesundheit an Ihrem Lebenskuchen (der in diesem Fall natürlich mit Vollkornmehl und Bio-Agavendicksaft gebacken ist) hat.
- Wie viel Prozent widmen Sie dem Bereich Familie und soziale Beziehungen (außerhalb der Arbeit)? Wie viel Energie und Zeit nutzen Sie dafür, die Beziehungen zu pflegen, die Ihnen wichtig sind? Welche gemeinsamen Aktivitäten unternehmen Sie mit Ihrer Partnerin, Ihrem Partner? Wann und wie oft sind Sie mit voller Aufmerksamkeit mit Ihren Kindern zusammen? Wie ist der Kontakt zu Ihren eigenen Eltern, zu Geschwistern und anderen Verwandten? Wie oft treffen Sie sich mit Freunden? Notieren Sie alle Beziehungspartner, Anlässe und die Zeit, die Sie mit ihnen verbringen. Wie groß ist das Kuchenstück, das für die Familie, Freunde und Bekannte steht?

- Zu wie viel Prozent beschäftigen Sie sich mit dem Bereich Sinn und Werte? Worin sehen Sie den Sinn Ihres Lebens? Beschäftigen Sie sich mit religiösen oder philosophischen Fragen? Haben Sie eine Vision für Ihre Zukunft, die Sie sich ins Gedächtnis rufen können, wenn Sie eine wichtige Entscheidung treffen? Setzen Sie sich regelmäßig Ziele, die Sie sich im Alltag immer wieder bewusst machen? Was tun Sie für Ihre eigene fachliche oder persönliche Weiterentwicklung? Schätzen Sie auch hier, wie groß dieses Kuchenstück in Ihrem Leben ausfällt.

Hat jeder Teilnehmer seinen »Lebenskuchen« erstellt, werden die Ergebnisse verglichen und diskutiert. Dies kann je nach Gruppengröße in der Kleingruppe oder im Plenum erfolgen. Auch hier sind Fragen hilfreich:

- Welche Bereiche fallen besonders groß aus?
- Was sind die Gründe dafür?
- Welche Bereiche sind eher vernachlässigt oder vielleicht sogar gar nicht vorhanden?
- Worauf ist dies zurückzuführen?
- Was tue ich schon für die eher schwach ausgeprägten Bereiche?
- Was könnte ich noch tun, um diese Bereiche zu stärken?
- Welche Aktivitäten möchte ich verstärkt in Angriff nehmen?
- Welche Aktivitäten sollten dafür in den Hintergrund treten?

An diese Reflexion lassen sich wunderbar Zielformulierungen in den verschiedenen Lebensbereichen anschließen.

Gerade in Seminaren, bei denen das Thema Gesundheit einen Schwerpunkt darstellt, bietet sich natürlich an, intensiver am Bereich »Körper und Gesundheit« zu arbeiten. Beispielsweise kann jeder Teilnehmer ein konkretes Ziel formulieren und – je nach den zeitlichen Möglichkeiten – auch einzelne Schritte festlegen, die nötig sind, um dieses Ziel zu erreichen. Dabei sollten die Prinzipien der Zielformulierung berücksichtig werden (s. S. 176).

Anwendung im Einzelcoaching

Wie bereits ausgeführt, verwende ich für das Thema Life-Balance im Einzelcoaching meist das Fünf-Säulen-Modell von Petzold, da es den Bereich »Materielle Güter und Sicherheiten« separat berücksichtigt und durch die Symbolik der Säulen eine noch intensivere Arbeit ermöglicht.

Das Fünf-Säulen-Modell von Petzold

Vorbereitung

- Modell am Flipchart aufzeichnen
- eventuell Bauklötze bereithalten
- Fragen zu den einzelnen Säulen zusammenstellen

Durchführung

Besonders für Coachingklienten, die sehr viel arbeiten, ist die Arbeit mit einem Lebensbalance-Modell meist sehr wirkungsvoll. Als Einstieg eignet sich die Einführung in das Säulenmodell nach Petzold mithilfe von Bauklötzen. Mit diesen lässt sich das Modell wunderbar nachbauen – und sehr schön demonstrieren, wie stabil ein Dach mit fünf gleich dicken Säulen steht und was passiert, wenn das Dach nur auf einer Säule wie zum Beispiel der Arbeit stehen soll. Das Dach kann hierbei – wie bei Petzold – die Identität symbolisieren, aber auch (je nach Coachingziel beziehungsweise -thema) die allgemeine Lebenszufriedenheit, Erfolg oder ganzheitliche Gesundheit.

Zudem erläutere ich dem Klienten das Modell mithilfe einer Abbildung auf einem Flipchart, das ich vorbereitet habe (entsprechend der Illustration auf Seite 188). Wir gehen gemeinsam durch, was unter den einzelnen Bereichen zu verstehen ist beziehungsweise was dazu gehört. Dazu nehme ich die genannten Fragen zu Hilfe (s. S. 190). In Bezug auf die materielle Sicherheit ergänze ich diese durch folgende Fragen:

- Was brauchen Sie, um materiell abgesichert zu sein?
- Was gehört für Sie dazu (liquide Mittel, Geldanlagen, Immobilien, Altersvorsorge und so weiter)?
- Wenn Sie dies berücksichtigen, wie gut sind Sie finanziell abgesichert?
- Auf welche Unterstützung könnten Sie zurückgreifen, wenn Sie in finanzielle Schwierigkeiten kommen?
- Was ließe sich veräußern?
- Was brauchen Sie wirklich zum Leben?
- Wie gut *fühlen* Sie sich abgesichert?
- Was bedeutet für Sie der Begriff Sicherheit?
- Was müsste passieren, damit Sie sich materiell sicher fühlen?

Anschließend bitte ich den Klienten, sein momentanes Säulenmodell aufzuzeichnen und dabei die Säulen dicker oder dünner zu malen – je nachdem, wie er den entsprechenden Lebensbereich nach den genannten Reflexionsfragen einschätzt. Danach erfrage ich, wie zufrieden er mit dieser Situation ist und ob beziehungsweise wo er etwas ändern möchte.

In sehr vielen Fällen ist die Arbeitssäule am ausgeprägtesten und eine oder mehrere der anderen Säulen kommen zu kurz. In bestimmten Lebensphasen ist das völlig normal und wenn der Klient sich mit der Situation so wohlfühlt, ist es als Coach nicht meine Aufgabe, ihn eines Besseren zu belehren. Oftmals ist es aber so, dass die plakative Darstellung mithilfe der Säulen dazu führt, dass Klienten bewusst wird, wie viel zu einem ausgefüllten Leben fehlt und dass es fahrlässig ist, sich auf eine Säule zu »verlassen«. Denn wenn diese dann einmal wegbricht (zum Beispiel durch Arbeitsplatzverlust oder den Misserfolg mit dem eigenen Unternehmen), dann stürzt das ganze Leben buchstäblich über einem zusammen. Und meist ist der Klient gerade deshalb im Coaching, weil er an seiner Situation etwas ändern möchte.

Dann bietet es sich an, sich zuerst die schwächste Säule herauszupicken und gemeinsam mit dem Klienten zu überlegen, was getan werden kann, um diese (wieder) zu stärken. Es kann aber durchaus sein, dass es bei einer starken Säule Verbesserungsbedarf gibt, weil sie sehr viel Zeit und Energie kostet, aber wenig Zufriedenheit bringt. Generell kann mithilfe folgender Fragen an den einzelnen Lebensbereichen gearbeitet werden:

- Was gehört für mich persönlich zu diesem Lebensbereich dazu?
- Welche Aktivitäten möchte ich in diesem Bereich verstärken?
- Was möchte ich in diesem Bereich ausprobieren?
- Was tut mir gut? Wie kann ich das verstärken?
- Was zieht Energie? Wie kann ich das vermeiden?
- Auf was möchte ich in diesem Lebensbereich gern verzichten?
- Welche Schritte sind notwendig, um meine Ziele in diesem Bereich zu erreichen?
- Was nehme ich mir ganz konkret für die nächsten vier Wochen vor?

Dabei macht es meiner Erfahrung nach Sinn, in Anlehnung an die genannten Fragen zu den einzelnen Lebensbereichen bestimmte Kategorien »abzuarbeiten«, weil sie dem Klienten sonst gar nicht in den Sinn kommen beziehungsweise die Gefahr besteht, in alten Mustern zu verharren. Nehmen wir den Bereich Körper und Gesundheit als Beispiel. Hier könnte man mit dem Thema Ernährung anfangen und folgende Fragen mit dem Klienten besprechen:

- Zu welchen Anlässen essen Sie?

- Wann essen Sie, obwohl Sie keinen Hunger haben?
- Was könnten Sie stattdessen tun?
- Was ist Ihr Lieblingsessen?
- Wie häufig essen Sie das?
- Wie sehen Ihre Ernährungsgewohnheiten aus und woher kommen sie?
- Wie ernähren Sie sich während der Arbeitswoche und am Wochenende?
- Welche Lebensmittel tun Ihnen – kurzfristig und langfristig – gut, welche weniger?

- Was bedeutet gesunde Ernährung für Sie?
- Was würden Sie gern an Ihrer Ernährungsweise ändern?
- Wie können Sie das konkret umsetzen?
- Wer kann Sie dabei unterstützen?
- Was könnte Ihnen ihm Weg stehen? Was könnten Sie dagegen tun?
- Was würde sich durch eine gesündere Ernährung ändern?

Es geht hier nicht darum, dem Klienten eine Ernährungsphilosophie aufzudrängen, sondern mit ihm gemeinsam zu schauen, wo Möglichkeiten sind, auf einfache Weise Dinge zum Besseren zu verändern. Manchmal reicht es schon, das Lieblingsessen »Nudeln mit Bolognesesoße« ein wenig abzuwandeln, um mehr Gesundheit in die Ernährung zu bringen: Vollkornnudeln statt weißer Nudeln, mageres Fleisch oder Tofu statt Schweinehack, frische Tomaten statt Dosentomaten und ein paar Gemüsesticks dazu – und fertig ist das Leibgericht, das nicht nur mindestens genauso gut schmeckt, sondern auch noch mit gutem Gewissen gegessen werden kann. Auch regelmäßig zu frühstücken oder in häufigeren, kleineren Mahlzeiten zu essen, kann enorme Effekte haben. Hier gilt es auszuprobieren und die Lust an der Veränderung zu wecken.

Der Körper braucht Energie in Form von Nahrung, wenn er funktionieren soll. Wer aber mehr Energie zu sich nimmt als er (ver)braucht, wird auf Dauer an Gewicht zulegen. Dies ist übrigens die einzige wirklich wirksame Diätformel:

Energiezufuhr > Energieverbrauch = Gewichtszunahme
Energieverbrauch > Energiezufuhr = Gewichtsabnahme

Alle anderen Weisheiten zum Thema Abnehmen sind unbewiesen – auch wenn sie von ihren Vertretern religionsartig als Allheilmittel angepriesen werden. Wer also Gewicht verlieren (oder zumindest nicht zunehmen) möchte, der kann dies entweder über weniger Essen oder durch mehr Bewegung erreichen. Konsequenterweise wird als Nächstes der Bereich Bewegung »abgeklopft«:
- Wie häufig bewegen Sie sich im Arbeitsalltag?
- Wie könnten Sie mehr Bewegug dort hineinbringen?
- Wie legen Sie den Weg zur Arbeit zurück?
- Was tun Sie in Ihrer Freizeit?
- Welche Rolle spielt Bewegung dabei?
- Was bedeutet für Sie Sport?
- Welche Sportart betreiben Sie?
- Welche Sportart würden Sie gern einmal ausprobieren?
- Welche Sportart haben Sie als Kind gern betrieben?

- Was motiviert Sie, sich beim Sport zu bewegen – Kontakt mit anderen, Leistung bringen, Spielcharakter ...?
- Wie könnten Sie dieses Motiv nutzen, um sich mehr zu bewegen?
- Welche Sportart könnte diese Bedürfnisse erfüllen?

Auch hier soll nicht aus jedem Klienten ein Leistungssportler gemacht, sondern buchstäblich Schritt für Schritt mehr Bewegung ins Leben gebracht werden, weil Bewegen einfach guttut und nachweislich zufrieden stimmt (zumindest hinterher). Der Mensch ist fürs Bewegen gemacht, denn körperlich unterscheiden wir uns nicht von unseren Vorfahren, die sich intensiv bewegt haben – egal, ob sie um ihr Leben gerannt sind, Essen gejagt oder gesammelt, mit Feinden gekämpft oder Hütten gebaut haben. Von diesem Pensum sind die meisten von uns im (Arbeits-)Alltag meilenweit entfernt. Deshalb ist es umso wichtiger, diesen mit Bewegung anzureichern, so oft es geht.

Das *muss* nicht immer Sport sein. Mal die Treppe nehmen anstelle des Aufzugs, mit dem Fahrrad zur Arbeit anstatt mit dem Auto oder die Einkäufstüten zwischendrin als Bizepstraining »missbrauchen« – all dies kann schon viel bewirken. Aber es *darf* durchaus auch Sport sein. Viele verbinden mit sportlicher Betätigung negative Erfahrungen aus dem Sportunterricht in der Schule oder irgendeiner anderen Zwangsveranstaltung und haben die Einstellung »Ich muss mich bewegen, aber Spaß macht das nicht« stark verinnerlicht. Wenn man diese Muster aufdeckt und mit dem Klienten reflektiert, was ihm guttut und was ihn motiviert, findet sich für jeden eine Sportart, die zu diesen Bedürfnissen passt und die selbstgewählt dann tatsächlich auch Spaß macht.

Wer viel leistet (und sich viel bewegt), muss auch entspannen, wenn Körper und Geist in Balance bleiben sollen. Fernsehen oder Internetsurfen entspannt übrigens nachweislich nicht. Aber es gibt andere Dinge, die entspannungsförderlich sind. Welche Möglichkeiten zur Entspannung der Klient nutzt beziehungsweise nutzen könnte, kann mit diesen Fragen untersucht werden:

- Wie entspannen Sie sich nach einem harten Arbeitstag?
- Was verbinden Sie mit dem Begriff »Entspannung«?
- Was geht Ihnen durch den Kopf, wenn Sie zur Ruhe kommen?
- Welche Entspannungsmethoden kennen Sie?
- Welche davon haben Sie schon einmal ausprobiert?
- Womit konnten beziehungsweise können Sie sich gut entspannen?
- Wann haben Sie sich das letzte Mal wirklich entspannt gefühlt?
- Was war das für eine Situation?
- Was haben Sie getan (oder nicht getan)?
- Wer war dabei?
- Was haben Sie gesehen, gehört, gefühlt?

- Wie viele Stunden schlafen Sie im Schnitt pro Nacht?
- Wie würden Sie die Qualität des Schlafs beurteilen?
- Wie gut können Sie einschlafen?
- Wie sieht es mit dem Durchschlafen aus?
- Wie fühlen Sie sich, wenn Sie morgens aufwachen?

Wie in den anderen Kategorien des Lebensbereichs Körper und Gesundheit gilt auch hier: Die individuellen Bedürfnisse und Möglichkeiten des Klienten sind entscheidend. Was nutzt es, jemanden zum Meditieren zu überreden, wenn er dabei permanent an die Steuererklärung denkt? Möglicherweise gibt es andere Entspannungsmethoden, die besser zu ihm passen, zum Beispiel eine Massage oder das Hören klassischer Musik. Ich persönlich empfinde es in unserer hektischen, durch ständige Ablenkungen geprägten Zeit als sehr hilfreich, Achtsamkeit zu üben. Für mich bedeutet das konkret, im Tun innezuhalten, dreimal tief durchzuatmen und einfach nur wahrzunehmen, was gerade in mir los ist: Was fühle ich in meinem Körper? Wie geht es mir gerade? Diese Methode ist einfach anzuwenden, lässt sich in jeden Tagesablauf integrieren und kostet nicht mehr als ein paar Minuten Zeit. Weiterführende Informationen zum Thema Achtsamkeit als Methode der Gesundheitsförderung finden sich auch im entsprechenden Kapitel in diesem Buch.

Es dürfte klar geworden sein, dass es beim Fünf-Säulen-Modell nicht damit getan ist, eine kleine Zeichnung anzufertigen – und schwupps ist das Leben schon viel ausgeglichener. Die intensive Reflexion nur einer einzigen Säule kann bereits mehrere Coachingsitzungen umfassen. Dazu kommt dann das Formulieren entsprechender Ziele und das konsequente Verfolgen derselben. Deshalb können die hier vorgestellten Modelle nur der Ausgangspunkt für eine weitergehende Arbeit an den Bereichen sein, in denen sich Klienten oder Trainingsteilnehmer weiterentwickeln möchten.

Literatur

Münchhausen, Marco von (2004): *Die vier Säulen der Lebensbalance.* Berlin: Ullstein.

Peseschkian, Nossrat/Peseschkian, Nawid/Peseschkian, Hamid (2003) Erschöpfung und Belastung positiv bewältigen. Stuttgart: *TRIAS.*

Petzold, Hilarion G. (2002): *Biographiearbeit und Identität in Psychotherapie und Heilpädagogik.* Sonderband Integrative Therapie. Paderborn: Junfermann.

Seiwert, Lothar, J./Tracy, Brian (2002): *Life-Leadership.* So bekommen Sie Ihr Leben in Balance. Offenbach: Gabal.

Selbstfürsorge statt Burnout – Tools zur Burnout-Prophylaxe

Katrin Rautter

> **Kurz und knapp**
>
> Den Anfang dieses Kapitels bildet ein Test beziehungsweise eine Selbsteinschätzung, der/die den Teilnehmern hilft, zu verstehen, in welchen stressfördernden Denkmustern sie verhaftet sind und wie diese verändert werden können. Für jedes dieser Denkmuster (Antreiber) hält das Kapitel ein zusätzliches Tool bereit, das noch mehr Anregung zur Veränderung gibt.
>
> **Ziele und Effekte**
>
> Die hier vorgestellten Tools
> - machen stressverschärfende Gedanken bewusst,
> - bieten abgestimmte Strategien, um diese in förderliche Denkmuster umzuwandeln und
> - dienen langfristig der Burnout-Prophylaxe.

Hintergrund und Beschreibung

Der Arbeitsalltag vieler Menschen ist geprägt von immer höheren Anforderungen, die in immer weniger Zeit zu erfüllen sind. Dies setzt viele Menschen unter Stress. Und wenn aus Stress Dauerstress wird, besteht die Gefahr, dass sich ein Burnout-Syndrom entwickelt. Menschen, die davon betroffen sind, fühlen sich ausgebrannt, total erschöpft und mit den Nerven am Ende. Bleibt ein Burnout-Syndrom über längere Zeit unbehandelt, kann sich daraus eine Depression entwickeln.

Die WHO schätzt, dass depressive Erkrankungen bis zum Jahr 2030 weltweit die häufigsten Krankheiten sein werden. Diese Entwicklungen machen deutlich, dass es dringend an der Zeit ist, Berufstätige mit dem notwendigen Wissen im Bereich der Burnout-Prophylaxe auszustatten. Dreh- und Angelpunkt ist hierbei grundlegendes Wissen zum Thema Stressmanagement und Selbstfürsorge.

Dabei ist es wichtig, zunächst zu erkennen, welche individuellen Stressoren vorliegen, bevor man Strategien zum wirksamen Umgang damit entwickeln kann – ganz nach der Devise »Bevor ich meinen Kopf frei bekommen kann, muss ich erst verstehen, was darin vor sich geht«. Wenn Trainingsteilnehmern beziehungsweise Coachingklienten klar ist, was sie in ihrem Denken und Handeln antreibt, können sie dazu ermuntert werden, Veränderungen im Alltag vorzunehmen.

Anwendung in Gruppen und Teams

Die im Folgenden vorgestellten Tools bieten Möglichkeiten, im ersten Schritt den eigenen Umgang mit Stress zu reflektieren und im zweiten Schritt stressverschärfende Gedanken durch förderliche zu ersetzen.

Übung 1: Antreiber identifizieren

Vorbereitung
Fragebogen und Checkliste bereithalten (Download unter www.beltz.de, direkt beim Buch).

Durchführung
Der Trainer erläutert am Anfang dieser Sequenz, dass das *Wie* unseres Denkens einen enormen Einfluss auf unser psychisches Wohlbefinden hat. Dabei gibt es auf der einen Seite förderliche mentale Strategien, aber auf der anderen Seite auch häufig unbewusste, stressverschärfende Denkweisen. Und genau diesen gilt es auf die Schliche zu kommen.
Damit die Teilnehmer eine Vorstellung davon bekommen, welche Denkweisen Stress auslösen können, teilt der Trainer zunächst einmal den Fragebogen aus.
Die Teilnehmer werden gebeten, die Checkliste auszufüllen (Zeitbedarf etwa fünf Minuten). Im Anschluss daran findet ein kurzes Reflexionsgespräch mit folgender Fragestellung im Plenum statt:

- Haben Sie sich in der einen oder anderen Äußerung wiedergefunden?
- Was ist Ihnen beim Ausfüllen durch den Kopf gegangen?

Als Nächstes fragt der Trainer, ob jemand schon einmal etwas vom Konzept der inneren Antreiber aus der Transaktionsanalyse gehört hat. Wenn ja, kann der Teilnehmer sein Wissen in die Gruppe einbringen. Ansonsten erläutert der Trainer, was darunter verstanden wird:

Hinter den inneren Antreibern stehen unbewusste Verhaltensmuster – also automatische Steuerungen, die unser Denken, Fühlen und Verhalten bestimmen. Wir bekommen sie in der Kindheit durch Eltern, Verwandte und andere Bezugspersonen mit auf den Weg. Im Laufe unserer persönlichen Entwicklung sind daraus Motive entstanden, nach denen wir heute handeln. Problematisch wird dies dann, wenn sich aus diesen verinnerlichten Antreibern übersteigerte (An-)Forderungen an uns selbst entwickelt haben – Grundeinstellungen also, deren Erfüllung wir als uneingeschränkt erforderlich einstufen. Die Folgen sind in diesem Fall Denk- und Handlungsmuster, die enormen Stress verursachen können.

Beim Ausfüllen des Fragebogens haben sich die Teilnehmer mit diesen Denkmustern auseinandergesetzt, hinter denen folgende fünf Antreiber beziehungsweise Stressverstärker stehen (Kaluza 2014, S. 74 ff.):

■ Die fünf Stressverstärker

Sei perfekt!
Hinter diesem Antreiber steht das Leistungsmotiv: der Wunsch nach Erfolg und Selbstbestätigung durch gute Leistungen. Ist das Motiv stark ausgeprägt, dann stressen Situationen, die zu Misserfolg und Versagen führen können. Wird das Streben nach Perfektionismus auf alle beruflichen und privaten Bereiche übertragen, sind mögliche Folgen Selbstüberforderung und später die Erschöpfung.

Sei beliebt!
Hinter diesem Antreiber steht das Anerkennungsmotiv: der Wunsch nach Zugehörigkeit, nach Angenommensein und Liebe. Ist das Motiv stark ausgeprägt, dann stressen Situationen, in denen Ablehnung, Kritik und Zurückweisung drohen. Um dies zu vermeiden, werden dann die eigenen Interessen zurückgestellt und versucht, es allen recht zu machen. Wer zu oft die eigenen Grenzen nicht aufzeigt und »Ja« sagt, wenn »Nein« gemeint ist, überfordert sich und ist stark Burnout-gefährdet.

Sei stark!
Hinter diesem Antreiber steht das Autonomiemotiv: der Wunsch nach persönlicher Unabhängigkeit und Selbstbestimmung. Ist das Motiv stark ausgeprägt, dann stressen Situationen, in denen eine Abhängigkeit von anderen, eigene Hilfsbedürftigkeit und Schwächen erlebt werden oder drohen. Diese Menschen erledigen deshalb ihre Aufgaben am liebsten selbst und bitten andere nicht um Unterstützung. Sie behalten ihre Sorgen und Ängste lieber für sich allein. Wer es versäumt, sich auch mal bei anderen anzulehnen und Hilfe zuzulassen, kann in einen Zustand der Selbstüberforderung gelangen.

Sei vorsichtig!

Hinter diesem Antreiber steht das Kontrollmotiv: der Wunsch nach Sicherheit und Kontrolle über das eigene Leben. Ist das Motiv stark ausgeprägt, dann stressen Situationen, in denen die Sorge vor Kontrollverlust, Fehlentscheidungen und Risiken sehr hoch ist. Um dies zu vermeiden, wird mit hohem Aufwand versucht, alles möglichst selbst unter Kontrolle zu haben. Diesen Menschen fällt es schwer, Aufgaben zu delegieren. Es erfordert für sie oft viel Kraft und Zeit, Entscheidungen zu treffen. Wer schlecht loslassen kann, wenig Mut und Vertrauen besitzt, kann auf lange Sicht ausbrennen.

Ich kann nicht!

Hinter diesem Antreiber steht der Wunsch nach eigenem Wohlergehen und ein bequemes Leben zu führen. Ist das Motiv stark ausgeprägt, dann stressen Situationen, in denen einem unangenehme Aufgaben, Anstrengung oder mögliche Frustrationen begegnen können. Oft sind es solche Menschen, die an »Aufschieberitis« leiden. Sie glauben nicht an ihre eigenen Kompetenzen und haben daher eine übertriebene Schonhaltung entwickelt. Wer jedoch die Chance nicht nutzt, an seinen Aufgaben und seiner Verantwortung zu wachsen, erlebt chronische Stresszustände, die im Laufe der Zeit auch zur Erschöpfung führen können.

Die Teilnehmer werden nun aufgefordert, die Auswertung auf der Rückseite vorzunehmen. Sie erkennen dadurch, welche Antreiber bei ihnen eine hohe Ausprägung haben.

Nach dieser Analyse ist es wichtig, den Teilnehmern Methoden zur »behutsamen« Entschärfung ihrer Denk- und Verhaltensmuster aufzuzeigen beziehungsweise hilfreiche Strategien dafür selbst entwickeln zu lassen. Die Teilnehmer werden dazu in fünf Kleingruppen eingeteilt. Ihre Aufgabe besteht darin, die Stress auslösenden Gedanken der jeweiligen Antreiber in förderliche Denkweisen umzuwandeln und auf einem Flipchart zusammenzufassen (Zeitbedarf ungefähr 15 Minuten).

Danach werden – wenn möglich – die Flipcharts an einer Wand im Seminarraum oder auf dem Flur nebeneinander mit Kreppband angehängt. Somit entsteht eine »Galerie der nützlichen Denkweisen«. Alle Teilnehmer werden nun zu einem Galeriebesuch eingeladen und ziehen gemeinsam von »Bild« zu »Bild«. Die jeweilige Kleingruppe trägt ihre erarbeiteten Formulierungen vor. Der Trainer ergänzt mittels vorbereiteter Moderationskarten – die entweder angeklebt oder vor die Flipcharts gelegt werden können – wenn wichtige Aspekte fehlen.

Danach nehmen wieder alle im Stuhlkreis Platz. Der Trainer verteilt an dieser Stelle eine Übersicht der »Nützlichen Denkweisen« als Informationsblatt (Download unter www.beltz.de, direkt beim Buch) und räumt fünf Minuten Zeit ein, sich mit der Arbeitsunterlage auseinanderzusetzen. Im Plenum wird zum Schluss gemeinsam überlegt, wie diese stressvermindernden Gedanken im Alltag nachhaltig verankert werden können. Mögliche Vorgehensweisen sind beispielsweise:

- nützliche Denkweisen auf kleine Karteikarten notieren, mehrmals am Tag draufschauen und in der Brieftasche deponieren
- mit dem Handy abfotografieren und täglich zu einer festen Zeit anschauen
- die Denkweisen unter der Dusche singen
- als Bildschirmschoner zur Anwendung bringen
- wie ein Mantra beim Joggen vor sich hin sagen
- auf Post-its schreiben und in den Küchen- und Kleiderschrank hängen.

Der Trainer weist abschließend darauf hin, dass das »Installieren« der stressvermindernden Gedanken ein längerer Prozess ist, bei dem anfänglich die Stress auslösenden Gedanken oft noch die Oberhand haben. Aber im Laufe der Zeit gewinnen die förderlichen Einstellungen immer mehr an Präsenz. Ist die Entwicklung vollzogen, haben die Teilnehmer einen wichtigen Eckpfeiler für ihre persönliche Burnout-Prophylaxe erworben.

An diese Einschätzung der eigenen Antreiber, die für stressverschärfende Gedanken sorgen, können nun weitere Übungen folgen, die jeweils an einem Antreiber ansetzen. Diese werden im Folgenden als Plenumsübungen beschrieben, können aber auch sehr gut erneut in Kleingruppen bearbeitet werden.

Übung 2: Erfolgsrezept für Gipfelstürmer

Diese Übung eignet sich insbesondere für Menschen mit dem »Sei perfekt«-Antreiber beziehungsweise mit einem ausgeprägten Leistungsmotiv. Im Bestreben, möglichst perfekte Leistungen zu erbringen, versäumen sie häufig, sich ab und zu darauf zu besinnen, was sie bisher alles schon erreicht haben. Außerdem fällt es ihnen schwer, eigene Erfolge wahrzunehmen und diese auch zu genießen. Mit der »Gipfelstürmer-Übung« wird bewusst ein »Innehalten« eingelegt. Es dient dazu, den Blick auf die Erfolge zu lenken, die bereits erzielt wurden und zu formulieren, welches konkrete Ziel als nächstes erreicht werden soll. Die Teilnehmer werden dabei dazu animiert, sich gedanklich in einen Bergsteiger zu verwandeln. Ihr beruflicher Werdegang wird mit der Besteigung eines Berges versinnbildlicht. Mithilfe dieser Metapher:

- visualisieren die Teilnehmer ihre bisherigen beruflichen Erfolge,
- verstehen, warum es wichtig ist, immer wieder innezuhalten,
- formulieren sie konkret, was sie als Nächstes erreichen wollen.

Dieser Sequenz liegt das Prinzip der Achtsamkeit zugrunde (s. Kapitel »Stressabbau durch Entschleuning – Achtsamkeitsübungen für den Arbeitsalltag «, S. 131 ff.) Achtsam durch das (Berufs-)Leben zu gehen, hilft uns dabei, leichter innehalten zu können und aus Burnout-fördernden Automatismen auszusteigen. Wir lernen (wieder) zu entschleunigen, werden uns unserer Ressourcen bewusst und lenken die Konzentration auf das Wesentliche.

Vorbereitung
Der Trainer bereitet drei Flipcharts vor:

- Was ist das Erfolgsrezept, wenn man einen Gipfel besteigen will?
- Zitat der ersten deutschen Frau auf dem Mount Everest: »Erst durch das Rasten, kommt man auf den Gipfel … du siehst so am besten, was du schon geschafft hast … wenn der Blick nur nach oben und nie zurück geht, wird es gefährlich.«
- Wie kann ein eigener Rhythmus von Rasten, Zurückblicken und Weiterstreben aussehen?

Außerdem hält er das Arbeitsblatt zur Reflexion des Zitats bereit (Download unter www.beltz.de, direkt belm Buch).

Durchführung
Die Teilnehmer werden eingeladen, sich in die Rolle eines Bergsteigers hineinzuversetzen. Der Trainer fragt, was das Erfolgsrezept ist, wenn man einen Gipfel erreichen will und notiert die Antworten dieser Abfrage am Flipchart. Auf dem nächsten Flipchart hat er die Aussage von Helga Hengge (erste deutsche Frau auf dem Mount Everest) bereits notiert: »Erst durch das Rasten, kommt man auf den Gipfel … du siehst so am besten, was du schon geschafft hast … wenn der Blick nur nach oben

und nie zurück geht, wird es gefährlich.« Dieser Ratschlag soll nun auf die eigene Lebenswelt übertragen werden. Die Teilnehmer bekommen dazu ein Arbeitsblatt mit folgender Aufgabenstellung (Bearbeitungszeit etwa zehn Minuten; Vorlage zum Download unter www.beltz.de, direkt beim Buch):

»Rasten Sie gedanklich mit Ihrem Rucksack am Berg und schauen Sie ganz bewusst von dort oben auf Ihre ›Ländereien‹. Machen Sie sich klar, was Sie bisher alles schon in vielen kleinen und großen Schritten erreicht haben. Notieren Sie mindestens zehn Etappen, die Sie bis hierher erfolgreich hinter sich gebracht haben. Schreiben Sie auf den Gipfel das Ziel, zu dem Sie gerade unterwegs sind.«

Der Trainer fragt im Anschluss das Plenum, welche neuen Erkenntnisse aufgetaucht sind, und ob das Innehalten neue hilfreiche Impulse für den beruflichen Alltag gegeben hat. Er betont noch einmal, wie wichtig das Zurückblicken auf »die eigenen Ländereien« ist. Diese Vorgehensweise unterstützt dabei, uns selbst zu schätzen und frei zu werden, für das, was kommt beziehungsweise als Nächstes erreicht werden soll.
Er fragt abschließend ins Plenum, wie ein eigener Rhythmus von Rasten, Zurückblicken und Vorwärtsschreiten aussehen könnte und notiert die Vorschläge für das Fotoprotokoll am vorbereiteten Flipchart.
Regelmäßiges Innehalten, Wahrnehmen ohne zu bewerten und zu vergleichen sind wichtige Aspekte aus der Achtsamkeitspraxis. Verstehen die Teilnehmer diesen Ansatz der Prävention, haben sie einen weiteren Eckpfeiler für ihre persönliche Burnout-Prophylaxe erworben.

Übung 3: Gekonnt »Nein« sagen

Vielen Menschen fällt es schwer, sich beruflich wie privat deutlich abzugrenzen und eindeutig »Nein« zu sagen. Diese Fähigkeit ist jedoch enorm wichtig, um erfolgreich Burnout-Prophylaxe zu betreiben. Gerade Menschen mit einem hohen Anerkennungsmotiv können mit diesem Tool deutlich gestärkt werden. Mit den folgenden Übungen beziehungsweise Fragen lernen die Teilnehmer, warum es schwerfallen kann, »Nein« zu sagen. Und sie trainieren, auf verschiedene Arten »Nein« zu sagen.

Vorbereitung
Der Trainer bereitet drei Flipcharts vor:
- Warum fällt es uns so schwer, »Nein« zu sagen?
- Erfolgreich »Nein« sagen
- Situation aus der Arbeitswelt, für die geeignete Strategien aus dem Nein-Sagen-Ratgeber ausgewählt werden sollen

Durchführung

Der Trainer fragt zunächst einmal im Plenum: »Kennen Sie Leute, die oft sagen: »Klar mach ich – kein Problem!«, wenn sie gefragt werden? Da geht es um Urlaubsvertretungen, Post holen, Kopierpapier nachfüllen und vieles andere mehr.« Er fragt weiter, ob es dem einen oder anderen auch manchmal so geht, dass er grundsätzlich bei verschiedenen Anfragen nicht »Nein« sagen kann. Meistens kommt eine kleine Diskussion zustande, die eine gute Überleitung zur Frage ist: Warum fällt es uns so schwer, »Nein« zu sagen? Der Trainer sammelt die Antworten aus dem Plenum. Häufig werden folgende Aspekte genannt:

- Ablehnung
- Angst, nicht gemocht zu werden
- Konsequenzen werden befürchtet
- Furcht, andere zu kränken
- als herzlos zu gelten
- als Egoist zu gelten
- etwas zu versäumen
- nicht gebraucht zu werden

Den Teilnehmern wird im nächsten Schritt verdeutlicht, dass es in bestimmten Situationen wichtig ist, sich mit einem »Nein« deutlich abzugrenzen. Denn mit einem »Nein« sage ich »Ja« zu mir selbst, zu meiner Zeitplanung, zu meinen Zielen, zu meiner Gesundheit etc.

Neben dem kategorischen »Nein«, gibt es konstruktive Möglichkeiten, erfolgreich »Nein« zu sagen, die im Folgenden vom Trainer vorgestellt werden:

■ Neinsagestrategien

Das verhandelnde NEIN: Gehen Sie auf Ihr Gegenüber (zum Beispiel Vorgesetzten) ein, aber grenzen Sie sich deutlich ab. Benennen Sie konkret, was Sie bereit sind, zu geben, und was Sie von der anderen Seite erwarten: »Herr M., ich übernehme gern diese Aufgabe. Allerdings bearbeite ich gerade Aufgabe X und Aufgabe Y. Durch diese zusätzliche Arbeit wird es zeitlich sehr eng. Bitte lassen Sie uns gemeinsam die Prioritäten festlegen.«

Das respektvolle, höfliche NEIN: Bei diesem Nein können Sie sich zunächst dafür bedanken, dass man Ihnen diese Aufgabe zugetraut hat. Im nächsten Satz begründen Sie, warum Sie diese Aufgabe nicht annehmen können: »Danke, dass Sie bei dieser Aufgabe an mich gedacht haben! Gern würde ich die Herausforderung annehmen, doch leider ist mein Terminkalender übervoll.«

Das zeitgewinnende NEIN: Da es vielen Mensch schwerfällt, dem erwartungsvollen und bittenden Blick unseres Gegenübers standzuhalten, rutschen uns oft Zusagen heraus, die wir gar nicht machen wollten. Schützen Sie sich vor solchen Überrumpelungen, indem Sie um Bedenkzeit bitten: »Das kann ich im Augenblick noch nicht zusagen, ich melde mich in zehn Minuten bei Ihnen.« Oder: »Ich kann das spontan leider nicht entscheiden, dazu muss ich erst die Unterlagen sichten.«
So gewinnen Sie Zeit. Sie können kurz in Ruhe nachdenken, wie Sie sich verhalten wollen.

Teilweises NEIN: Es muss gar kein striktes NEIN sein, wenn man bereit ist, einen Teil der Anfrage oder Bitte zu übernehmen: »Ich helfe dir gern bei der Erarbeitung des Gutachtens, aber ausformulieren musst du es selbst.

Kooperatives NEIN: Hier nutzen Sie am besten das Kuhhandelprinzip. Es geht um Leistung und Gegenleistung. Wird ein Anliegen an Sie herangetragen, dann bitten auch Sie Ihr Gegenüber um einen Gefallen: »Ja, das kann ich gern für dich erledigen. Könntest du mir bei dieser Gelegenheit auch helfen? Ich brauche …«

Lösungsorientiertes NEIN: Wollen Sie eine Bitte besonders weich ablehnen, dann müssen Sie einen anderen Lösungsvorschlag parat haben. Somit wird deutlich, dass Ihnen das Anliegen Ihres Gegenübers nicht egal ist: »Ich kann leider nicht weiterhelfen, aber fragen Sie doch mal in bei Frau XY in der Buchhaltung nach, sie kennt den Kunden sehr gut.«

Im letzten Teil dieses Tools soll das vermittelte Wissen trainiert und in den Alltag transferiert werden. Der Trainer hat dazu ein paar Situationen aus der Arbeitswelt der Teilnehmer auf einem Flipchart vorbereitet, die in etwa so lauten könnten:

- »Frau Kollegin, gehen Sie mit mir heute Mittagessen?«
- »Herr Kollege, könnten Sie mal über das Gutachten drüberschauen?«
- »Frau Praktikantin, könnten Sie meine Post mitbringen?«
- »Herr Kollege, können Sie mich am 04.10. (Brückentag) vertreten? Ich möchte Urlaub einreichen.«
- »Herr Mitarbeiter, können Sie heute ausnahmsweise den Telefondienst bis 18:00 Uhr übernehmen?«
- »Frau Kollegin, können Sie den Fall XY übernehmen? Ich bin komplett überlastet.«

Je nach zur Verfügung stehender Zeit können geeignete Strategien aus dem Nein-Sagen-Ratgeber gleich im Plenum oder zuvor in Kleingruppen erarbeitet werden. Notwendig ist an dieser Stelle der Praxistransfer. Die Teilnehmer wählen eine Situation aus ihrem beruflichen oder privaten Kontext und überlegen gemeinsam mit ihrem Nachbarn im Stuhlkreis, welches »Nein« für die Situation passend wäre. Ist die Auswahl getroffen, kann die Umsetzung noch kurz in dieser Zweierkonstellation geübt werden.

Übung 4: Die Last auf mehrere Schultern verteilen

Einigen Menschen fällt es schwer, ihre Mitmenschen, Kollegen oder Nachbarn um Hilfe zu bitten. Sie vermeiden es, Verletzlichkeit und Abhängigkeit vor anderen zu zeigen. Doch der Preis, den sie dafür zahlen, ist manchmal hoch. Für diese Menschen kann es sehr heilsam sein, wenn sie erkennen, dass Hilfe annehmen gesund ist.

Der Trainer schildert eine Situation, zum Beispiel die von Peter und Sebastian: Beide haben sich spontan einen Kleiderschrank im Möbelhaus gekauft, der irgendwie nach Hause gebracht und zusammengebaut werden muss. Beide haben keinen Führerschein. Peter geht ganz pragmatisch an diese Herausforderung heran. Er organisiert vor Ort einen Lieferwagen, ruft ein paar Freunde an und fragt, wer von ihnen Zeit hat, die Teile nach Hause zu fahren. Zu zweit und mithilfe eines Nachbarn werden sie die Teile schon in den vierten Stock wuchten. Für das Zusammenbauen des Kleiderschranks will er bei seinem Vater und Bruder nachfragen, ob sie dieses oder nächstes Wochenende Zeit haben, mit einem Akkuschauer anzurücken.

Sebastian wählt eine andere Herangehensweise. Er organisiert ein Möbeltaxi und lässt sich die Teile nach Hause und direkt in die Wohnung für ein hohes Entgelt liefern. Dort beginnt er, alle Einzelteile, Schrauben und Muttern zu sortieren. Den ganzen Samstagnachmittag und Sonntag ist er damit beschäftigt, den Kleiderschrank allein zusammenzubauen. Am Montag sitzt er fix und fertig mit Rückenschmerzen am Arbeitsplatz.

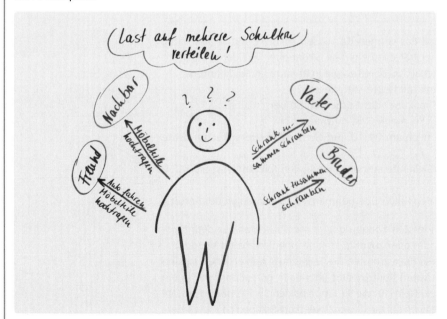

Der Trainer fragt: »Wer hat am Wochenende mehr Zeit zum Entspannen gehabt? Wer wird in der neuen Woche vermutlich leistungsfähiger sein?«

Nun bittet der Trainer, dass sich jeder Teilnehmer eine Situation aus seinen Berufs- oder Privatleben in Erinnerung ruft, in der er sein Netzwerk nicht um Unterstützung gebeten hat. Jeder soll nun aus dieser Rückschau überlegen:

- Wer wäre damals für welche Aufgabe infrage gekommen?
- Was hätte ich dadurch an Zeit, Kraft, Nerven oder Kosten gespart?
- Welchen »Preis« hätte ich dafür bezahlen müssen und wäre ich dazu bereit gewesen?
- Welche Situationen in der Zukunft sind denkbar, in denen ich mir vornehme, mein Netzwerk zu aktivieren?
- Wen würde ich für welche Aufgabe wie ansprechen?

Die Gedanken zu den Fragen soll jeder Teilnehmer für sich visualisieren. Dafür stellt der Trainer A4-Blätter oder halbe Flipchartbogen sowie Stifte zur Verfügung. Für diese Selbstreflexion sollten etwa 20 Minuten eingeplant werden. Danach tauschen sich die Teilnehmer zu diesen Fragen in selbstgewählten Kleingruppen aus.

Zum Schluss fragt der Trainer im Plenum, wie es den Teilnehmern mit der Aufgabe ergangen ist und was das Sprechen darüber in der Kleingruppe ausgelöst hat.

Der Trainer fasst nochmals zusammen, wie wichtig es ist, über seinen eigenen Schatten zu springen und Hilfestellungen anzunehmen. Wird diese Fähigkeit immer wieder trainiert, trägt jeder selbst zur Stärkung seiner psychischen Gesundheit bei.

Übung 5: Eine Parabel über das Entscheiden und Loslassen

Wir müssen uns im Beruflichen wie im Privaten ständig entscheiden. Einige Menschen treffen recht schnell Entscheidungen und setzen diese in die Tat um, ohne sich ständig zu hinterfragen. Sie erleben ein Gefühl der Selbstbestimmtheit, das ihnen guttut. Andere tun sich deutlich schwerer damit, Entscheidungen zu treffen. Die Sorgen vor Fehlentscheidungen und deren Folgen binden viel Energie und Zeit. Dies gilt insbesondere für Menschen, deren Sicherheitsbedürfnis hoch ist und die stark vom »Sei vorsichtig!«-Antreiber gesteuert werden. Sie machen sich häufig Sorgen über mögliche Risiken und Gefahren und sind deshalb oft wenig entscheidungsfreudig. Diese Übung soll zeigen, dass es wichtig ist, Entscheidungen zu treffen und umzusetzen. Nicht das Grübeln über mögliche Folgen bringt uns weiter, sondern das Tun selbst.

Mithilfe einer Parabel erkennen die Teilnehmer,

- dass die Bewertung eines Risikos von der eigenen Denkweise abhängig ist.
- dass es Mut und Vertrauen braucht, um frei im Kopf zu werden.

Vorbereitung

Der Trainer bereitet ein Handout mit der Parabel und drei Fragen vor (Download unter www.beltz.de, direkt beim Buch):

- Auf welche Alltagssituationen könnte ich diese Parabel übertragen?
- Welche Handlungsalternative(n) kommen mir in den Sinn?
- Welche Auswirkungen hätte diese Veränderung für mich und für andere?

Durchführung

Der Trainer liest die Parabel langsam und mit Betonung vor.

»Zwei Mönche auf Wanderschaft

Eines Tages kamen zwei Mönche an einen Fluss. Dort stand eine junge Frau mit wunderschönen Kleidern. Sie wollte offenbar über den Fluss, doch da das Wasser sehr tief war, konnte sie den Fluss nicht durchqueren, ohne ihre Kleider zu beschädigen. Ohne zu zögern ging einer der beiden Mönche auf die Frau zu, hob sie auf seine Schultern und watete mit ihr durch das Wasser. Auf der anderen Flussseite setzte er sie trocken ab. Nachdem der andere Mönch auch durch den Fluss gewatet war, setzten die beiden ihre Wanderung fort.

Nach etwa einer Stunde sagte der eine Mönch zum anderen: ›Du weißt schon, dass das, was du getan hast, nicht richtig war, oder? Du bist ein Mönch, einer, der entsagt hat. Du weißt, wir dürfen keinen nahen Kontakt mit Frauen haben. Wie konntest du nur gegen diese Regel verstoßen?‹

Der Mönch, der die Frau durch den Fluss getragen hatte, hörte sich die Vorwürfe des anderen ruhig an. Dann antwortete er: ›Ich habe die Frau vor einer Stunde am Fluss abgesetzt – du trägst sie scheinbar immer noch mit dir herum!‹«

Nach dem Vorlesen werden die Teilnehmer im Plenum gefragt, was ihnen durch den Kopf geht. Danach bekommt jeder Teilnehmer das Handout und hat zehn Minuten Zeit, die Fragen für sich zu beantworten.

Im Anschluss daran werden die Teilnehmer gefragt, ob jemand seine Erkenntnisse mit der Gruppe teilen möchte.

Übung 6: Cross the GAP!

Viele Menschen kennen das Phänomen, dass sie unangenehme Tätigkeiten lieber aufschieben, statt diese sofort zu erledigen. Bei einigen Personen ist die »Aufschieberitis« stärker ausgeprägt als bei anderen. Entwickelt sich aus dieser Tendenz ein chronisches Verhalten, bei dem ein Großteil der Arbeit immer wieder auf den nächsten Tag verschoben wird, spricht man von Prokrastination. Psychologen schätzen, dass etwa 20 Prozent der Bevölkerung davon betroffen sind.

Vorbereitung

Der Trainer bereitet zwei Flipcharts vor:

- Gründe, warum Tätigkeiten verschoben werden
- GAP-Formel

Durchführung

Der Trainer sammelt im Plenum Tätigkeiten, die die Teilnehmer im Allgemeinen gern aufschieben. Danach fragt er, aus welchen Gründen bestimmte Aufgaben verschoben werden und notiert die Gründe am Flipchart. Möglicherweise ergänzt er die Aufzählungen, damit ein vollständiges Bild entsteht mit folgende Fakten:

- negative Gefühle
- Überanstrengung
- Angst vor dem Neuen
- unklare Anforderungen
- Versagens- oder Entscheidungsängste
- Frust
- veränderte Ziele
- Unfähigkeit »Nein« zu sagen
- hohe Ablenkungsbereitschaft/Aufgeschlossenheit gegenüber Neuem

Eine hilfreiche Strategie gegen die »Aufschieberitis« ist die »Cross-the-GAP«-Methode. Die Teilnehmer wählen zunächst ein bis zwei Tätigkeiten aus, die sie gegenwärtig vor sich herschieben. Danach wenden sie GAP-Formel wie folgt an:

G = Grund/Gründe ermitteln
A = Aktionsplan aufstellen und starten
P = Preis/Belohnung benennen und umsetzen

Der Trainer gibt dafür noch folgende Hinweise:

G = Hier ist es wichtig, ehrlich zu sich selbst zu sein.
A = Oft reicht es aus, sich für 20 Minuten zu verpflichten, mit der Tätigkeit anzufangen. Danach kann man entscheiden, ob man die Aufgabe fortsetzt oder zu einem späteren Zeitpunkt weiterbearbeitet. Ist man aber erst einmal dabei, hört man auch nicht wieder auf.
P = Der Preis beziehungsweise die Belohnung muss nicht spektakulär sein und sollte immer im Verhältnis zur erledigten Arbeit stehen. Wichtig: Belohnung nicht nur benennen, sondern auch wirklich in die Tat umsetzen!

Zum Schluss überlegen die Teilnehmer, wo sie diese Formel im Alltag anwenden können und notieren diese Ideen in ihren Unterlagen.

Anwendung im Einzelcoaching

Alle Tools habe ich für die Anwendung im Training beschrieben. Diese eignen sich aber auch besonders gut für das Einzelcoaching. Hier kann mit dem Klienten gemeinsam reflektiert werden, welche Denkmuster für ihn besonders relevant sind und worauf er dies zurückführt. Im Anschluss können dann die Tools für die Veränderung der Denkmuster ausgewählt werden, die für den Klienten zutreffen.

Literatur

Kaluza, Gert (2014): *Gelassen und sicher im Stress.* Heidelberg: Springer.

Ruhwandl, Dagmar (2012): *Erfolgreich ohne auszubrennen.* Das Burnout-Buch für Frauen. 5. Auflage. Stuttgart: Klett-Cotta.

Ruhwandl, Dagmar (2010): *Top im Job – ohne Burnout-Buch durchs Arbeitsleben.* 2. Auflage. Stuttgart: Klett-Cotta.

Gesundheit mental verankern – Der Ressourcenkreis

Bert Lehwald

Kurz und knapp

Mithilfe des »Ressourcenkreises« lässt sich auf einfache Weise eine mentale Kraftquelle schaffen, die flexibel abrufbar ist und letztlich gesundheitsfördernd wirken kann. Die Technik stammt aus dem Neurolinguistischen Programmieren (NLP).

Ziele und Effekte

- Der Ressourcenkreis hilft, bewusster und effektiver auf innere Zustände einzuwirken.
- Er dient dazu, Zustände optimalen Wohlbefindens zu verankern, anzureichern und wiederherzustellen.

Hintergrund und Beschreibung

Die Aufmerksamkeit auf Gesundheit und gesunde Lebensweise unterstützt die positive Autosuggestion, die zu mehr Lebensfreude und einem starken Immunsystem führen kann. Sicherlich ist es mit positivem Denken allein nicht getan. Es besteht aber ein Zusammenhang zwischen positiven und gesundheitserhaltenden Gedanken und einer solchen Lebensweise zur Unterstützung des natürlichen, körperlichen Zustands von Gesundheit. Generell empfiehlt es sich, Gesundheit bewusst anzustreben, und nicht nur in dem Moment, wenn wir von Krankheit bedroht sind.

Mentale, innere Ressourcen können über Übungen visualisiert und die ausgelösten Empfindungen abrufbar gemacht werden. Dies ist gerade bei stressauslösenden Situationen hilfreich, die das Wohlbefinden oder gar die Gesundheit beeinträchtigen. Ein solches Tool ist der Ressourcenkreis, der im NLP entwickelt wurde. Hier geht es darum, durch die Visualisierung eines auf dem Boden liegenden Kreises einen schon einmal erlebten und besonders ressourcenvollen Zustand leicht zugänglich und wieder abrufbar zu machen. Neben der Vorstellung des Kreises (visuell) wird dabei der vorgestellte Zustand auditiv (Wort) vom Coach oder Trainer heraufbeschworen und gesteigert und durch das Hineintreten in den am Boden liegenden Kreis (kinästhetisch) emotional erlebt. Man arbeitet dabei mit Ankertechniken. Visualisierung oder Gefühlszustand werden mit einem sogenannten Anker kognitiv – ähnlich einer Konditionierung – verknüpft. Anker können dabei sowohl Bewegungen, eine bestimmte Gestik, Geräusche als auch Gegenstände, wie etwa beispielsweise ein Seil (wie in der Übung gezeigt), sein.

Der Ressourcenkreis fördert unser positives Selbstbild und eignet sich besonders als Motivationstool in Trainings oder im Coaching. Ziel ist, in schwierigen Situationen die entsprechenden Ressourcen zur Verfügung zu haben und diese erfolgreich einzusetzen. Ein klassisches Anwendungsbeispiel des Ressourcenkreises ist zum Beispiel die Überwindung von Redeangst. Hier wäre es das Ziel, in der Angstsituation die eingeübten Ressourcen abzurufen, um ad hoc die nötige Selbstsicherheit zur Verfügung zu haben.

Sobald jemand ganz genau weiß, was er in einer bestimmten Situation braucht, arbeitet es sich mit der Zeit mit dem »Ressourcenkreis« immer leichter. Allein die Vorstellung des transportablen Kreises in einer noch unsicheren Situation schafft Sicherheit und Vertrauen.

Anwendung in Gruppen und Teams

Die Anwendung der Übung in Gruppen und Teams ist prinzipiell möglich. Allerdings muss jeder Teilnehmer diese Übung mithilfe des Trainers einzeln durchführen, sodass es bei großen Gruppen zu Zeitproblemen kommen kann. Für die Anwendung in angemessen kleinen Gruppen oder Teams (maximal drei bis vier Personen) kann man die Hinweise zum Einzelcoaching nehmen und dann nacheinander mit den einzelnen Teilnehmern wie mit dem Coachee durchführen. Bei der Vorbereitung müssen Sie gemäß der Teilnehmeranzahl für jeden eine Schnur in je zwei Meter lange Abschnitte zerschneiden.

Anwendung im Einzelcoaching

Der Ressourcenkreis ist hervorragend für die Arbeit im Einzelcoaching geeignet, da er sich bei vielerlei Anliegen einsetzen lässt. Der Ressourcenkreis ist im Rahmen des Coachingprozesses immer dann wertvoll, wenn es gilt, dem Coachee ein praktisches Hilfsmittel an die Hand zu geben, mit dem er kräftigende Ressourcen bei Bedarf abrufen kann. Das kann in Situationen sein, die den Einzelnen ängstigen oder in denen er sein Wohlbefinden allgemein steigern möchte, beispielsweise, wenn es darum geht, sich für ein Konfliktgespräch zu rüsten oder auch sich gegen Redeangst zu wappnen.

Der Ressourcenkreis

Vorbereitung

Besorgen Sie sich eine ungefähr zwei Meter lange Schnur. Diese Schnur wird dann auf dem Boden als »Ressourcenkreis« ausgelegt und kann von dem Coachee als Anker der Übung mit nach Hause genommen werden.

Durchführung

Der Coach erklärt kurz, worum es beim »Ressourcenkreis« geht. Dazu wird der Coachee gebeten, aufzustehen und einen Kreis mittels der Schnur vor sich auszulegen. Dann stellt er sich neben den Kreis und den Coach.

Schritt 1: Der Klient wird gefragt, welchen Ressourcenzustand er gern häufiger erleben würde (zum Beispiel mehr Selbstvertrauen haben und leben). Meist wird das Tool ja im Rahmen eines fortlaufenden Coachingprozesses angewendet und dient dann der Bearbeitung der jeweils anstehenden Anliegen. Geht es zum Beispiel darum, mehr Selbstvertrauen zu empfinden, könnte sich der Coachee eine Situation vorstellen, in der er sich gut gefühlt hat, indem er zum Beispiel eine besondere Herausforderung gemeistert, besonderes Lob empfangen hat oder Ähnliches.

Schritt 2: Der Coachee wird gebeten, sich an eine Situation zu erinnern, in der er den *erwünschten Zustand* voll ausgeprägt erlebt hat. Diese Situation muss an einem ganz bestimmten Tag, zu einer ganz bestimmten Zeit, an einem ganz bestimmten Ort stattgefunden haben. Entscheidend ist nicht die genaue Definition des Zeitpunkts, sondern dass die Situation tatsächlich stattgefunden hat.
Wenn der Coachee Unterstützung bei der Suche nach einer Erfolgssituation aus seiner Vergangenheit benötigt, kann ihn der Coach wie folgt begleiten:

»Finde drei Situationen in deinem Leben, in denen du ausgesprochen ressourcenvoll warst. Wähle die aus, die dir am geeignetsten erscheint. Vergegenwärtige die Situation mit allen Sinnen:
- Wo bist du?
- Wie ist deine Körperhaltung?
- Was siehst du in diesem Moment?
- Welche Geräusche, Klänge oder Worte hörst du?

- Welche Körpergefühle nimmst du wahr?
- Was riechst und was schmeckst du?

Genieße diesen Moment in vollen Zügen und gib diesem Erleben ein Wort, das diesen Zustand am besten beschreibt.«

Schritt 3: Der Coach bittet den Klienten, das Erleben seines damaligen Zustands jetzt zu intensivieren, indem alle mit ihm assoziierten sensorischen Merkmale weiter verstärkt werden (Bewegung, Helligkeit, Farbe und so weiter) und indem gleichzeitig alle Repräsentationsmodi (Anblick, Klang, Geruch, Geschmack) dabei berücksichtigt werden. Der Coach bittet genau nachzuspüren, wie sich das, was der Coachee wahrnimmt, verändert, wenn er es verstärkt!

Schritt 4: Dann bittet der Coach den Klienten, den auf dem Boden vor ihm liegenden Kreis mit dieser konkreten positiven Erinnerung zu verbinden (Assoziieren).

Schritt 5: Sobald sich der Klient bereit fühlt, tritt er in den Kreis. Der Coach fordert ihn auf, die frühere Situation erneut zu erleben, indem er die Augen schließt und alle Details vor seinem inneren Auge auftauchen lässt. Der Coach bittet, alles noch einmal zu hören, in seinem Körper nachzuspüren, wie es sich damals anfühlte, als ihm diese Ressource zur Verfügung stand und sich alles genau vorzustellen.

Der Coach begleitet den Klienten dabei aufmerksam und hilft ihm, noch einmal anschaulich vor seinem inneren Auge zu visualiseren. Hilfreich sind Fragen wie:

- Wo im Körper spürst du zum Beispiel das Selbstvertrauen?
- Wie genau fühlt sich das an?
- Kribbelt es, ist es warm?
- Wie ist deine Atmung?
- Welche Farben siehst du vor deinem inneren Auge?

Schritt 6: Der Coach bittet den Coachee das Erleben des damaligen Zustands wieder zu intensivieren, indem alle mit ihm assoziierten sensorischen Merkmale weiter verstärkt werden (Bewegung, Helligkeit, Farbe und so weiter) und, indem gleichzeitig alle Repräsentationsmodi (Anblick, Klang, Geruch, Geschmack) berücksichtigt werden. Der Coach bittet genau nachzuspüren, wie sich das, was der Klient wahrnimmt, verändert, wenn er es verstärkt!

Schritt 7: Wenn der Coach merkt, dass das Erleben des Klienten einen Höhepunkt erreicht hat, führt er ihn aus dem Kreis heraus, um eine Metaposition einzunehmen.

Aus dieser Distanz heraus kann der Coachee seinen Ressourcenkreis und sich selbst noch einmal reflektieren. So kann er überprüfen, ob er den erwünschten ressourcenvollen Zustand in seiner geeigneten Form erlebt. Der Coach leitet dies an: »Schau aus dieser Position auf dein eigenes Selbst. Gibt es etwas an Ressourcen, das (›Name des Coachees‹) noch zusätzlich brauchen könnte, um diesen positiven Zustand sogar noch mehr zu genießen?«

Der Klient kann bei Bedarf die gewünschten, weiteren Ressourcen aus der Metaposition in den »Ressourcenkreis« übertragen. Dazu kann er einen imaginären Lichtstrahl von ihm, in der Metaposition, zu dem eigenen Selbst im »Ressourcenkreis« aufbauen. Die Anleitung des Coachs dazu lautet: »Und da du weißt, wie sich solche Ressourcen in deiner Erinnerung anfühlen, bitte ich dich, diese deinem eigenen Selbst zu schicken. Du kannst dafür einen imaginären Lichtstrahl zu (›Name sagen‹) senden und so die Ressourcen übertragen. Schau genau hin, wie sich jetzt deine benötigten Ressourcen weiter verstärken. Mache es so lange, bis du ganz zufrieden bist.«

Der Coachee ist hier Beobachter seines Selbst. Das heißt, man sollte an dieser Stelle über den Coachee in der dritten Person sprechen. Wichtig ist auch, dass der Klient dies in seinen Antworten ebenfalls tut. Fällt er in die Ich-Position zurück, wiederholt der Coach sanft seine Aussagen in der dritten Person: »Du meinst, er/sie hat ...«

Schritt 8: Jetzt fordert der Coach auf: »Mach nun einen Schritt wieder hinein in deinen ›Ressourcenkreis‹ und erlebe dort all deine Ressourcen. Koste sie maximal aus. Erlebe, wie sich die Ressourcen in deinem Körper ausbreiten, die du vorher von deinem eigenen Selbst aus der Metaposition bekommen hast.«

Schritt 9: Wenn der Coachee das Gefühl so intensiv wie nur irgend möglich verstärkt hat, tritt er aus dem Kreis und schüttelt den Zustand ab. Der Coach bittet ihn, alles um ihn herum klar und deutlich wahrzunehmen. Damit soll sichergestellt werden, dass der Teilnehmer ganz aus der Erinnerung herausgetreten ist. Er soll aus dem Kopf das heutige Datum und den Wochentag laut aussprechen.

Schritt 10: Jetzt geht es darum, zu überprüfen, ob der Ressourcenkreis schon ausreichend verankert ist. Der Coachee wird aufgefordert, seinen Kreis zu testen, indem er vortritt und wahrnimmt, wie schnell er wieder eintreten kann, um die gewünschte Ressource zu erspüren. Das Ziel ist es, die einzelnen Schritte des Ressourcenkreises so lange zu wiederholen, bis der Coachee in der Lage ist, mühelos in den erwünschten Zustand zu gelangen.

Ist dieses Ziel erreicht, bittet der Coach den Klienten, die Problemsituation zu aktivieren. Er darf sich an eine ganz konkrete Situation erinnern, in der das Problem tatsächlich auftrat (zum Beispiel die Unsicherheit beim Auftritt vor einem großen Publikum). Diese Situation soll jetzt innerlich so intensiv wie möglich erlebt werden.

In diesem Erleben tritt der Coachee erneut in den Kreis. Viele Menschen haben in diesem Moment ein sehr starkes Körperempfinden: Eine Energiesäule, die vom Boden aus in den Himmel aufsteigt, Kribbeln im ganzen Körper, Hitze, ... Es darf alles geschehen und abgewartet werden, bis es von allein aufhört.

Dann tritt der Coachee mit einem Schritt nach vorn aus dem Kreis heraus.

Der Coach regt jetzt den Coachee an, sich vorzustellen, er könnte seinen Ressourcenkreis in jede Situation mitnehmen. Er darf in seiner möglichen Zukunft fühlen (Future-Pacing), dass dies eintritt. Future Pace ist ein Standardverfahren des NLP am Schluss von Änderungstechniken und dient zur Transfersicherung der tatsächlichen Anwendung der neuen Verhaltensweise. Es ist der rein gedankliche Test, ob die neue Verhaltensweise in der Zukunft funktionieren würde: »Wie wird es für dich sein, wenn du künftig ...«?

Ist die Übung abgeschlossen und funktioniert der Ressourcenkreis wie erwünscht, ist es wichtig, dass der Einzelne ihn in seinem Alltag erprobt. Dort kann er eine erstaunliche, häufig befreiende Wirkung entfalten und dem Coachee wertvolle Dienste leisten.

Literatur

Bandler, Richard (2001): *Veränderung des subjektiven Erlebens.* 8. Auflage. Paderborn: Junfermann.

Dilts, Robert B. (2005): *Professionelles Coaching mit NLP.* Mit dem NLP-Werkzeugkasten geniale Lösungen ansteuern. Paderborn: Junfermann.

Schwarz, Aljoscha A./Schweppe, Ronald P. (2009): *Praxisbuch NLP.* Mit gezielten Übungen die eigenen Kräfte aktivieren und sich auf Erfolg programmieren. 10. Auflage. München: Südwest.

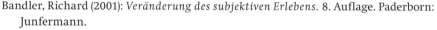

Gesundes Miteinander – Tools und Ressourcen für die soziale Gesundheit

↗ 03

Wie sag ich es dem Kollegen? –
Konflikte im Team konstruktiv ansprechen

Thomas Schaller

Kurz und knapp

Praktischer Leitfaden zum Ansprechen von Konflikten.

Ziele und Effekte

- Der strukturierte Leitfaden gibt Orientierung und hilft, die Angst vor Konfliktgesprächen abzubauen.
- Die Vorgehensweise hilft, Konflikte strukturiert und lösungsorientiert anzusprechen.
- Werden Konflikte regelmäßig angesprochen (und geklärt), kann dies die Effizienz der Teamarbeit, den Teamzusammenhalt, das Teamklima und längerfristig die soziale Gesundheit im Team fördern.
- Die Stressbelastung des Einzelnen durch Konflikte verringert sich.

Hintergrund und Beschreibung

Konflikte treten immer dann auf, wenn unterschiedliche Standpunkte aufeinandertreffen. Gerade im Team, wo verschiedene Persönlichkeiten miteinander arbeiten und aufeinander angewiesen sind (s. Riemann-Thomann-Modell, S. 227 ff.), sind Streitigkeiten vorprogrammiert. So unterschiedlich Menschen sind, so verschieden gehen sie auch mit Konflikten um. Das hängt zum einen von verschiedenen Temperamenten und Konfliktstilen ab, zum anderen kommen hier die unterschiedlichen Erfahrungen zum Tragen, die der Einzelne im Laufe seines Lebens mit Konflikten gemacht hat. Daher rührt auch, dass Streitigkeiten bei den meisten Menschen eher negative Empfindungen auslösen und von vielen als Stress empfunden werden. Ungeklärte, schwelende Konflikte können auf Dauer sogar krank machen. Doch eigentlich wohnt ihnen viel Positives inne: Sie machen die einzelnen Parteien mit ihren Gedanken, Standpunkten und Gefühlen erst für einander sichtbar. Häufig stoßen solche Kontroversen Neuerungen und Verbesserungen an. Und ganz allgemein bieten sie die Chance, Themen miteinander zu klären und – wenn produktiv aufgelöst – zukünftig besser und vertrauensvoller miteinander umzugehen, sei es im Privaten oder im Job.

Gerade im Beruf hat man jedoch größere Hemmungen Dinge anzusprechen, die einen stören, als in der Familie oder bei guten Freunden. Oft fehlen das gegenseitige Vertrauen oder die Praxis, Konfliktgespräche produktiv zu führen. Doch auch hier gilt wie bei vielem anderen auch: Übung macht den Meister!

Im Konfliktmanagement gibt es mittlerweile etliche Checklisten, Leitfäden, Übungen und allerhand Empfehlungen, wie sich Führungskräfte und Mitarbeiter im Konfliktfall zu verhalten haben. Diese können Sicherheit geben im Umgang mit Streitigkeiten am Arbeitsplatz beziehungsweise mit Konflikten im Team. Sehr bekannt sind mittlerweile auch Methoden wie das Harvard-Konzept, das im Mediationskontext Anwendung findet und die Unterscheidung zwischen Sache und Person fokussiert, oder auch das ebenso simple wie einleuchtende Eisbergmodell, das zwischen einer sachlichen und einer psychosozialen Ebene von Konflikten unterscheidet. Zu den zentralen theoretischen Grundlagen, die allerdings hier nicht weiter ausgeführt werden können, gehören beispielsweise die neun Eskalationsstufen von Friedrich Glasl (2013), ein Diagnoseinstrument für Konfliktfälle, an dem sich zeigt, wie weit ein Streit vorangeschritten ist und welche Interventionsmöglichkeiten es im jeweiligen Konfliktfall (noch) gibt.

Da es in diesem Kapitel um ein Tool gehen soll, das leicht im Trainings- und Coachingalltag einzusetzen ist, beschränke ich mich in Anlehnung an das sehr empfehlenswerte Buch von Thomas Schmidt (2010, S. 156 ff.) auf das »SAG ES!-Schema« als einfachen und leicht einprägsamen Leitfaden für die Vorgehensweise in Konflikten.

SAG ES! bezeichnet eine Abkürzung: Jeder Buchstabe steht für einen bestimmten Schritt beim Ansprechen von Konflikten. Das Kürzel »SAG ES!« betont insgesamt, wie wichtig es ist, Streitpunkte zu thematisieren.

S steht für »Sichtweise schildern«. In diesem Schritt geht es um die reinen Fakten, also darum, welches Verhalten oder welchen Sachverhalt man ganz konkret wahrgenommen hat. Es geht nicht um Bewertungen! Diese sollte man tunlichst ebenso vermeiden wie Ironie, wenn einem an der Klärung der Situation gelegen ist. Wichtig ist zudem, nur etwas anzusprechen, das auch veränderbar ist: Es macht keinen Sinn jemanden für seine Stimme zu kritisieren, auch wenn man diese als noch so unangenehm empfindet, da derjenige sie nicht ändern kann. Zudem sollte man das Problem frei von Vorwürfen, möglichst neutral schildern. Dazu gehört es auch, Du-Botschaften zu vermeiden und stattdessen Ich-Botschaften zu senden und damit konsequent bei seiner eigenen Wahrnehmung zu bleiben. Statt mit »Du bist zu spät« verbal auf den anderen zu zeigen, bleibt man mit »Ich warte seit zehn Minuten« bei sich – natürlich macht letztlich der Ton die Musik. Verboten sind auch Pauschalisierungen wie »immer« (immer macht es schlimmer!) oder »nie«. Aus dem Teamzusammenhang wäre beispielsweise denkbar, dass jemand eine Deadline nicht eingehalten hat. Man könnte also mit folgenden Fakten einsteigen: »Wir hatten den 15. Dezember als Abgabetermin für deine Zuarbeit vereinbart. Heute haben wir den 17. Dezember und mir liegt noch nichts vor.«

A steht für »Auswirkungen beschreiben«. Nach den Fakten sind die Konsequenzen an der Reihe. Was bewirkt das beschriebene Verhalten in der Folge? Wie wirkt das Verhalten auf mich? Beim genannten Beispiel könnte man sagen: »Ohne deine Zuarbeit kann ich das Projekt nicht weiter bearbeiten. Ich muss meine bisherige Planung umstellen und die Kollegen, die von mir abhängen, über die verzögerte Weiterarbeit informieren.«

G ist die Abkürzung für »Gefühle benennen«. Dieser Punkt ist zentral, um Konflikte aus der Welt zu räumen, jedoch auch relativ schwierig, da viele Menschen Hemmungen haben – gerade im beruflichen Kontext – ihre Gefühlswelt offenzulegen. Manche wissen zudem manchmal gar nicht, welches Gefühl hinter ihren Empfindungen steckt oder haben Schwierigkeiten, Gefühle zu benennen. Für unser Beispiel wären folgende Emotionen denkbar: »Ich habe durch die Verzögerung Angst, dass ich meine Arbeit nicht fristgemäß erledigen kann.« Oder auch »Ich bin verunsichert und fürchte, dass das Projekt leiden könnte«. Auch Bedürfnisse sind an dieser Stelle angebracht: »Verbindlichkeit ist mir sehr wichtig, sonst fühle ich mich unsicher.«

E steht für »Erfragen, wie der andere die Situation sieht«. Hier wechselt also die Perspektive zum Gegenüber. Dies ist ebenfalls ein zentraler Aspekt, um Konflikte schließlich auf den Lösungsweg zu bringen. Häufig verharren Konfliktpartner in ihrer eigenen Sicht der Dinge. Erst, wenn man den Blick für den anderen und seine Sichtweise öffnet, besteht die Möglichkeit, einander zu verstehen. Erkennt man womöglich, dass die Perspektive des anderen ebenso ihre Berechtigung hat, ist der erste Schritt hin zu einer gemeinsamen Lösung gemacht. Man kann Stück für Stück aufeinander zugehen. Denkbar wäre es zu fragen: »Wie siehst du das?«, »Was denkst du darüber?« »Was meinst du dazu?« und anschließend gilt: zuhören, zuhören, zuhören!

S meint »Schlussfolgerungen ziehen«. Die Bezeichnung von Thomas Schmidt ist meiner Ansicht nach etwas missverständlich, allerdings ist mir kein besserer Begriff für »S« eingefallen – Anregungen werden gern entgegengenommen! Hierunter fallen Wünsche, die man an den anderen hat, oder auch Lösungsansätze. Also etwa: »Ich wünsche mir, dass du mir rechtzeitig Bescheid gibst, wenn du eine Deadline nicht einhalten kannst.«

Anwendung in Gruppen und Teams

In jedem Team kommt es irgendwann zu Konflikten, die – werden sie nicht bearbeitet – das Miteinander und die Gesundheit der Teammitglieder belasten können. In einem Workshop zur Teamgesundheit macht es daher sehr viel Sinn, gemeinsam den Umgang mit Konflikten zu trainieren. Mit dem SAG ES!-Schema bekommen die einzelnen Teammitglieder zudem ein sehr konkretes Hilfsmittel an die Hand, das ihnen hilft, künftige Konflikte eigenständig anzugehen.

SAG ES!

Vorbereitung

- Leere Flipchartblätter, auf denen die Assoziationen zum Thema Konflikt gesammelt werden.
- Einen Flipchartbogen mit der Abkürzung SAG ES! vorbereiten, hinter jedem Buchstaben mit einigen Stichworte notieren, wofür er steht.
- Zudem genügend Flipchartpapier und Stifte für die Kleingruppen bereithalten.

Durchführung

Der Trainer umreißt mit einigen Worten das Thema Konflikt und stellt heraus, dass Konflikte im Team normal sind. Jedes Team besteht aus unterschiedlichen Persönlichkeiten, die unweigerlich mit ihren unterschiedlichen Meinungen auch einmal aneinandergeraten. Wichtig ist es, herauszustellen, dass Konflikte Alltag sind. Dann fragt er die Workshopteilnehmer danach, was sie mit Konflikten assoziieren und notiert zu den Wortmeldungen Stichwörter am Flipchart. Ein kurzes Durchzählen der Begriffe zeigt meist, dass mehr negative als positive Aspekte assoziiert werden. Der Trainer thematisiert diesen Umstand und führt aus, dass viele Menschen aufgrund ihrer persönlichen Erfahrungen den Begriff Konflikt eher negativ bewerten. Um Konflikte anzusprechen, ist es jedoch wichtig, sich die positiven Effekte von Konflikten vor Augen zu führen.

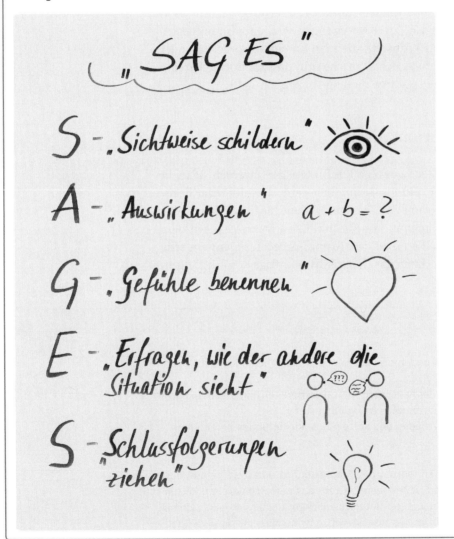

Anschließend fragt der Trainer: »Was passiert, wenn Konflikte nicht geklärt werden?« Normalerweise kommen hier Antworten, wie »Streitigkeiten schwelen unter der Oberfläche weiter«, »irgendwann explodiert man« oder auch »miese Stimmung im Team«. Daher – so kann man zum SAG ES!-Schema überleiten – ist es wichtig, Konflikte möglichst früh und direkt anzusprechen, wobei ein kurzer Leitfaden Sicherheit gibt. Nun erläutert man anhand des vorbereiteten Flipcharts entsprechend der Ausführungen auf Seite 121 f., welche Schritte im Einzelnen hinter »SAG ES!« stehen. Griffiger werden die Erklärungen, wenn man dabei ein Beispiel aus dem Alltag der Workshopteilnehmer durchdekliniert (zum Beispiel das bereits erwähnte Beispiel der nicht eingehaltenen Deadline). Falls sich noch Fragen ergeben, werden sie anschließend geklärt.

Jetzt sind die Workshopteilnehmer beziehungsweise Teammitglieder an der Reihe. Je nach Anzahl der Trainingsteilnehmer werden mehrere Kleingruppen mit maximal drei Personen durch Abzählen gebildet. Wenn es sich um ein einzelnes, kleineres Team von maximal fünf Personen handelt, kann es durchaus sinnvoll sein, das komplette Team in einer Gruppe arbeiten zu lassen. Dann wird die folgende Anleitung entsprechend abgeändert.

Übungsanleitung des Trainers: »Wir bilden jetzt Kleingruppen. Jede Gruppe sucht sich ein Konfliktbeispiel aus dem Arbeitsalltag. Bitte nehmen Sie sich das SAG ES!-Schema und notieren auf die Flipchartblätter konkrete Beispielsätze, die in einem konstruktiven Konfliktgespräch fallen könnten. Sie haben dazu 20 Minuten Zeit. Im Anschluss präsentieren Sie Ihr Ergebnis im Plenum.«

Bei der Ergebnispräsentation wird jeder notierte Satz daraufhin geprüft, ob er den Kriterien zur konstruktiven Konfliktansprache genügt. Der Trainer betont im Anschluss noch einmal, dass man das Thematisieren von Konflikten üben kann und üben sollte. Je häufiger, desto routinierter wird man. Wichtig ist es auch, klarzustellen, dass das SAG ES!-Schema lediglich ein Angebot ist, Konfliktgespräche auf einfache Weise zu strukturieren und dass es letztlich an jedem Einzelnen liegt, es für die eigene Praxis anzunehmen.

Übrigens lässt sich das SAG ES!-Schema auch sehr gut für die Vorbereitung eines Konfliktgesprächs nutzen.

Anwendung im Einzelcoaching

Das SAG ES!-Schema eignet sich auch hervorragend im Einzelcoaching, wenn es darum geht, schwierige Gespräche mit Kollegen oder mit Mitarbeitern vorzubereiten.

SAG ES im Einzelcoaching

Vorbereitung
- SAG ES!-Schema auf einem Flipchart in Stichwörtern vorbereiten.
- Zettel und Stift bereithalten.

Durchführung
Schritt für Schritt erläutert der Coach das SAG ES!-Schema seiner Klientin (beziehungsweise seinem Klienten). Er erklärt, was sich hinter dem Leitfaden SAG ES! verbirgt und wofür jeder einzelne Buchstabe steht. Dann überlegt sich die Klientin, wie sie den eigenen Streitfall ansprechen würde und notiert zu jedem SAG ES!-Schritt konkrete Sätze. Im Anschluss stellt sie dem Coach ihre Überlegungen vor. Gemeinsam diskutieren sie, wo noch Optimierungsbedarf besteht. Danach testen beide das Konfliktgespräch im Rollenspiel, wobei der Coach die andere Streitpartei übernimmt. Hierdurch gewinnt der Coachee Sicherheit für die Anwendung in der Praxis.

Mit diesem Leitfaden gibt der Coach dem Klienten ein konkretes Hilfsmittel an die Hand, das im Laufe des Coachings immer wieder hervorgeholt werden kann. Und letztlich gilt beim konstruktiven Umgang mit Konflikten wie bei allen anderen Lernprozessen: Üben, üben, üben!

Literatur

Glasl, Friedrich (2013): *Konfliktmanagement.* Ein Handbuch für Führungskräfte, Beraterinnen und Berater. 11. Auflage. Stuttgart: Verlag Freies Geistesleben.
Schmidt, Thomas (2010): *Konfliktmanagement-Trainings erfolgreich leiten.* Bonn: managerSeminare.

Welche Typen gibt es im Team? – Verhaltensstilanalyse mit dem Riemann-Thomann-Modell

Katja Cordts-Sanzenbacher und Kerstin Goldbeck

Kurz und knapp

Modell unterschiedlicher Persönlichkeitsstile, das auf vier Grundbedürfnissen des Menschen aufbaut (Distanz, Nähe, Wechsel, Dauer).

Ziele und Effekte

- Das Modell macht verschiedene Persönlichkeitsstile mit jeweiligen Stärken und Schwächen für ganze Teams oder auch für Einzelne sichtbar.
- Es zeigt Potenziale der jeweiligen Stile und Lernfelder auf.
- Und es kann auch Erklärungen für den individuellen Umgang mit dem Thema Gesundheit liefern.

Hintergrund und Beschreibung

Persönlichkeitsmodelle geben Anhaltspunkte, um eigenes Verhalten und das Verhalten anderer besser zu verstehen. Im Konfliktfall kann man sie beispielsweise einsetzen, um das Verhalten der Kontrahenten vor dem Hintergrund persönlicher Eigenschaften erklärbar zu machen. Sie sind zudem hilfreich, um die Zusammensetzung von Teams zu analysieren.

Im Riemann-Thomann-Modell werden vier Grundbedürfnisse angenommen: das Bedürfnis nach Nähe, Distanz, Dauerhaftem sowie nach Wechsel. Diese Bedürfnisse sind bei jedem Individuum unterschiedlich ausgeprägt, was zu zwischenmenschlichen Differenzen führen kann, unterschiedliche Teamkulturen hervorbringt und individuelle Eigenheiten bedingt. Im Modell werden die Grundbedürfnisse idealtypisch als Pole auf zwei Achsen angeordnet:

- Nähe versus Distanz sowie
- Dauer versus Wechsel

Das ursprüngliche Modell geht auf den Psychoanalytiker Fritz Riemann (1902–1979) zurück, der sich mit »Grundformen der Angst« (so auch der Titel seines Buches, das 1961 erschienen ist und mittlerweile in der 41. Auflage 2013 vorliegt) auseinandergesetzt hat. Der Psychologe Christoph Thomann hat den Ansatz Riemanns in Hinblick auf Persönlichkeitsstile und deren Ressourcen weiterentwickelt.

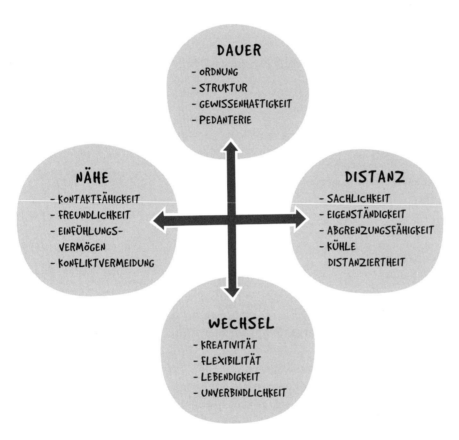

Mit allen vier Aspekten oder auch Stilen werden verschiedene menschliche Eigenschaften assoziiert (nach Schmidt 2010, S. 115 f.):

■ **Typische Eigenschaften aufgrund der vier Grundbedürfnisse**

Idealtypische Eigenschaften von Menschen mit ausgeprägtem Nähe-Bedürfnis:

kontaktfreudig, ausgleichend, verständnisvoll, schätzen harmonische Beziehungen, gutes Arbeitsklima, fühlen sich in andere ein, denken mehr an andere als an sich selbst, freundlich, herzlich, offen, warmherzig, friedfertig, gehen gern und schnell auf andere zu, kommen mit unterschiedlichen Menschen gut aus, vermeiden Spannungen und gehen Auseinandersetzungen aus dem Weg, wollen gemocht werden, können schlecht »Nein«-Sagen, eigene Bedürfnisse kommen leicht zu kurz, können sich schlecht abgrenzen und Ärger oder Aggression ausdrücken.

Idealtypische Eigenschaften von Menschen mit ausgeprägter Distanz-Bedürfnis:

sachlich, kühl, distanziert, arbeiten am liebsten allein, grenzen Arbeitsbereiche bei Zusammenarbeit klar ab, teilen Aufgaben auf, mögen keine Sitzungen und kein »geselliges Beisammensein«, unabhängig, scharfe Beobachter, sachlich-kritisch, können sich gut abgrenzen und »Nein« sagen, nehmen auch unpopuläre Standpunkte ein, sachorientiert, unpersönlich, abweisend, in Konflikten oft harsch, zynisch, sarkastisch, aggressiv, machen sich unbeliebt

Idealtypische Eigenschaften von Menschen mit ausgeprägter Dauer-Orientierung:

ordentlich, gewissenhaft, perfektes Zeitmanagement, können gut organisieren, pünktlich, zuverlässig, halten Ordnung und erwarten das auch von anderen, schätzen Listen und Planungen, halten gern alles schwarz auf weiß fest, lieben Struktur, Sicherheit, Pünktlichkeit, skeptisch gegenüber Veränderungen, Neuerungen, Unvorhergesehenem, unter Umständen konservativ, dogmatisch, können pedantisch, kontrollierend, überkorrekt sein

Idealtypische Eigenschaften von Menschen mit ausgeprägter Wechsel-Orientierung:

kreativ, fantasievoll, flexibel, chaotisch, lebendig, spontan, begeisterungsfähig, risikobereit, unkonventionell, lieben alles Neue, tolerant, charmant, unterhaltsam, weichen Verpflichtungen, Spielregeln, Vorschriften, Gesetzen, Konsequenzen aus, wenig zuverlässig, vernachlässigen Ordnung und Pünktlichkeit, teilweise launenhaft, leicht verstimmt, suchen Bestätigung

Anwendung in Gruppen und Teams

Bei der Arbeit mit Teams kommt es häufig darauf an, zu verdeutlichen, dass gerade die Unterschiede zwischen einzelnen Teammitgliedern die gemeinsame Arbeit befruchten können. Häufig sind sich Teams gar nicht bewusst, welche Persönlichkeitsstile die einzelnen Personen mitbringen beziehungseise wie das Team insgesamt in dieser Hinsicht aufgestellt ist. Mit dem Riemann-Thomann-Modell lässt sich die Teamzusammensetzung via Aufstellung der Mitglieder im Raum für alle veranschaulichen. Eigenschaften der Einzelnen werden ebenso sichtbar wie Konfliktpotenziale. Auch wird deutlich, wenn einem Team ein Persönlichkeitsstil fehlt. Der Austausch untereinander stärkt zudem den Zusammenhalt und die Toleranz für die Eigenheiten der anderen. Wir setzen die Übung regelmäßig ein und haben ausschließlich positive Ergebnisse mit ihr erzielt.

Das Riemann-Thomann-Modell in der Anwendung

Vorbereitung

Die vier Grundbedürfnisse auf vier Moderationskarten schreiben (oder die Vorlage unter www.beltz.de – direkt beim Buch – herunterladen und ausdrucken).

Zu jedem Grundbedürfnis eine Moderationskarte beschriften: auf der Vorderseite drei »positiv besetzte« Eigenschaften, auf der Rückseite drei zugehörige »negativ besetzte« Eigenschaften. Diese können Sie aus der vorangegangenen Übersicht über die Eigenschaften auswählen.

Beispiel: Moderationskarte zum Dauerbedürfnis:

- Vorderseite: zuverlässig, treu, systematisch
- Rückseite: unflexibel, kontrollierend, pedantisch

Unserer Erfahrung nach reichen diese sechs Eigenschaften völlig aus, um den Workshopteilnehmern das jeweilige Grundbedürfnis klarzumachen. Weitere Eigenschaften können dann assoziiert werden. Wichtig ist es, herauszustellen, dass es sich um Typmerkmale handelt, also um Zuspitzungen, die verdeutlichen sollen!

Mit Kreppband wird zudem ein Kreuz auf den Seminarboden geklebt.

Durchführung

Der Trainer oder die Trainerin erklärt in aller Kürze, worum es beim Riemann-Thomann-Modell geht. Dazu legt er die Grundbedürfnis-Moderationskarten nacheinander auf die vier Pole des am Boden aufgeklebten Kreuzes. Sinnvoll ist es, die Karten nicht reihum im Uhrzeigersinn zu positionieren, sondern entlang der Gegensatzpaare: Wenn man mit »Dauer« einsteigt, schließt sich das Gegenstück »Wechsel« an, auf »Nähe«, folgt »Distanz« oder umgekehrt. Liegen die vier Grundbedürfnisse offen und gibt es keine Unklarheiten, ordnet man den Polen ihre typischen positiv besetzten Eigenschaften zu und erläutert diese kurz.

Um die Teilnehmer einzubinden, lohnt die Frage danach, ob jemand eine Person mit diesen typischen Eigenschaften kennt. Meist melden sich gleich mehrere, die jemanden im Bekanntenkreis haben, der zum Beispiel superordentlich oder superkreativ ist – wie bereits festgestellt, geht es um Typmerkmale. Liegen alle positiven Begrifflichkeiten offen und ist das Prinzip in der Runde verstanden, kündigt der Trainer an, dass jede Eigenschaft auch immer eine Kehrseite hat und dreht dann die

Moderationskarten um, sodass die negativ assoziierten Begriffe sichtbar werden. Wichtig ist, dass die Teilnehmer begreifen, dass jede Eigenschaft positive und negative Ausprägungen haben kann.

Wenn alles verstanden ist, führt der Trainer aus, welche Grundbedürfnisse er selbst in welchem Maße hat und stellt sich schließlich an die entsprechende Stelle des auf dem Boden aufgeklebten Kreuzes. Es ist wichtig, etwas von sich selbst (und auch von seinen Schwächen) preiszugeben, damit die Teilnehmer keine Hemmungen haben, es einem nachzutun. Im Anschluss fordert man die Teilnehmer auf, sich für eine Position im Kreuz zu entscheiden und sich im Anschluss selbst dorthin zu stellen.

Bei jeder Aufstellung gibt es immer jemanden, der sich in die Mitte des Kreuzes stellen möchte, da angeblich alle vier Bedürfnisse gleichermaßen erfüllt seien. Meist sind dies Menschen, die sich nicht gern vor der Gruppe offenbaren, aus welchen Gründen auch immer. Früher haben wir versucht, solche Menschen davon zu überzeugen, dass sie sich doch für eine Position im Kreuz entscheiden. Mittlerweile respektieren wir die Entscheidung, sich in die Mitte zu stellen und fragen später nach den Gründen dafür.

Wenn die Teammitglieder ihre Position gefunden haben, gehen wir reihum und fragen danach, wieso sie genau an dieser Stelle stehen. Wenn sich alle erklärt haben, geht es um die Hinführung zum jeweiligen konkreten Workshopthema, beispielsweise zu den Fragen, was die Teamzusammensetzung für die Teamarbeit bedeutet, welche Teamkultur sich ergibt, wo die Stärken und Schwächen des Teams sind oder auch wo Konflikte bei der Zusammenarbeit lauern könnten. Wichtig ist, dass die Teilnehmer erkennen, dass individuelle Persönlichkeitsstile ein Team bereichern.

Schwerpunkt Gesundheit

Denkbar ist natürlich auch, dass es im Seminar direkt um das Thema Gesundheit gehen soll. Hier kann man diskutieren, was die unterschiedlichen Persönlichkeitsstile für den Umgang mit dem Thema Gesundheit im Team bedeutet oder auch für die Selbstfürsorge der Einzelnen? Wer hat es leichter, für sich selbst zu sorgen? Welcher Persönlichkeitsstil achtet mehr auf die soziale Teamgesundheit (Nähe-Bedürfnis)? Welche Teamkultur ist für ein gesundes Team geeignet (zum Beispiel besonders heterogenes Team)? Dienlich für ein gesundes Team können beispielsweise gegenseitige Achtsamkeit, Selbstfürsorge der Einzelnen, Transparenz der Entscheidungswege, Akzeptanz persönlicher Schwächen sein.

Durch die Arbeit mit dem Riemann-Thomann-Modell wird schnell klar, dass jeder Persönlichkeitsstil besondere Stärken aufweist und daher Wertschätzung verdient. Zur Erläuterung können sie dazu die folgende Übersicht nutzen. Die Zusammenarbeit im Team wird durch diese Übung gestärkt, da die Teammitglieder mehr voneinander wissen. Im Zusammenhang mit dem Thema Gesundheit können gemeinsame Maßnahmen zur Gesundheitsförderung erarbeitet werden – jeder kann sich je nach Persönlichkeitsstil einbringen.

Wie wir bereits festgestellt haben, hat jeder Persönlichkeitsstil auch im Hinlick auf das Thema Gesundheit besondere Stärken und Schwächen. In der folgenden Übersicht zeigen wir anhand von Smileys, wo die Stärken beziehungsweise Schwächen jeweils liegen.

■ **Gesundheitsverhalten nach Persönlichkeitsstilen**

Wie gehen Menschen mit ausgeprägtem Nähe-Bedürfnis mit dem Thema Gesundheit um?

☺ Menschen mit ausgeprägtem Nähe-Bedürfnis ist häufig das Wohlbefinden der Kollegen wichtig. Sie kümmern sich um die »Teamgesundheit« und sorgen für den Sozialkit.

☺ Sie sorgen für ein gutes Betriebsklima.

☺ Sie mögen Teamsportarten oder zum Beispiel Laufgruppen.

☹ Sie wollen von den Kollegen und vom Chef gemocht werden, neigen daher zur Selbstausbeutung im Job und vernachlässigen häufig die eigenen Bedürfnisse. Gerade bei Führungskräften könnte die eigene Selbstfürsorge zu kurz kommen.

☹ Konfliktthemen werden nicht offen angesprochen, sondern eher vermieden. Führungskräfte scheuen aktive Konfliktklärung. Konfliktvermeidung wirkt sich negativ auf die eigene Gesundheit aus. Unterschwellige Konflikte am Arbeitsplatz beeinträchtigen das Wohlbefinden aller.

☹ Gesundheitliche Probleme werden leicht ausgeblendet und nicht aktiv angegangen.

😐 Teamkulturen, die von Menschen mit Nähe-Bedürfnis geprägt werden, können regelrecht kuschelig sein. Es geht sehr warmherzig zu. Häufig fehlt jedoch eine ausgeprägte, gesunde Diskussionskultur, in der auch Strittiges angesprochen werden darf. Das ist jedoch für ein nachhaltig gesundes Miteinander wichtig.

Wie gehen Menschen mit ausgeprägtem Distanz-Bedürfnis mit dem Thema Gesundheit um?

☺ Sie sind prädestiniert für Einzelsportarten wie Laufen, auch Leistungssport kann für sie wichtig sein. Mannschaftssport meiden sie eher.

☺ Erkenntnisse für die eigene Gesundheit werden konsequent angewendet.

☹ Gefahr sich abzukapseln, wenn Gesundheitsprobleme auftreten.

☹ Für Menschen mit großem Distanzbedürfnis zählen vor allem Fakten und messbare Werte. Gesundheit wird gern als rein körperlich definiert. Weichere, mentale Gesundheitsfaktoren werden leicht ausgeblendet. Alternativmediziner haben es mit diesen Patienten schwer.

😐 Distanzgeprägte Teamkulturen arbeiten sehr sachorientiert, verlieren jedoch leicht den Blick dafür, wie es dem Einzelnen im Team geht. Auf die Teamgesundheit und ein gesundes Miteinander wird mitunter zu wenig geachtet.

Wie gehen Menschen mit ausgeprägtem Dauer-Bedürfnis mit dem Thema Gesundheit um?

- ☺ Sie zeichnen sich aus durch Diszipliniertheit beim Sport.
- ☺ Einmal gefasste Gesundheitsgrundsätze, zum Beispiel in der Ernährung, werden dauerhaft beibehalten.
- ☹ Von alten Gewohnheiten können die Dauer-Typen nur schwer lassen, auch wenn sie für die Gesundheit abträglich sind (zum Beispiel im Ernährungsbereich).
- ☺ Teams mit starker Dauer-Prägung können schlecht mit Unvorbereitetem umgehen und verharren womöglich in starren Arbeitsabläufen. Neuerungen mit Blick auf die Teamgesundheit begegnet man zunächst skeptisch.

Wie gehen Menschen mit ausgeprägtem Wechsel-Bedürfnis mit dem Thema Gesundheit um?

- ☺ Sie sind offen für vieles, auch für unkonventionelle Gesundheitstipps.
- ☺ Sie können sich für neue Gesundheitstrends und Sportarten schnell begeistern.
- ☹ Es fällt ihnen aber schwer, am Ball zu bleiben. Daher haben sie Schwierigkeiten, diszipliniert an der Gesundheit zu arbeiten.
- ☺ Teams mit ausgeprägter Wechselkultur sind häufig voll von neuen Ideen, oft mangelt es jedoch an der Umsetzung. Das gilt auch für neue Gesundheitsvorsätze.

Anwendung im Einzelcoaching

Wie in der Arbeit mit Teams und Gruppen eignet sich das Riemann-Thomann-Modell auch im Einzelcoaching hervorragend dazu, die eigenen Bedürfnisse, Eigenschaften, Potenziale oder auch Schwächen bewusst zu machen. Häufig geht dem Coachee dabei «ein Licht auf» und er kann sich anhand des Modells typische eigene Verhaltenweisen besser erklären.

Das Riemann-Thomann-Modell im Einzelcoaching

Vorbereitung

- Eventuell Flipchartbogen oder ein großes Blatt Papier mit dem Riemann-Thomann-Kreuz präparieren.
- Gegebenenfalls Moderationskarten vorbereiten oder unter www.beltz.de – direkt beim Buch – die Vorlage herunterladen und ausdrucken.

Durchführung

Im Coaching kann noch intensiver am Thema (gesundheitsbezogener) Persönlich-keits- beziehungsweise Verhaltensstil gearbeitet werden. Der Einstieg – also die Er-klärung des Modells und Ergänzung der entsprechenden Eigenschaften – kann ähn-lich wie in der Gruppensituation erfolgen, damit sich der Coachee spontan in das Riemann-Thomann-Kreuz einordnen kann. Es ist aber auch möglich, zunächst nur die positiven Eigenschaften zu nennen und den Coachee die negativen Gegenstücke und/oder für jede negative Eigenschaft den positiven Kern erarbeiten zu lassen. In jedem Fall macht es Sinn, im Anschluss an die Einordnung mit dem Coachee anhand verschiedener Fragen reflektieren, warum er sich genau so eingeordnet hat. Mögli-che Fragen dazu sind:

- Welche Eigenschaft hat Sie spontan angesprochen und warum?
- Was assoziieren Sie mit dieser Eigenschaft?
- Wie würden Sie sie umschreiben?
- Wie verhält sich jemand, der diese Eigenschaft hat?
- In welchen Situationen zeigen Sie selbst diese Eigenschaft?
- Gibt es Ausnahmen und wenn ja, welche?
- Welche Eigenschaft trifft überhaupt nicht auf Sie zu?
- Was assoziieren Sie mit dieser Eigenschaft?
- Wie würden Sie sie umschreiben?
- Wie verhält sich jemand, der diese Eigenschaft hat?
- Wie regieren Sie auf dieses Verhalten?
- Gab es schon einmal eine Situation, in der Sie diese Eigenschaft gezeigt haben?
- Wie kam es dazu?
- Welche Menschen in Ihrem Umfeld haben diese Eigenschaften?
- Wie stehen Sie dazu?

Ziel dieser Fragen ist es zum einen, zu klären, was der Coachee genau unter den genannten Eigenschaften versteht und welches konkrete Verhalten er damit verbin-det, da dies individuell unterschiedlich sein kann: Während für den einen der Begriff »Ordnung« eine positive Konnotation hat, verbindet ein anderer damit etwas Nega-tives. Zum anderen erhält der Coachee durch die Fragen nach Eigenschaften, die er sich nicht zuordnet, einen Anstoß zur Perspektivenübernahme.

Im Anschluss an diese Fragen wird der Coachee gebeten, zu überprüfen, ob die Ein-ordnung noch stimmt. Ist dies der Fall, kann eine Einschätzung erfolgen, wie andere Menschen den Coachee sehen:

- Wo würden Lebenspartner, Familienangehörige, Kollegen, Vorgesetzte, Mitar-beiter Sie einordnen?
- Was bedeutet das für die Beziehung zu diesen Menschen?

Als Hausaufgabe kann der Coach dem Coachee mitgeben, die genannten Menschen zu bitten, ihn tatsächlich einzuschätzen und ihm eine Rückmeldung dazu zu geben. Ergeben sich Diskrepanzen, sollte im Laufe des Coachingprozesses daran gearbeitet werden, eine höhere Übereinstimmung zwischen Selbst- und Fremdbild zu erreichen.

Eine weitere Möglichkeit ist, mithilfe des Riemann-Thomann-Kreuzes Unterschiede zwischen privatem und beruflichem Verhalten zu reflektieren:

- Würden Sie sich privat (beruflich) anders einordnen?
- Welcher Typ, glauben Sie, ist in Ihrem Unternehmen/Ihrer Funktion besonders gefragt oder gefordert?
- Was bedeutet das für Ihr Wohlbefinden?

Es ist wichtig, im Coaching die beiden letzten Fragenkomplexe abzuklären, da die mangelnde Übereinstimmung zwischen Selbst- und Fremdbild und/oder zwischen persönlichen Präferenzen und beruflichen Anforderungen häufig verborgene, aber stark wirksame Stressquellen darstellen.

Schwerpunkt Gesundheit

Hat der Coachee eine Einordnung gefunden, die ihm stimmig erscheint, wird gemeinsam mit dem Coach reflektiert, was dieser spezielle Persönlichkeitsstil für den Umgang mit dem Thema Gesundheit bedeutet. Ausgangspunkt dabei können die in der Übersicht »Gesundheitsverhalten nach Persönlichkeitsstilen« (s. S. 232 f.) genannten Fragen sowie die jeweiligen Zuordnungen sein. Je nach Persönlichkeitstyp entwickeln Coach und Coachee dann passende Strategien, um gesundheitsförderliches Verhalten zu stärken. Ist der Coachee zum Beispiel ein Dauer-Distanz-Typ, bieten sich Einzelsportarten mit festem Zeitplan, ein strukturierter Ernährungsplan mit wiederkehrenden Gerichten und Entspannungsmethoden an, die allein durchzuführen und gut rational zu begründen sind (zum Beispiel Progressive Muskelentspannung, s. S. 54 ff.). Beim Wechsel-Nähe-Typen sind neue Erfahrungen, Kreativität und das Miteinander wichtig, wenn es um Bewegung, Ernährung und Entspannung geht. Hier wäre also eher an Teamsport, abwechslungsreiche und flexibel zusammenzustellende Gerichte sowie Fantasiereisen zur Entspannung (s. S. 116 ff.) zu denken.

Grundsätzlich eignet sich das Riemann-Thomann-Kreuz auch hervorragend, um Lernfelder aufzeigen. Ordnet sich beispielsweise jemand als Mensch mit einem großen Dauerbedürfnis ein, könnte sein Lernfeld im Wechselsektor liegen. Hier sollte der Coach den Coachee ermuntern, seine Komfortzone zu verlassen und Neues in kleinen Schritten auszuprobieren: So hat der Besuch eines Kletterkurses einem unserer Coachees, der seit Jahren das gleiche Programm an Geräten im Fitnessstudio absolviert, nicht nur neue Kontakte, sondern auch eine ganz frische Motivation und vielleicht sogar eine gesteigerte Risikobereitschaft gebracht.

Handelt es sich beim Coachee um eine Führungskraft, macht es schließlich auch Sinn zu reflektieren, welchen Einfluss der eigene Führungsstil – der häufig eng verknüpft ist mit dem Persönlichkeitsstil – auf die Gesundheit der Mitarbeiter hat (s. S. 275).

Mögliche Fragen dazu sind:

- Was fällt einer Führungskraft mit diesem Profil vermutlich leicht, was eher schwer?
- In welchen Situationen werden welche Eigenschaften oder »Typen« gebraucht?
- Was bedeutet das für Ihre Führungsarbeit?
- Was glauben Sie, welchen Einfluss der (Ihr) Führungsstil auf die Gesundheit Ihrer Mitarbeiter hat?
- Welche Eigenschaften brauchen Sie oder wünschen Sie sich als Führungskraft?
- Welche Möglichkeiten gibt es, diese zu entwickeln oder zu kompensieren?
- Woran möchten Sie in Zukunft gern arbeiten?
- Wie sehen die ersten Schritte dahin aus?

Sie sehen, dass sich das Riemann-Thomann-Modell vielfältig einsetzen lässt. Ihnen sind sicher auch schon einige Ideen dazu eingefallen.

Literatur

Riemann, Fritz (2013): *Grundformen der Angst*. 41. Auflage. München/Basel: Ernst Reinhardt.

Schmidt, Thomas (2010): *Konfliktmanagement-Trainings erfolgreich leiten*. Bonn: managerSeminare.

Thomann, Christoph/Schulz von Thun, Friedemann (2011): *Klärungshilfe 1: Handbuch für Therapeuten, Gesprächshelfer und Moderatoren in schwierigen Gesprächen*. 6. Auflage. Hamburg: Rowohlt.

Wie sehen wir unser Team? –
Mit Teammetaphern Teamrollen reflektieren

Nadja Schudak

Kurz und knapp

Es wird eine kreative Methode vorgestellt, die die verschiedenen Perspektiven der Teammitglieder in einer Gesamtsicht zusammenführt und die individuellen Rollen der Teamitglieder reflektiert.

Ziele und Effekte

- Die verschiedenen Sichtweisen der einzelnen Teammitglieder auf das Team als Ganzes und seine Funktionsweise werden transparent gemacht.
- Die Kommunikation untereinander wird gefördert.
- Offene und versteckte Konflikte können aufgedeckt und bearbeitet werden.
- Die unterschiedlichen Potenziale der einzelnen Teammitglieder werden deutlich.
- Die offene Diskussion über den Istzustand eines Teams kann einem gewünschten Sollzustand gegenübergestellt werden.

Hintergrund und Beschreibung

Wenn Menschen in einem Team zusammenarbeiten, entstehen in der Regel recht starke Bindungen und Abhängigkeiten voneinander. Schließlich verbringt man häufig mehr Zeit seines Lebens mit seinen Kolleginnen und Kollegen als mit seiner Familie oder mit seinen Freunden. Diese arbeitsbezogenen Beziehungen können große Auswirkungen auf das Wohlbefinden der einzelnen Teammitglieder haben. Eine Person, die sich der Anerkennung ihrer Teamkollegen sicher ist, wird sich in ihrer Haut wohler und vitaler fühlen als eine Person, die ihren Kollegen nicht vertraut und nicht offen mit diesen zu kommunizieren wagt. Wie gern wir eine Rolle in einem Team ausüben, wird großen Einfluss darauf haben, wie gern wir jeden Tag zur Arbeit gehen. Dies wiederum hat langfristig erheblichen Einfluss darauf, wie es um unseren ganzheitlichen Gesundheitszustand bestellt ist. Eine offene Kommunikationskultur und der konstruktive Umgang mit Konflikten innerhalb eines Teams dienen also nicht nur der effizienteren Erfüllung der anstehenden Aufgaben, sondern tragen auch entscheidend zur Zufriedenheit und Motivation und somit zur seelischen Gesundheit der Teammitglieder bei.

Ein gutes Team lebt von der Unterschiedlichkeit seiner Teammitglieder: Untersuchungen von erfolgreich und effektiv arbeitenden Teams haben gezeigt, dass ein Team von der Heterogenität der einzelnen Personen im Team nicht nur profitieren kann, sondern vielmehr auf sie angewiesen ist.

Im Folgenden wird eine Methode vorgestellt, um zu reflektieren, wer welche Rolle im Team übernimmt und welche notwendigen Rollen eventuell bisher unbesetzt geblieben sind. Es existieren verschiedene Modelle hinsichtlich der Rollen, die in einem Team vorhanden sein sollten. Das bekannteste davon dürfte Belbins Rollenmodell sein (Belbin 1993), das zwischen neun verschiedenen Teamrollen differenziert:

Die neun Teamrollen werden in drei Gruppen unterschiedlicher Persönlichkeitstypen unterteilt:

- handlungsorientiert
- kommunikationsorientiert
- wissensorientiert

Jede Teamrolle beinhaltet weitergehend typische Eigenschaften, die jeweils auch bestimmte Stärken und Schwächen mit sich bringen:

Die Teamrollen der unterschiedlichen Persönlichkeitstypen

Handlungsorientierte Teamrollen

Macher (shaper)
- bringt den Antrieb und übt Druck aus, macht was man ihm sagt
- ist dynamisch, bekämpft Trägheit und Ineffizienz, ist eher selbstzufrieden
- neigt zu Provokationen und Unaufmerksamkeit

Umsetzer (implementer)
- setzt Ideen in die Tat um
- arbeitet hart, ist selbstdiszipliniert, zuverlässig
- ist etwas unflexibel, lehnt unbewiesene Ideen ab

Perfektionist (completer)
- ist sorgfältig und ordentlich
- neigt zum Perfektionismus, ist gewissenhaft, bringt die Aufgaben zu Ende
- sorgt sich über kleine Dinge

Kommunikationsorientierte Teamrollen

Koordinator (co-ordinator)
- koordiniert den Prozess
- stellt schnell die individuellen Stärken der Teammitglieder fest, ist vertrauensvoll
- übernimmt Delegation, ist durchschnittlich intelligent und kreativ

Teamarbeiter (teamworker)
- löst Konflikte der Gruppe
- ist empfindsam bei Spannungen, kann mit unterschiedlichen Situationen und Menschen fertig werden, ist sanft
- nicht entscheidungsfähig bei Zerreißproben

Wegbereiter (resource investigator)

- knüpft und festigt Kontakte, verbildlicht klar den Weg zum Ziel
- greift neue Ideen auf, reagiert auf Herausforderungen, ist kommunikativ
- verliert das Interesse, wenn die Aufgabe abgeflacht ist

Wissensorientierte Teamrollen

Erfinder/Neuerer (planter)

- bringt neue Ideen ein
- ist genial, fantasievoll, hat großes Denkvermögen
- ist häufig mit den Gedanken woanders, neigt dazu, praktische Details und Anweisungen zu missachten

Beobachter (monitor evaluator)

- analysiert neue Ideen und Durchführbarkeit
- seine Stärken sind Urteilsfähigkeit, Diskretion und Nüchternheit, ist scharfsinnig
- Mangel an Antrieb und Fähigkeit zum Inspirieren

Spezialist (specialist)

- hat ein großes Fachwissen
- bringt viel Fachwissen in die Gruppe ein
- verliert sich in technischen Details

Dabei ist es nicht erforderlich, dass ein Team tatsächlich aus diesen neun verschiedenen Mitgliedern besteht. Zum einen müssen – je nach Aufgabe und Funktion eines Teams – nicht alle Rollen besetzt sein, zum anderen können einzelne Personen auch mehrere Rollen gleichzeitig übernehmen.

Außerdem ist klar, dass man die Rollen nicht einfach nach Belieben den Teammitgliedern zuweisen kann. Zwar kann jeder eine ihm zugewiesene Aufgabe übernehmen und versuchen, sie besten Gewissens auszuüben, doch wird man dabei kurz- oder langfristig an Grenzen stoßen. In der Regel trägt jeder Mensch eine Präferenz für ein bis drei Teamrollen in sich, bei deren Ausübung er sich am wohlsten, zufriedensten, sichersten und effektivsten fühlt.

Die Präferenz für bestimmte Rollen kann jedoch auch je nach Aufgabe, Teamzusammensetzung und Situation variieren und sich vor allem auch im Laufe eines Lebens verändern. Um diese Präferenzen unvoreingenommen zu reflektieren, macht es Sinn, vor der Einführung des Belbin-Modells eine kreativere Rollenreflexion in Form einer Teammetapher vorzuschalten. Das bedeutet, dass das Team die Aufgabe erhält, sich selbst beispielsweise als Zirkus, als Fußballmannschaft, als Schiffsbesatzung oder Ähnliches zu »gestalten«: Jedes Teammitglied erhält dabei eine Rolle innerhalb dieser Metapher, und das Team als Ganzes wird anschließend kreativ dargestellt. Dazu eignen sich verschiedene Materialien und Methoden (zum Beispiel Malen, Knete, Collagen). Auf diese Weise wird nicht nur die kognitive Ebene der Teilnehmer angesprochen, sondern auch die emotionale. Während bei einer rein sprachlich deskriptiven Bearbeitung des Themas emotionale Aspekte oftmals in den Hintergrund treten, können hierbei alle Sinne mit einbezogen werden. Erlebnisse, Erfahrungen und Emotionen werden ausgedrückt, ohne dass diese zwangsweise explizit benannt werden müssen.

Gleichzeitig treten Aspekte zutage, die dem Gestalter selbst kaum bewusst sind, zu denen er aber durch die Interpretation anderer Personen Zugang findet. In einem Bild tritt die subjektive Sichtweise des Gestalters stärker in den Vordergrund ebenso wie die subjektive Deutung des Betrachters ihren Raum erhalten darf.

Im Anschluss an die Teammetapher kann dann mithilfe des Belbin-Modells reflektiert werden, wo es Übereinstimmungen gibt, aber auch, wo möglicherweise dysfunktionale Teamstrukturen vorliegen. Diese können entstehen,

- wenn eine Teamrolle, die für die Erfüllung einer Aufgabe wichtig ist, nicht besetzt ist.
- wenn Teammitglieder über einen längeren Zeitraum Rollen übernehmen, die nicht ihrer inneren Präferenz entsprechen und die Gefahr der Über- oder Unterforderung besteht.
- wenn Teamrollen durch mehrere Personen gleichzeitig besetzt sind und konkurrente Verhaltensweisen auftreten.
- wenn unterschiedliche Erwartungen an die Belegung der einzelnen Teamrollen bestehen.

Trainingsdidaktisch macht es Sinn, die Teammetapher im Anschluss an eine Teamaufgabe (gemeinsam ein Problem lösen) einzusetzen. So kann die Teamaufgabe als Basis genutzt werden, um die Rollenverteilung zu analysieren.

Anwendung in Gruppen und Teams

Im Folgenden wird beschrieben, wie sich die Teammetapher und die Rollen-reflexion nach Belbin im Rahmen einer Teamentwicklung einsetzen lassen.

Teammetapher herausarbeiten

Vorbereitung
Für die Teammetapher verschiedene Materialien in ausreichender Menge zur Gestaltung bereithalten:

- großformatiges Papier
- farbige Stifte und oder Wasserfarben
- Knete zum Kneten
- Zeitschriften zum Anfertigen einer Collage
- Scheren und Kleber

Durchführung
Die Übungsanleitung für die Gruppe kann folgendermaßen lauten: »Stellen Sie sich vor, Ihr Team wäre ein Zirkus. Überlegen Sie, welche Personen beziehungsweise Rollen in einem Zirkus wichtig sind und versuchen Sie dann, Entsprechungen in Ihrem Team zu finden. Anschließend gestalten Sie bitte gemeinsam ein Bild von Ihrem Team als Zirkus. Dabei geht es nicht darum, ein besonders gelungenes Kunstwerk zu gestalten, sondern gemeinsam darzustellen, wie Ihr Team aussehen würde, wenn es ein Zirkus wäre.«

Als Alternative zum Bild »Zirkus« können weitere Bilder und Metaphern eingesetzt werden. Dazu eignen sich beispielsweise die Metaphern Fußballmannschaft, Schiffs-besatzung, Computersystem, Auto, Fahrrad oder Formel-Eins-Team. Der Kreativität des Trainers sind dabei keine Grenzen gesetzt, solange das Bild/die Metapher es ermöglicht, die Zusammenarbeit im Team und die unterschiedlichen Rollen abzubilden beziehungsweise zu symbolisieren. Die ausgewählte Metapher kann weit weg von der beruflichen Tätigkeit der Teilnehmer liegen, aber auch relativ nah dran – je nachdem, wie man als Trainer die Offenheit und die Kreativität des Teams einschätzt. So kann ein Team von Informatikern mit der Metapher des Computersystems arbeiten, aber durchaus auch mithilfe der Bilder Fußballmannschaft oder Zirkus seine Rollen reflektieren.
Was die Vorgaben für die Gestaltung betrifft, kann man als Trainer unterschiedlich offen sein: Es ist möglich, die Gestaltungsform vorzugeben (zum Beispiel eine Collage) und ausschließlich das dafür vorgesehene Material zur Verfügung zu stellen. Man kann die Gestaltung aber auch völlig offen lassen, was es ermöglicht, die Diskussionen, die im Team dazu entstehen, innerhalb der Teamentwicklung zu thematisieren.

Die Gruppe braucht nun ausreichend Zeit für die Bearbeitung der Aufgabe (je nach Material und Teamgröße zwischen 30 und 90 Minuten). Die Teilnehmenden sollten dabei im Team diskutieren, welche Rollen es gibt und wer diese Rollen jeweils in ihrem Team verkörpert. Als Trainer hält man sich an dieser Stelle mit Kommentaren zurück, beobachtet aber sehr aufmerksam, wie die gemeinsame Aufgabe gelöst wird. Wenn das Werk fertig ist, wird es dem Trainer/Teamcoach vorgestellt. Hier finden Sie ein Beispiel, wie ein Team sich selbst als Schiffsmannschaft dargestellt hat:

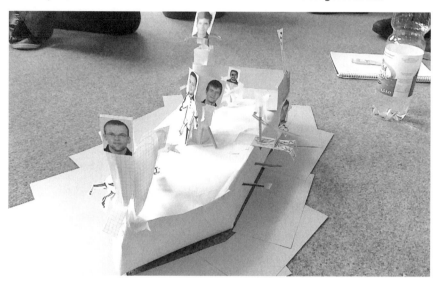

Im Anschluss kann der Trainer/Teamcoach mit folgenden Fragen den Reflexionsprozess weiter fortführen:

- Wie ging es Ihnen mit der Übung?
- Welche Rollen waren schnell gefunden, bei welchen dauerte es länger?
- Welche Rollen fehlen?
- Wo ist das Team stark besetzt?
- Wo gab es Diskussionsbedarf hinsichtlich der Rollenverteilung?
- Wie kam beziehungsweise kommt es zu diesen unterschiedlichen Wahrnehmungen?
- Wie wurden Meinungsverschiedenheiten geklärt?
- Welche positiven Eigenschaften des Teams werden deutlich?
- Wenn Sie Teamleiter wären und jetzt von außen auf dieses Team schauen würden, was ginge Ihnen durch den Kopf?
- Wenn Sie als Teamleiter beobachtet hätten, wie Sie Ihr gemeinsames Modell gestaltet haben, was würden Sie dazu sagen?

- Welche Stärken werden deutlich?
- Was braucht Ihr Team jetzt noch?

Weitergehend ist es wichtig, einen konstruktiven Austausch zwischen den einzelnen Teammitgliedern anzuregen. Die Entwicklung von Ideen und Vorschlägen, die zu einer Verbesserung der Teamarbeit führen, steht im Mittelpunkt.

An die Übung der Teammetapher kann sich eine weitere Rollenreflexion mithilfe des Belbin-Modells anschließen.

Rollenreflexion mit dem Belbin-Modell

Vorbereitung

- Rollen auf neun unterschiedlich farbige Moderationskarten schreiben.
- Dabei die drei verschiedenen Persönlichkeitstypen jeweils einer Grundfarbe zuordnen: zum Beispiel die handlungsorientierten Rollen auf rote Moderationskarten schreiben, die kommunikationsorientierten auf grüne und die wissensorientierten auf blaue.
- Die drei verschiedenen Rollen innerhalb eines Persönlichkeitstyps auf Karten in Farbnuancen der jeweiligen Grundfarbe notieren.
- Anstelle der Rollenbezeichnungen können auch Symbole für die jeweiligen Rollen verwendet werden.

Durchführung

Der Trainer gibt einen kurzen Input zum Teammodell von Belbin. Die drei verschiedenen Persönlichkeitstypen werden erläutert und die neun Teamrollen vorgestellt. Die dafür vorbereiteten Moderationskarten werden während der Erläuterung an eine Metaplanwand gepinnt.

Mit der Gruppe zusammen werden nun die individuellen Eigenschaften der neun Rollen besprochen. Hier sollten die Stärken der neun Persönlichkeitstypen im Vordergrund stehen, aber auch Platz für die Diskussion von Schwachpunkten gegeben werden. Die Gruppe wird aufgefordert, diese Eigenschaften auf die leeren Moderationskarten (Farbwahl der Moderationskarte beachten!) zu schreiben und sie neben die jeweilige Teamrolle an die Pinnwand zu heften.

Jeder Teilnehmer wird gebeten für sich selbst zu entscheiden, welche zwei bis drei Teamrollen er für sich präferiert. Für diese Entscheidung hilft es den Teilnehmern, wenn sie sich konkrete Situationen aus dem Alltag vorstellen.

Daran anschließend sollen die Teilnehmer die zwei bis drei Rollen für sich ermitteln, in denen sie sich am wenigsten sehen. Die Teilnehmer sollen ihre Ergebnisse auf Moderationskarten notieren, aber noch nicht den anderen Gruppenmitgliedern mitteilen.

Anschließend folgt der Abgleich zwischen Selbst- und Fremdwahrnehmung: Die einzelnen Teammitglieder werden nun gebeten sich zu überlegen, welches Teammitglied sie in welcher Rolle wahrnehmen. Dabei kann es passieren, dass manche Rollen für mehrere Personen gleichzeitig infrage kommen und manche Personen auch mehrere Rollen gleichzeitig verkörpern. Ebenso ist es möglich, dass manche Rollen scheinbar gar keine Besetzung im aktuellen Team haben. All dies ist möglich. Wichtig ist allein, dass jedes Teammitglied mindestens einer Rolle zugeordnet wird. Sollte dies nicht möglich sein, da beispielsweise keine der vorgegebenen neun Rollen adäquat erscheint, können weitere Rollen neu erfunden werden.

Ihre Rolleneinschätzungen sollen die Teilnehmer auf die leeren Moderationskarten schreiben: Der Name des Teammitglieds und die dazugehörige Rolle werden auf einer Moderationskarte notiert, wobei die Farbe der entsprechenden Rolle beachtet werden sollte. Gleichzeitig ist es hilfreich, den eigenen Namen auf der Moderationskarte zu notieren, damit die Karten am Ende auch wieder dem Schreiber zugeordnet werden können. Selbstverständlich kann man dieses Detail weglassen, wenn man die Übung aus bestimmten Gründen anonym durchführen möchte.

Im nächsten Schritt werden die Teilnehmer gebeten, ihre Rollenverteilungen mit an die Pinnwand zu heften, sodass sie für alle sichtbar werden.

Daran anschließend werden die Teilnehmer gebeten, die Moderationskarten mit ihren Selbsteinschätzungen ebenfalls an die Pinnwand zu heften.

Dann ist der Trainer an der Reihe, den darauffolgenden Prozess des Austauschs über die auftretenden Unterschiede bei den Selbst- und Fremdwahrnehmungen mit viel Fingerspitzengefühl zu moderieren. Für diesen Moderationsprozess können folgende Leitfragen verwendet werden:

- Welche Einschätzungen überraschen Sie am meisten? Warum?
- Welche Fremdeinschätzungen freuen Sie?
- Welche Fremdeinschätzungen irritieren Sie?
- Wie kommt es zu den unterschiedlichen Wahrnehmungen?

Abschließend kann versucht werden, gemeinsam eine sinnvolle Rollenverteilung zu finden. Dies kann auch bedeuten, dass die aktuelle Rollenverteilung überdacht wird und Rollen neu vergeben werden. Hier macht es Sinn, an vorhandene Ressourcen und Stärken anzuknüpfen (s. Riemann-Thomann-Modell, S. 227 ff.). Diese gemeinsam ausgehandelte und an den Stärken jedes Teammitglied ausgerichteten Rollenverteilung kann dann als Basis dienen, um die Aufgaben innerhalb des Teams so zu verteilen, dass das gemeinsame Ziel bestmöglich erreicht wird.

Anwendung im Einzelcoaching mit einem Teamleiter

In einem individuellen Coaching mit dem Teamleiter kann intensiv an der gegenwärtigen Wahrnehmung der bestehenden Teamzusammensetzung gearbeitet werden sowie die eigene Rolle als Führungskraft in diesem Gefüge betrachtet werden.

Teamanalyse mit Hilfe der Teammetapher

Vorbereitung

- Arbeitsmaterialien für Teammetapher bereitstellen (Knete, Zeitschriften, Papier und Stifte und anderes mehr).
- Eventuell ein Flipchart oder ein großes Blatt Papier mit dem Modell über die neun Teamrollen nach Belbin präparieren.

Durchführung

Der Coachee erhält die gleiche Arbeitsanweisung wie in der Teamübung: »Stellen Sie sich vor, Ihr Team wäre ein Zirkus (Fahrzeug, Maschine, Sportteam …). Welche Rollen gibt es da? Welche Rolle haben Sie selbst? Erstellen Sie nun ein Bild von Ihrem Team! Malen Sie ein Bild von Ihrem Team, kneten Sie eine Figur beziehungsweise Form, fertigen Sie eine Collage an oder beschreiben Sie Ihr Bild mit Worten.«

Nach der Anfertigung beschreibt der Coachee sein Bild des Teams. Der Coach versucht nun, so viel wie möglich über die Teamzusammensetzung und die Sicht des Coachees auf sein Team zu erfahren:

- Welche gemeinsame Vision verfolgt das Team?
- Welche Personen übernehmen welche Rolle und warum?
- Wer arbeitet mit wem zusammen? Wie werden Entscheidungen getroffen?
- Wie steht das im Zusammenhang mit den Teamzielen/der Teamaufgabe?
- Wo entstehen Konflikte? Wie wurden beziehungsweise werden diese gelöst?
- Welche Rolle haben Sie selbst im Team?
- Was glauben Sie, in welcher Rolle erlebt das Team Sie am häufigsten?
- Was glauben Sie, denkt Teammitglied X über das Team?
- Auf einer Skala von 0 bis 10 – wie zufrieden sind Sie mit Ihrem Team?
- Was läuft gut im Team? Wo gibt es Verbesserungspotenzial?
- Was würden Sie sich zukünftig für Ihr Team wünschen?
- Was müsste passieren, damit sich diese Wünsche erfüllen?
- Was können Sie selbst dafür tun, damit diese Wünsche Realität werden?
- Wer oder was könnte Sie daran hindern?
- Welche Ressourcen brauchen Sie noch, damit sich Ihr Team in die gewünschte Richtung entwickeln kann?

Ziel dieser Übung ist es, den Ist-Zustand des Teams detailliert zu betrachten, zum Perspektivwechsel anzuregen und die eigene Handlungsfähigkeit als Teamleiter zu stärken. Der Weg über die Metapher ermöglicht dabei einen anderen Zugang zur Teamkonstellation und zur Reflexion der eigenen Führungsrolle.

Auch im Einzelcoaching kann sich eine Analyse des Teams mithilfe des Belbin-Modells anschließen. Auf diese Weise wird deutlich, welche Rollen aus der Perspektive der Führungskraft doppelt besetzt sind (und damit Konfliktpotenzial bieten) und welche vielleicht vakant sind, obwohl sie zur Erfüllung der Teamaufgabe gebraucht werden. Der Coachee kann dann im Coaching Handlungsstrategien entwickeln, wie er das Team auf dem Weg zur optimalen Rollenverteilung sinnvoll begleiten kann.

Literatur

Belbin, Meredith R. (1993): *Team Roles At Work*. Oxford: Butterworth Heinemann.

Belbin, Meredith R. (2003): *Managament Teams: Why They Succeed or Fail*. Oxford: Butterworth Heinemann.

Gellert, Manfred/Nowak, Claus (2010): *Teamarbeit, Teamentwicklung und Teamberatung*. Ein Praxisbuch für die Arbeit in und mit Teams. Meezen: Limmer.

Heckner, Kathrin/Keller, Evelyne (2010): *Teamtrainings erfolgreich leiten*. Fahrplan für ein dreitägiges Seminar zur Teamentwicklung und Teamführung, Bonn: managerSeminare.

Mahlmann, Regina (2010): *Sprachbilder, Metaphern & Co*. Einsatz von bildlicher Sprache in Coaching, Beratung und Training, Weinheim und Basel: Beltz.

Wie läuft es im Team? – Teamklima ermitteln mit dem Teamfragebogen

Laura Werkmeister

Kurz und knapp

Der hier vorgestellte Teamfragebogen dient dazu, die Einschätzung der Teammitglieder über das »Klima« im Team zu erheben. Er wurde in Anlehnung an eine vereinfachte Form des Teamklima-Inventars (TKI, deutsche Version von Brodbeck/Maier [2000]) entwickelt und kann gut in der Diagnosephase bei Teamentwicklungen eingesetzt werden.

Ziele und Effekte

- Bewusstsein des Teams über die Zusammenarbeit schärfen
- unterschiedliche Wahrnehmungen über das Teamklima aufdecken
- wichtige Themen für die Teamentwicklung identifizieren
- Potenzial für Kreativitäts- und Gesundheitsfaktoren wecken

Hintergrund und Beschreibung

Arbeit im Team wird für Organisationen in den heutigen globalen und schnelllebigen Zeiten immer wichtiger. Teamarbeit hat viele Vorteile: Sie fördert kontinuierliches Lernen und Innovation durch Synergieffekte im Bereich der Informationsverarbeitung. Da der Mensch ein soziales Wesen ist und sich über soziale Gruppen identifiziert, ziehen die meisten Mitarbeiter Teamarbeit der Einzelarbeit vor und arbeiten dann auch motivierter. Damit steigert Teamarbeit nicht nur die Wettbewerbsfähigkeit von Organisationen sondern auch die sogenannten »weichen Humanfaktoren« wie Motivation oder Kreativität.

Um die Vorteile von Teamarbeit zum Tragen kommen zu lassen, ist es – neben der Minimierung von Prozessverlusten – wichtig, dass im Team eine besondere Atmosphäre der Zusammenarbeit herrscht. Untersuchungen haben ergeben, dass dieses »Teamklima« wesentlich durch vier Faktoren bestimmt wird (West 1996):

- **Vision:** Es gibt erreichbare, gemeinsam ausgehandelte Ziele, die allen klar sind.
- **Aufgaben- und Zielorientierung:** Alle fühlen sich den Zielen und hohen Leistungsstandards verpflichtet.
- **Partizipative Sicherheit:** Alle Teammitglieder haben Einfluss auf Entscheidungen und Informationen werden an alle weitergegeben.
- **Unterstützung für Innovation:** Neue Ideen sind explizit von allen Mitgliedern erwünscht und werden in praktisches Handeln umgesetzt.

Vision Eine Vision mobilisiert die Kräfte des Teams und gibt ihnen eine klare Richtung vor. Gute Teamvisionen sollten eindeutig, mit allen ausgehandelt und erreichbar sein. Das bedeutet, jedes Teammitglied sollte sich stets aktiv mit der Vision auseinandersetzen und sie auf das eigene Handeln und Verhalten beziehen können. Neben der Erreichbarkeit und der Verankerung der Vision im Arbeitskontext ist es wichtig, dass die von der Teamvision vorgegebenen Werte und Normen von allen Mitgliedern geteilt werden und sich nicht »aufgezwungen« anfühlen.

Aufgaben- und Zielorientierung Sich sinnvoll an Aufgaben und Zielen zu orientieren bedeutet, die selbst gesetzten Ziele und die Strategien zur Zielerreichung kontinuierlich zu reflektieren und kritisch zu hinterfragen. Diese »kritische Kontroverse« setzt eine Atmosphäre des gegenseitigen Vertrauens und der Sicherheit voraus.

Partizipative Sicherheit Mit partizipativer Sicherheit ist das Gefühl der Teammitglieder gemeint, wesentlich an den Entscheidungen im Team beteiligt zu sein und das Team als stabiles Netzwerk an sozialen Kontakten zu empfinden. Ist das Gefühl der partizipativen Sicherheit ausgeprägt, übernehmen die Teammitglieder mehr Verantwortung für die Zusammenarbeit, investieren Energie und fühlen sich insgesamt wohler.

Unterstützung für Innovation Die Dimension Unterstützung für Innovation ist dann gut ausgeprägt, wenn im Team nicht nur »Lippenbekenntnisse« oder artikulierte Normen zur Innovationsförderung existieren, sondern auch in der Praxis Ressourcen wie soziale Unterstützung und Zeit und Raum bereitgestellt werden, um innovative Ideen zu generieren und umzusetzen.

Alle diese Faktoren leisten einen positiven Beitrag zur Gesundheit der Mitarbeiter: Vision und gemeinsame Ziele unterstützen die Sinnhaftigkeit der eigenen Arbeit. Genau das wirkt wie ein Schutzfaktor gegen Stressempfinden (Kaluza 2011, S. 58 ff.). Sich an der Gestaltung der Arbeitsprozesse und an der Entscheidungsfindung zu beteiligen sind wichtige Voraussetzungen für die Arbeitszufriedenheit, die wiederum in engem Zusammenhang zur Gesundheit steht (s. auch Kapitel »Zufriedenheit hält gesund – Arbeitszufriedenheit erheben«, S. 294 ff.). Ein hohes Zusammengehörigkeitsgefühl und das Empfinden, ein wertvoller Teil des Teams zu sein, fördern Selbstwirksamkeit und Selbstwert – beides ebenfalls wichtige Gesundheitsfaktoren (Kaluza 2011, S. 48 ff.). Innovation beziehungsweise Kreativität und Gesundheit sind schließlich ebenfalls eng miteinander verknüpft. In der Forschung besteht heute weitgehend Einigkeit darüber, dass gesundheitsförderliche Arbeitsbedingungen gleichzeitig die Kreativität fördern und umgekehrt. Ein innovationsförderliches Teamklima ist also zum großen Teil auch ein »gesundes« Teamklima.

- VISION
- ZIEL UND AUFGABENORIENTIERUNG
- PARTIZIPATIVE SICHERHEIT
- UNTERSTÜTZUNG FÜR INNOVATIONEN

EFFEKTIVES, KREATIVES UND GESUNDES TEAM

Anwendung in Gruppen und Teams

Die genannten Gründe zeigen, dass der Teamfragebogen von Michael A. West und seinen Co-Autoren – dessen Schwerpunkt ursprünglich auf der Innovationsfähigkeit der Teams liegt – gut als Basis für die Diagnose des Teamklimas genutzt werden kann, auch wenn das Ziel »gesundes Team« heißt. Die Ergebnisse sollen dabei nicht dazu dienen, dem befragten Team ein »Etikett« als »gutes« oder »schlechtes« Team zu verpassen. Sie sind viel mehr als Gesprächs- und Diskussionsgrundlage zu verstehen, um daraus konkrete Maßnahmen der Teamentwicklung abzuleiten hin zu einem effektiveren, kreativeren und gesünderen Team.

Der Teamklimafragebogen

Vorbereitung

- Teamfragebogen aus dem Downloadbereich auf www.beltz.de – direkt beim Buch – herunterladen und für alle Gruppenmitglieder kopieren
- Flipchart mit Ergebnissen und Reflexionsfragen vorbereiten

Durchführung

Wichtig beim Einsatz des Teamklimafragebogens ist, dass die Teilnehmer ihn ohne Vorwissen über die vier Dimensionen ausfüllen.

Idealerweise sollte der Fragebogen vor dem ersten Teamtraining verschickt werden, damit die Ergebnisse für die inhaltliche Gestaltung des Trainings genutzt werden können. Sollte das nicht möglich sein, kann der Fragebogen auch zu Beginn des Trainings ausgeteilt, in der Pause ausgewertet und dann als Diskussionsgrundlage verwendet werden.

Zur Instruktion reicht jeweils ein Satz wie: »Dieser Fragebogen erfasst, wie ihr/Sie im Team zusammenarbeitet/n.« Die Teilnehmer sollten außerdem darum gebeten werden, die Fragen individuell und ehrlich zu beantworten und darauf hingewiesen werden, dass alle Daten anonym behandelt werden.

Der Teamklimafragebogen

■ Aussage	■ Spalte 1	■ Spalte 2	■ Spalte 3	■ Spalte 4	■ Spalte 5
	trifft gar nicht zu	trifft wenig zu	trifft mittel zu	trifft eher zu	trifft voll zu
1. In diesem Team ist allen klar, was wir insgesamt erreichen wollen.					
2. Wir wissen, dass wir uns aufeinander verlassen können.					
3. Wir tauschen uns regelmäßig darüber aus, wie wir am besten arbeiten.					
4. Wir treffen uns regelmäßig, um effektiv zu kommunizieren und zu koordinieren.					
5. Die Teammitglieder unterstützen einander, wenn es darum geht, etwas Neues auszuprobieren.					
6. Alle haben Einfluss auf endgültige Teamentscheidungen.					
7. Wir informieren uns gegenseitig über arbeitsrelevante Dinge.					
8. In unserem Team herrscht ein Gefühl von Sicherheit und Vertrauen.					
9. Wir sind jederzeit aufgeschlossen gegenüber neuen Ideen.					
10. Alle Teammitglieder fühlen sich den Zielen des Teams verpflichtet.					
11. Wir können offen über Fehler reden.					
12. Wir sind uns einig über unsere Ziele.					
13. Im Team herrscht eine Atmosphäre, in der konstruktive Kritik geübt werden kann.					

Aussage	Spalte 1	Spalte 2	Spalte 3	Spalte 4	Spalte 5
	trifft gar nicht zu	trifft wenig zu	trifft mittel zu	trifft eher zu	trifft voll zu
14. Wir unterstützen einander bei der Umsetzung von neuen Ideen, die Arbeitsprozesse verbessern können.					
15. Wir unterstützen uns gegenseitig bei der Erledigung unserer Aufgabe.					
16. Jeder im Team trägt zur Entscheidungsfindung bei.					

Bevor es an die Ergebnisauswertung geht, empfiehlt es sich, eine kurze Einführung in die Idee hinter dem Teamklimafragebogen vorzunehmen und dabei den Teilnehmern noch einmal Folgendes klarmachen:

- Der Zweck des Fragebogens ist, in aller Kürze zu erfassen, wie gut die individuellen Wahrnehmungen der Teamzusammenarbeit im Team übereinstimmen.
- Die Ergebnisse sind nicht unfehlbar und haben keinen Anspruch auf absolute Wahrheit, da nur spezifische Aspekte der Zusammenarbeit erfasst werden.
- Das Ergebnis ist ein Abbild der Wahrnehmung der Zusammenarbeit in diesem Moment in dem spezifischen Kontext und kann sich jederzeit ändern.

Vor allem der letzte Punkt ist zentral, um die Teilnehmer beziehungsweise das Team bei einem eventuell nicht zufriedenstellenden Ergebnis nicht in Passivität oder »Schockstarre« verfallen zu lassen, sondern sie zu motivieren, an den verbesserungswürdigen Punkten zu arbeiten.

Auswertung

Eine gründliche psychologische diagnostische Vorgehensweise bei der Interpretation der Fragebogenwerte würde vorsehen, die in einem Fragebogen erhaltenen Werte mit einer – für die getestete Gruppe repräsentativen – Normgruppe zu vergleichen. Da es – wie ausgeführt – bei der Teamentwicklung jedoch darum geht, das Bewusstsein der Teilnehmer für das Team und dessen Funktion zu schärfen, reicht es für diesen Zweck vollkommen aus, die Gruppenwerte lediglich in Relation zum »Ideal« darzustellen: Wie würden wir in den einzelnen Bereichen gerne »abschneiden«, und wie sieht die Realität aus? Dadurch bekommen die Teilnehmer eine Vorstellung davon, welche Dimension schon gut ausgeprägt ist und wo noch Veränderungsbedarf besteht.

Berechnung

■ Dimension	■ Aussage Nr.	■ Dimension	■ Aussage Nr.
Vision	1___ 10___ 12___	Aufgaben-orientierung	3___ 11___ 13___ 15___
	Summe:___ Durchschnitt (Gesamtwert/3): ___		Summe:___ Durchschnitt (Gesamtwert/4): ___
Partizipative Sicherheit	4___ 6___ 7___ 8___ 16___	Unterstützung für Innovation	2___ 5___ 9___ 14___
	Summe:___ Durchschnitt (Gesamtwert/3): ___		Summe:___ Durchschnitt (Gesamtwert/3): ___

Gesamtfragebogenwert (Summe der Gesamtwerte / 4): _____

Der Fragebogen erfasst die vier Dimensionen des Teamklimamodells anhand von je drei bis fünf Fragen, die mit maximal fünf Punkten bewertet werden können. Somit kann man, je nach Gruppengröße, die durchschnittliche Ausprägung der Dimensionen für a) jedes Teammitglied individuell und für b) das ganze Team berechnen.

Individuelle Dimensionswerte
Um die individuellen Summen- und Durchschnittswerte sowie den Gesamtdurchschnittswert zu erfassen, muss jedes Teammitglied lediglich die Auswertungstabelle unten auf dem Teamfragebogen ausfüllen und seinen Durchschnittswert aus der entsprechenden Zeile ablesen.

Dimensionsdurchschnittswerte des Teams
Der Teamdurchschnittswert für eine Dimension ergibt sich aus der Summe der individuellen Durchschnittswerte für diese Dimension geteilt durch die Anzahl der Befragten.

Beispielrechnung: In einem hypothetischen Team aus Ralph, Max und Maria, mit den Durchschnittswerten 4 (Ralph), 5 (Max) und 3 (Maria) bei der Dimension »Vision« ergibt sich ein Teamdurchschnittswert für Vision von (4+5+3) : 3 = 4.

Nachdem die Ergebnisse vorgestellt wurden, kann gemeinsam reflektiert werden, wie es den Teilnehmern beim Ausfüllen des Fragebogens ging und wo es Unterschiede in der Wahrnehmung beziehungsweise starke Differenzen zwischen Idealbild und Realbild gibt:

- Wie fühlte es sich an, den Fragebogen zu beantworten?
- Bei welchen Fragen fiel die Einschätzung leichter, bei welchen schwerer?
- Gibt es Unterschiede zwischen der eigenen Wahrnehmung bestimmter Dimensionen und der Einschätzung der anderen Teammitglieder?
- Wie könnten diese zustande kommen?
- Welche Dimensionen sind im Teamdurchschnitt besonders gut ausgeprägt?
- Welchen Wert möchten wir in den einzelnen Dimensionen und insgesamt erreichen?
- Wie sehen die aktuellen Werte aus?
- Was können wir tun, um eventuelle Differenzen zu verringern?
- Was sind Quellen für höhere oder niedrigere Werte auf einigen Dimensionen in den Bereichen soziale Interaktion, Arbeitsstil oder Arbeitsumfeld?

Bei großen Differenzen (zwischen individueller Wahrnehmung und Teameinschätzung und/oder zwischen Idealbild und Realität) in der Dimension »Vision« liegt hier das wichtigste Thema für die folgenden Teammaßnahmen. Erst wenn klar ist, wo die Reise hingehen soll, können Ziele formuliert und Aufgaben verteilt werden. Im Hinblick darauf kann es notwendig sein, überhaupt erst eine gemeinsame Vision zu entwickeln oder die vorhandene Vision daraufhin zu überprüfen, ob sie (noch) von allen Teammitgliedern geteilt wird.

Wenn die Vision klar ist, aber Unterschiede in der Ziel- und Aufgabenorientierung vorliegen, sind die gemeinsamen Ziele und die aktuelle Aufgabenverteilung zu thematisieren. Dabei sollte auch diskutiert werden, was für jedes Teammitglied »Qualität« bedeutet und welche Standards im Team gelten sollen.

Differenzen bei der wahrgenommenen partizipativen Sicherheit können Hinweise darauf geben, dass sich bestimmte Teammitglieder in der Gruppe weniger gut aufgehoben fühlen. Beim Erforschen solcher Gründe gilt es für den Trainer, die richtige Balance zwischen Hartnäckigkeit und Behutsamkeit zu finden.

Passende Methoden, um hier weiterzuarbeiten, stellen das Riemann-Thomann-Modell oder die Teammetapher dar (s. zum Riemann-Thomann-Kreuz S. 227 ff. sowie zum Einsatz von Teammetaphern S. 237 ff.).

Gibt es erhebliche Differenzen im Bereich Innovation, kann dies ein Hinweis darauf sein, dass Prozesse des Gruppendenkens überhandgenommen haben und abweichende Meinungen nicht geäußert beziehungsweise nicht (mehr) beachtet werden. Um dies zu verhindern, kann man dem Team unterschiedliche Methoden vorschlagen, zum Beispiel die Wahl eines Teammitglieds, das als »Advocatus Diaboli« stets eine kritische Haltung einnimmt. Auch die Einführung von anonymen Feedbackmöglichkeiten oder eines formalisierten und systematisierten Entscheidungsprozesses können sinnvolle Maßnahmen darstellen, um das Team im Bereich Innovation weiterzuentwickeln.

Schließlich kann der Teamklimafragebogen auch genutzt werden, um inhaltlich über die verschiedenen Dimensionen zu diskutieren und daraus ein neues Teamverständnis zu entwickeln:

- Was genau verstehen wir unter den einzelnen Dimensionen?
- An welchen konkreten Verhaltensweisen können wir erkennen, dass diese Dimension gut ausgeprägt ist?
- Welche Dimensionen sind uns besonders wichtig?
- Welche Dimensionen fehlen uns vielleicht auch?

Literatur

Brodbeck, Felix C. (1999): *Synergy is not for free.* Theoretische Modelle und experimentelle Untersuchungen über Leistung und Leistungsveränderung in aufgabenorientierten Kleingruppen. Unpublizierte Habilitationsthesis, München.

Brodbeck, Felix C./Maier, Günter W. (2001): *Das Teamklima-Inventar (TKI) für Innovation in Gruppen.* In: Zeitschrift für Arbeits-und Organisationspsychologie, 45(2), S. 59–73.

Kaluza, Gert (2011): *Salute! Was die Seele stark macht.* Programm zur Förderung psychosozialer Gesundheitsressourcen. Stuttgart: Klett-Cotta.

Van Dick, Rolf/West, Michael A. (2005): *Teamwork, Teamdiagnose, Teamentwicklung: Praxis der Personalpsychologie.* Göttingen: Hogrefe.

West, Michael A./Altink, Wieby M. (1996): *Innovation at work.* Individual, group, organizational, and socio-historical perspectives. European Journal of Work and Organizational Psychology 5.1 (1996) S. 3–11.

West, Michael A. (1996): *Handbook of work group psychology.* Chichester, England: Wiley.

Teamthemen kreativ sichtbar machen – die Resonanzbildmethode

Bettina Geyer

Kurz und knapp

Die Resonanzbildmethode macht sich die Tatsache zu eigen, dass uns nur Bilder und Geschichten berühren, die – wenn auch unbewusst – mit uns zu tun haben. Dieses nicht steuerbare Unbewusste macht scheinbar unansprechbare Themen, auch aus dem Teamkontext, auf kreativem Wege sichtbar. Die hier vorgestellte Übung wurde in Anlehnung an die Resonanzbildmethode von Giesela Schmeer entwickelt (Schmeer 2006).

Ziele und Effekte

- Durch die Arbeit mit Resonanzbildern können (problematische) Themen sichtbar und damit besprechbar werden.
- Die Resonanzbildmethode kann auf einfache Weise Auftaktthemen (zum Beispiel aus dem Teamalltag) liefern, die dann im weiteren Verlauf des Trainings vertieft werden können.
- Kreative Methoden durchbrechen die Alltagsroutine der Teilnehmerinnen und stoßen neue Erkenntnisprozesse jenseits der üblichen, rein »rationalen« Denkweise an. So kristallisieren sich schneller die Themen und Problematiken eines Teams und ihrer Mitglieder heraus.
- Resonanzbilder sind ein unbeschwertes und unverbrauchtes Medium für die Metakommunikation, welche einen sensiblen Blick fordert für das, was bisher übersehen wurde.

Hintergrund und Beschreibung

Die Grundlage aller Wahrnehmungs- und Resonanzprozesse sieht die neurokognitive Psychologie in den neuronalen Netzwerken des Gehirns. Man interpretiert heutzutage die Wahrnehmung als konstruktiven Prozess. Das Ergebnis des Zusammenspiels zwischen Wahrnehmendem und Wahrgenommenem sind permanente Wahrnehmungs-, Erinnerungs- beziehungsweise Lernprozesse. Dabei verändert sich unser Gehirn dauernd. Die Reizmuster, die aufgenommen werden, verändern so fortlaufend unser Wahrnehmungssystem und somit auch unsere innere Einstellung zu unserer Umgebung.

Von den auf uns einstürmenden Eindrücken können allerdings nur einige selektiv aufgenommen werden. So können beispielsweise niemals alle Bilder und Worte aus einer Gesprächsrunde von uns aufgegriffen werden, sondern nur diejenigen, die etwas mit uns selbst zu tun haben. Diese bringen etwas in uns zum Schwingen – und genau diese »Schwingungen« kommen in der Resonanzbildmethode zum Tragen. Entweder stoßen wir uns am Gegenüber oder wir schwingen mit ihm.

Anwendung in Gruppen und Teams

Bei Menschen in einer Gruppe beziehungsweise in einem Team ist Resonanz ein soziales Phänomen, ähnlich der Empathie. Schwingungsfelder zwischen Personen entstehen, wenn Menschen durch eine Äußerung oder zum Beispiel ein Bild – meist überraschenderweise (unbewusst) – berührt werden. Die Resonanzbildmethode nutzt diesen Überraschungseffekt, bei dem Unvorhergesehenes zum Schwingen gebracht und im spontan gemalten Bild erkennbar wird.

Themen und Probleme im Team sichtbar zu machen, um sie produktiv bearbeiten zu können, ist wichtig, um ein Team langfristig arbeitsfähig zu halten. Geschieht dies nicht, führen unterschwellige Konfliktthemen auf Dauer dazu, dass es im Team »knirscht«. Kommen unterschwellige Teamthemen regelmäßig auf den Tisch und werden sie schließlich produktiv aufgelöst, kann dies den Teamzusammenhang und die soziale Gesundheit im Team stärken.

Vorbereitung
Für das Initialbild:
- je ein Blatt Zeichenpapier, A4, mindestens 120 g/qm
- farbige Ölkreiden, Ölpastellkreiden oder Wachskreiden für jede Teilnehmerin, mindestens zwölf Farben
- Schreibunterlagen beziehungsweise Zeichenunterlagen im Papierformat

Für das Resonanzbild:

- je ein Zeichenkarton 18 cm × 21,5 cm, mindestens 190 g/qm (oder Karteikarten im A5-Format)
- je ein schwarzer Filzstift (kein Fineliner!)

Jede Teilnehmerin sollte idealerweise an einem gesonderten Platz zeichnen können. Das dient der besseren Konzentration und führt zu weniger Hemmungen. Erst die Vorstellung der Arbeiten erfolgt im Kreis.

Durchführung

Die Übung kann prinzipiell auf jedes beliebige Thema angewandt werden, also beispielsweise allgemein auf Teams, auf die Gesundheit der Teilnehmerinnen, das Wohlbefinden am Arbeitsplatz und vieles andere mehr – je nachdem, worauf der Seminarfokus liegt.

Schritt 1: Einführung und Anleitung: Die Trainerin stellt in ein paar Sätzen das Grundprinzip der Resonanzbildmethode vor und leitet dann wie folgt an: »Sie finden hier Papier und Farben. Zeichnen Sie ein Bild zum Thema »meine Gesundheit«: Wie geht es mir am Arbeitsplatz? Was ist Ihnen selbst ein Anliegen? Oder welches Problem beschäftigt Sie besonders? Sie können auch ein Thema mit Gesundheitsbezug, Jobbezug …, von dem Ihnen einmal jemand aus der Familie oder aus dem Freundeskreis oder eine Kollegin erzählt hat oder von dem Sie in letzter Zeit etwas gelesen oder geträumt haben. Das kann zum Beispiel auch eine Märchenszene sein, die damit zu tun hat.«

Schritt 2: Malen des Initialbilds (15 bis 20 Minuten): Jetzt erhalten die Teilnehmerinnen 15 bis 20 Minuten Zeit, ihr Thema zu Papier zu bringen (das »Initialbild«). Bei der Gestaltung sind sie völlig frei. Die Trainerin sollte sich prinzipiell darauf einstellen, dass es immer Menschen gibt, die erkären, sie könnten nicht malen oder sie fänden Malen kindisch oder die auf andere Weise in Abwehrhaltung gehen. Dann sollte man ruhig den Sinn kreativer Methoden erläutern und hervorheben, dass man gerade auf ungewohnten Wegen oft neue Sichtweisen zutage fördert. Es sollte jedoch immer klar sein, dass die Übung eine Einladung und kein Zwang ist.

Schritt 3: Vorstellung des Initialbilds: Nun präsentieren alle Team- beziehungsweise Gruppenmitglieder reihum ihre Bilder im Plenum. Die Trainerin nimmt sich dabei zurück und überlässt den Teilnehmerinnen die Verantwortung für den weiteren Ablauf und etwaige Diskussionen. Sie stellt jedoch vorab die Regel auf, dass die Person, die ihr Initialbild vorstellt, die rechte Sitznachbarin anspricht und ihr das eigene Werk in drei Sätzen vorstellt. Die jeweils direkt Angesprochene betrachtet das Bild und stellt höchstens eine Frage, die allerdings unbeantwortet bleiben soll. Die so nur »angeschnittenen« Themen lösen nun bei den übrigend Team- beziehungsweise Gruppenteilnehmerinnen Resonanzen aus – ob sie wollen oder nicht!

Schritt 4: Ausbreiten der Initialbilder: Wenn alle Teilnehmerinnen ihr Werk präsentiert haben, werden die entstandenen Initialbilder im Kreis für alle gut sichtbar ausgebreitet.

Schritt 5: Aufforderung zum Resonanzbild (5 Minuten): Nun leitet die Trainerin an: »Bitte schauen Sie sich alle Bilder noch einmal an. Wahrscheinlich gibt es ein Thema oder ein Bild aus der Vorstellungsrunde, das Sie besonders berührt hat. Zeichnen Sie nun zu diesem Bild oder Thema dieser Teilnehmerin eine kleine Skizze. Es soll eine einfache Zeichnung entstehen. Notieren Sie auf der Rückseite ein Wort oder einen kurzen Satz, das beziehungsweise der Ihnen gerade oder beim Zeichnen eingefallen ist.«

Schritt 6: Präsentation der Resonanzbilder: Nun stellt jeder im Plenum sein Resonanzbild kurz in drei Sätzen vor, Rückfragen sind erwünscht und können beantwortet werden.
Die Trainerin unterbricht den Austausch im Team beziehungsweise in der Gruppe nicht. Sie schaut hin und hört zu und stellt sich jedes Mal die Frage: Was ist an diesem Bild besonders? Durch Übung entwickelt sich der Blick dafür. Falls sich in dieser Runde Diskussionen entspinnen, sollte die Trainerin dazu Stichwörter auf einem Flipchart dokumentieren.
Nach dieser Präsentationsrunde fragt die Trainerin das Team/die Gruppe, welche Themen für den Seminarbezug besonders relevant sind oder auch welche Themen alle betreffen. Denkbar ist auch, dass die Gruppe entscheidet, an welchem Themenkomplex sie weiterarbeiten möchte.

Generell werden Teams und Gruppen im arbeitsorganisatorischen Zusammenhang – anders als im therapeutischen Bereich – nicht so tief in biografische oder emotional besetzte Themen hineingehen. Dennoch sollte es bei allen Motiven dem Einzelnen überlassen werden, ob er das aufgedeckte Thema in eigener Verantwortung weiterbearbeiten oder wieder ruhen lassen möchte. Prinzipiell spiegeln gruppendynamische Resonanzbilder die Rollen wider, in welche die Malerinnen während des Gruppenspiels hineingeraten. Da diese Bilder auch viel über die innerpsychische Organisation der Teilnehmerinnen aussagen, sollte mit der Analyse im Plenum äußerst vorsichtig umgegangen werden.

Anwendung im Einzelcoaching

Die Resonanzbildmethode ist modifiziert auch im Coachingprozess anwendbar. Anstelle des Zeichnens von Initialbildern können der Klientin großformatige Fotos aus Zeitschriften zu einem bestimmten Leitthema vorgelegt werden, das gerade im Coachingprozess relevant ist. In diesen Bildern sollten alle großen Lebensthemen angesprochen werden wie: Alter, Arbeit, Erotik, Essen, Familie, Feste, Geburt, Himmel, Jugend, Kindheit, Landschaft, Pflanzen, Tiere, Tod, Trinken, Wasser und Angst, Einsamkeit, Gefahr, Gewalt, Jahreszeiten, Krankheit, Kunst, Lebensfreude, Religion, Schmerz, Sport, Sucht, Trauer, Urlaub und so weiter. Der Coach sollte dazu etwa 100 dieser großformatigen Fotos gesammelt haben. Bilder aus Zeitschriften entstehen oft in engem Zusammenhang mit aktuellen sozialen, privaten und intimen Themen und sind so in Lage entsprechende Resonanzen auszulösen. Das große Format ist besser als kleinformatige Postkarten. Gut nutzen lassen sich auch Bildkartensets wie zum Beispiel »75 Bildkarten für Coaching und Beratung« (Weidenmann/Weidenmann 2013).

Die Klientin sucht sich passende Fotos aus und malt spontan ein Resonanzbild, das sie im Anschluss dem Coach erläutert. Der Coach notiert in Stichwörtern, welche Themen sichtbar werden. Hieraus können sich Anhaltspunkte oder neue Themen für den weiteren Coachingprozess ergeben.

Wer spontan gezeichnete Bilder im Coaching vermehrt nutzen möchte, der findet viele Anregungen im Buch von Sabine Mertens »Wie Zeichnen im Coaching neue Perspektiven eröffnet« (2014). Sie zeigt anhand von vielen Klientenzeichnungen und Resonanzbildern, wie Coaches, Berater und Trainer mit dem Zeichnen von Bildern arbeiten und diese für Entscheidungsprozesse und Problemlösungen nutzen können.

Literatur

Goldstein, E. Bruce (2002): *Wahrnehmungspsychologie.* Heidelberg, Berlin: Spektrum Akademischer Verlag.

Mertens, Sabine (2014): *Wie Zeichnen im Coaching neue Perspektiven eröffnet.* Weinheim und Basel: Beltz.

Schmeer, Giesela (2006): *Die Resonanzbildmethode – visuelles Lernen in der Gruppe. Selbsterfahrung – Team – Organisation.* Stuttgart: Klett-Cotta.

Weidenmann, Bernd/Weidenmann, Sonia (2013): *75 Bildkarten für Coaching und Beratung.* Weinheim und Basel: Beltz.

Chef, Mutti oder Kumpel? –
Reflexionsübung zur Führungsrolle

Kerstin Goldbeck

Kurz und knapp

Teilnehmer reflektieren ihre Führungsrolle und die Erwartungen, die an sie gestellt werden. Sie erlernen das Konzept der »stimmigen Führung«. Nur, wer sich mit seiner Rolle wohlfühlt, kann für ein gesundes Teamklima sorgen.

Ziele und Effekte

- Erwartungen an die Führungsrolle werden deutlich.
- Aufzeigen von Gestaltungsspielräumen für die eigene Rolle.
- Steigert die Fähigkeit, die eigene Rolle aktiv zu gestalten und eigene Grenzen zu erkennen.
- Das Konzept der »stimmigen Führung« macht klar, dass es nicht die eine Führungsrolle gibt, sondern die Rolle je nach Situation und Persönlichkeit individuell ausgestaltet werden muss.

Hintergrund und Beschreibung

Nur wer sich seiner Führungsrolle bewusst ist und sich mit den Aufgaben und Erwartungen wohlfühlt, kann auch für ein gesundes Teamklima sorgen. Ein erster Schritt in Richtung gesundes (Selbst-)Bewusstsein ist die Auseinandersetzung mit der eigenen beruflichen Rolle. Kollegen, Vorgesetzte, das Unternehmen, Kunden, Dienstleister oder auch die Gesellschaft tragen als Rollensender unterschiedliche Erwartungen an eine Führungsrolle, den Rollenempfänger, heran. Dabei kann es sich um widerstreitende Erwartungen handeln, die dem Rollenträger Konfliktsituationen bescheren. Beispielsweise möchte ein Auszubildender von seiner Ausbildungsleiterin, dass sie ein offenes Ohr für seine persönlichen Probleme hat (»Muttirolle«), die Kollegen erwarten, dass sie die Auszubildenden fachlich qualifiziert und ihnen Grenzen aufzeigt (»Chefin«), seitens der Gesellschaft wird in Form des Berufsbildungsgesetzes verlangt, dass Ausbilder die persönliche Entwicklung des Heranwachsenden zur sittlichen Reife begleiten (»Coachrolle«). Will man allen Erwartungen gerecht werden, kann man nur verlieren.

Unter solchen Rollenkonflikten leiden besonders junge Führungskräfte oder Menschen, die vom Mitarbeiter zum Chef oder zur Chefin befördert werden. Umso wichtiger ist es, dass man die eigene Führungsrolle reflektiert und aktiv ausgestaltet, um authentisch und selbstbewusst handeln zu können und für den Konfliktfall gerüstet zu sein.

Dazu muss man wissen, welche Erwartungen von wem von außen an die Rolle herangetragen werden sowie welche Erwartungen man selbst erfüllen kann und möchte. Wo lauern Rollenkonflikte? In welchen Situationen hat man Probleme, die Führungsrolle einzunehmen? In den hier vorgestellten Übungen geht es daher um die Reflexion der eigenen Führungsrolle und des eigenen Führungsstils. Die theoretische Auseinandersetzung mit dem Rollenbegriff geht auf George Herbert Mead (1995) zurück und hat eine lange theoretische Tradition, insbesondere in der Soziologie, wo Wissenschaftler wie beispielsweise Erving Goffmann (2003) oder auch Rolf Dahrendorf (2010) die Rollenthorie ausdifferenziert haben.

Anwendung in Gruppen und Teams

Der erste Schritt zu einer Führungsrolle, die zu einem passt und mit der man authentisch im Job agieren kann, ist die Reflexion darüber, welche Rollen möglich sind und wie man sich selbst aktuell verhält. Mit der folgenden Übung kann man Teilnehmer Schritt für Schritt zur aktiven Gestaltung der eigenen Rolle leiten.

Reflexionsübung zur eigenen Führungsrolle

Vorbereitung

- Flipchart Rollenempfänger/Rollensender
- Flipchart mit Führungsrollen vorbereiten
- Schlumpffiguren, mindestens doppelt so viele wie Teilnehmer: Schlümpfe sind immer mit unterschiedlichen Utensilien ausgestattet und stellen verschiedene Tätigkeiten dar. Sie eignen sich also sehr gut zur Rollenreflexion. Außerdem bringen sie Spaß ins Seminar!

Durchführung

Zunächst erklärt der Trainer, dass die eigene Führungsrolle mit Rollenerwartungen von außen durch verschiedene Rollensender konfrontiert ist. Gemeinsam mit den Teilnehmern sammelt der Trainer am Flipchart die verschiedenen Rollenerwartungen. Dazu kann man in die Mitte des Flipcharts ein Männchen malen, die Führungskraft als Rollenträger, und ergänzt dann drumherum die verschiedenen Rollensender mit ihren Erwartungen. Diese können als Pfeile auf die Führungskraftmännchen gerichtet sein. Wenn alle Erwartungen und beruflichen Rollensender wie Mitarbeiter, Kollegen, Dienstleister, Unternehmen, Auszubildende und so weiter zusammengetragen und sichtbar gemacht wurden, fragt der Trainer nach möglichen Rollenkonflikten, die sich hieraus ergeben können. Die Teilnehmer werden so in einer ersten Reflexion an das Thema herangeführt.

Im zweiten Schritt entrollt der Trainer ein Flipchart mit mehreren typischen Rollen, die einer Führungskraft zugeordnet werden können und bittet die Teilnehmer: »Werfen Sie nun bitte einen Blick auf die Führungsrollen, die eine Führungskraft idealerweise ausüben soll.« (Einen guten Überblick finden Sie zum Beispiel bei Schulz von Thun u. a. 2009, S. 26.) Das können beispielsweise folgende Rollen sein:

- Führungsrolle
- Fachexperte
- Manager, der anleitet und koordiniert
- Mitarbeiter-Coach, der begleitet, zuhört und berät
- Teamentwickler, verbessert Teamzusammenarbeit, erkennt Konflikte, hilft sie zu klären
- Verantwortlicher, trägt die Last der Verantwortung für Entscheidungen und für die Arbeitsergebnisse seines Teams
- Löwenbändiger, der auch mal ein Machtwort spricht, Konsequenzen aufzeigt und sie nötigenfalls zieht
- Leitwolf, der Vorbild für Mitarbeiter ist und ihnen neue Wege skizziert
- Angestellter, der sich selbst gegenüber Vorgesetztem zu verantworten hat und Angestellter im Unternehmen ist

Anschließend fragt er die Teilnehmer, ob sie weitere Rollen kennen, die dann gegebenenfalls ergänzt werden.

Nachdem die Teilnehmer nun eine Vorstellung von den unterschiedlichen (Führungs-)Rollen bekommen haben, geht es jetzt im nächsten Baustein der Rollenreflexion darum, den Blick auf sich selbst und die eigene Führungsrolle zu richten. Der Trainer schüttet dazu einen Sack voll Schlumpffiguren aus und bittet jeden Teilnehmer, sich den Schlumpf herauszusuchen, der ihn am besten in seiner Rolle als Führungskraft repräsentiert. Im Anschluss gehen die Teilnehmer in Kleingruppen zusammen. Die Arbeitsanweisung lautet: »Finden Sie sich für 45 Minuten in Kleingruppen zusammen (drei bis vier Teilnehmer pro Gruppe). Tauschen Sie sich zunächst miteinander aus, welche Führungseigenschaften Sie mit Ihrem Schlumpf verbinden. Wie würden Sie Ihre Führungsrolle benennen? Erarbeiten Sie im Anschluss im Gespräch miteinander, welche Erwartungen von außen an Ihre Rolle durch wen herangetragen werden. Welche Rollenerwartungen sind für Sie leicht zu erfüllen? Wo gibt es Rollenkonflikte? Die Ergebnisse werden im Anschluss in der großen Runde präsentiert.«

Im Plenum hört der Trainer bei der Präsentation aufmerksam zu und hält die genannten Führungsrollen sowie genannte Rollenkonflikte in zwei Spalten fest. Wenn alle Beiträge gesammelt wurden, leitet er über zum Input »stimmige Führung«.

Input »stimmige Führung«

Das Konzept der stimmigen Führung ist gewissermaßen ein Ausweg aus dem Rollendilemma. Es sieht vor, dass es nicht die eine, perfekte Führungsrolle gibt, sondern dass Führung immer zum Kontext und vor allem zu der eigenen Persönlichkeit passen muss, um zu überzeugen. Der Trainer erläutert also, dass es letztlich darauf ankommt, seine Führungsrolle so auszufüllen, dass sie stimmig für einen selbst ist (Schulz von Thun u. a. 2009, S. 27). Für eine »stimmige Führung« gibt es drei Kriterien:

- Die Art zu führen muss zur eigenen Persönlichkeit passen (wesensgemäß).
- Die Art zu führen muss zur Situation und zum Kontext passen (system- und situationsgerecht).
- Die Art zu führen muss zum Gegenüber passen. Ob das der Fall ist, also wie die eigene Kommunikation ankommt, ob die Zusammenarbeit funktioniert und Ähnliches, ist im ständigen Austausch abzugleichen (metakommunikativ).

Der Trainer erläutert, dass man auf dem Weg zu einer stimmigen Führung an allen drei Ebenen ansetzen kann.

Die drei Ebenen der stimmigen Führung liefern den Auftakt zu weiteren Übungen. Um zu diskutieren, welche Führung wesensgemäß ist, bietet sich das Riemann-Thomann-Kreuz an (s. S. 227 ff.) mit dem die Teilnehmer den eigenen Persönlichkeitsstil reflektieren und mit der Führungsrolle in Zusammenhang bringen. Mittels Rollenspiel zu einem Konflikt aus dem Arbeitsalltag lässt sich die Rollenausübung im situativen Kontext trainieren, hierzu kann man passende Situationen aus dem Teilnehmerkreis erfragen und abstimmen lassen, welche Situation in Kleingruppen trainiert werden soll. Um die metakommunikativen Fähigkeiten der Führungskräfte zu trainieren, wäre ein Rollenspiel zu Mitarbeitergesprächen denkbar, in denen die Führungskraft um eine Rückmeldung bittet.

Anwendung im Einzelcoaching

Die Vorbereitung entspricht der Anwendung in Teamtrainings. Auch hier werden auf einem Flipchartblatt Rollenempfänger und Rollensender sowie die Führungsrollen dargestellt und eine Auswahl an Schlumpffiguren bereitgehalten. Der Coach erläutert dem Coachee zunächst die Vorstellung vom Rollensender und Rollenempfänger. Hierbei kann er genau wie bei der Anwendung in Gruppen und Teams auf ein Flipchart zurückgreifen und gemeinsam mit dem Coach Rollenerwartungen der Rollensender an sich als Führungskraft formulieren. Im Anschluss diskutiert der Coach die verschiedenen typischen Führungsrollen mithilfe des vorbereiteten Flipcharts und erfragt, mit welchen Rollen sich der Klient identifizieren könnte. Gemeinsam diskutiert man das Für und Wider. Der Coach muss dabei heraushören, wo Rollenkonflikte lauern könnten.

Schließlich bittet der Coach den Klienten, sich aus den Schlumpffiguren eine Figur auszuwählen, die ihm und seiner aktuellen Führungsrolle am besten entspricht und bittet im Anschluss, die Auswahl zu erläutern.

Gegebenenfalls formuliert der Coachee an dieser Stelle schon, was er an seiner Führungsrolle gern verändern oder welche Rolle er lieber einnehmen würde. Dann könnte der Coach gemeinsam mit dem Klienten ein Veränderungsziel formulieren und die nächsten konkreten Schritte erarbeiten (zur Zielformulierung s. S. 176).

Wenn das nicht der Fall ist, schließt der Coach mit dem Input über die »stimmige Führung« wie bei der Anwendung in Gruppen und Teams an und beleuchtet mögliche Ansatzpunkte auf allen drei Ebenen. Jetzt kann der Klient erklären, welche Ebene am dringlichsten bearbeitet werden sollte, sprich: in welche Richtung er im weiteren Coachingprozess gehen möchte. Je nach dem lässt sich hier auch das Riemann-Thomann-Kreuz (s. Riemann-Thomann-Kreuz, S. 227 ff.) anschließen oder man thematisiert konkrete Situationen, in denen der Klient seine Führungsrolle als problematisch erlebt hat und arbeitet damit weiter.

Literatur

Dahrendorf, Ralf (2010): *Homo Sociologicus: Ein Versuch zur Geschichte, Bedeutung und Kritik der Kategorie der sozialen Rolle.* 17. Auflage. Wiesbaden: VS Verlag.

Goffman, Erving (2003): *Wir alle spielen Theater.* Die Selbstdarstellung im Alltag. 10. Auflage. München; Zürich: Piper.

Mead, George Herbert (1995), Geist, Identität und Gesellschaft aus der Sicht des Sozialbehaveriorismus. Hrsg. von Charles W. Morris. 10. Auflage. Frankfurt am Main: *Suhrkamp.*

Schulz von Thun, Friedemann/Ruppel, Johannes/Stratmann, Roswitha (2009): *Miteinander reden: Kommunikationspsychologie für Führungskräfte.* Reinbek: Rowohlt.

Gemeinsam Problemlösungen entwickeln – die Kollegiale Beratung für Führungskräfte

Birgit Oehmcke

Kurz und knapp

Die Kollegiale Beratung für Führungskräfte ist ein systematisches Beratungsgespräch, in dem Kollegen aus einem Führungskreis sich nach einer festen Gesprächsstruktur gegenseitig zu Praxisfragen und Problemfällen beraten.

Ziele und Effekte

- Die Kollegiale Beratung ist eine hilfreiche Beratungsform, bei der keine Experten von außen nötig sind.
- Führungskräfte lernen dabei, wie sich Kollegen aus einem Arbeitsfeld gegenseitig effektiv und qualifiziert unterstützen können.
- Die Methode ist eine Hilfe zur Selbsthilfe. Geschulte Führungskräfte können diese Form der Beratung sofort selbstständig anwenden.
- Das Kooperations- und Führungsverhalten der ganzen Gruppe wird durch das kollegiale Coaching weiter entwickelt.

Hintergrund und Beschreibung

Viele Führungskräfte stehen mit Fragen aus dem Führungsalltag oft allein da. Ob es darum geht, sich mit Ideen »nach oben« durchzusetzen, ein schwieriges Gespräch mit einem Mitarbeiter vorzubereiten oder sein Team für Veränderungen zu motivieren – kaum ein Thema betrifft nur eine Führungskraft allein. Daraus entstand die Idee der Kollegialen Beratung.

Voraussetzung für den Einsatz in der Praxis ist es, dass alle Teilnehmer auf einer Stufe der Hierarchie stehen und keine übergeordneten Führungskräfte dabei sind. In dem Fall wird sich keiner der Teilnehmer »entblößen« und offen über seine Schwierigkeiten sprechen wollen.

Respekt und Wertschätzung gegenüber den Meinungen der anderen Teilnehmer sind eine weitere Grundvoraussetzung. Die Kollegiale Beratung lebt von der Vielfalt der Perspektiven und Lösungsmöglichkeiten. Am Ende entscheidet aber immer der Fallgeber selbst, welche Vorschläge er weiterverfolgen möchte und welche nicht.

Die Kollegiale Beratung findet in Gruppen von sechs bis zwölf Personen statt, die möglichst im regelmäßigen Abstand zusammenkommen. Nach einem festgelegten Ablauf mit sechs Phasen leitet ein Teilnehmer als Moderator die Gruppe durch das Beratungsgespräch und aktiviert dabei die Erfahrungen und Ideen aller. Unter Anleitung des Moderators beraten die Teilnehmer den eingebrachten Fall und suchen nach Hinweisen und Lösungsideen, die den Fallgeber weiterbringen sollen. Ein Durchgang dauert etwa eine dreiviertel bis ganze Stunde, sodass in drei Stunden zwei bis drei Fälle bearbeitet werden können. In der Kollegialen Beratung gibt es festgelegte Rollen, die für jeden Durchgang neu verteilt werden: ein Moderator, ein Fallgeber, die kollegialen Berater und ein »Sekretär«.

Fallgeber kann jeder werden, der für ein Führungsthema oder eine schwierige Situation in seinem Team neue Perspektiven oder Lösungsideen hören möchte. Die übrigen Teilnehmer nehmen die Rollen der kollegialen Berater oder Experten ein. Ein Teilnehmer führt als »Sekretär« das Protokoll in der Beratungsphase. Er unterstützt den Fallgeber, indem er die Ideen der Berater mitschreibt.

Die Berater beraten den Fallgeber indirekt. Das bedeutet: Sie diskutieren den Fall und sammeln Lösungsideen ohne die Mitwirkung des Fallgebers. Er verfolgt das Gespräch der Kollegen »von außen« und lässt die Vermutungen und Vorschläge auf sich wirken. In verschiedenen, vom Moderator angeleiteten Feedbackrunden äußert er sich zu den Ergebnissen des Brainstormings. Am Ende des Beratungsprozesses entscheidet der Fallgeber, welche Anregungen und Lösungsideen ihm weiterhelfen können, ohne seine Entscheidung im Einzelnen zu begründen. Die Beratung endet mit einer Abschlussrunde, bei der alle Teilnehmer noch einmal ihre Eindrücke und Learnings aus der Kollegialen Beratung mitteilen.

Anwendung in Gruppen und Teams

Der Trainer muss am Anfang der Kollegialen Beratung dafür sorgen, dass die Teilnehmer einen offenen und kollegialen Umgang miteinander pflegen. Nur so kann ein Klima entstehen, in dem konstruktive Lösungen gefunden werden. Zu Beginn der Kollegialen Beratung sollte der Trainer deshalb unbedingt auf die Vertraulichkeit der Themen hinweisen und gemeinsam mit der Gruppe eine entsprechende Vereinbarung aufstellen. Es dürfen keine vertraulichen Informationen nach der Beratung gegen den Fallgeber verwendet werden!

Die Qualität der Kollegialen Beratung steht und fällt mit der aktiven Beteiligung aller Teilnehmer. Jeder wird mit seinen Ideen und Vorschlägen gebraucht, deshalb muss der Trainer darauf achten, Vielredner zu bremsen und auch die stilleren Teilnehmer aktiv in die Beratung einzubeziehen. Im Seminar übernimmt der Trainer zunächst die Rolle des Moderators und führt die Gruppe so schrittweise in die Methode ein. Spätestens bei der zweiten Beratungsphase sollte dann einer der Teilnehmer zum Moderator werden und die Methode ausprobieren.

Die Kollegiale Beratung

Vorbereitung
Der Ablauf der Kollegialen Beratung wird mit den einzelnen Phasen auf ein Flipchart geschrieben und gegebenenfalls werden zusätzlich Handouts mit allen notwendigen Informationen zum Prozess verteilt.

Durchführung
Der Trainer gibt einen kurzen Input und erklärt den Ablauf der Kollegialen Beratung. Danach übernimmt er die Rolle des Moderators, der die Gruppe durch die weiteren Phasen führt.

Phase 1: Rollenverteilung (Casting), Themen sammeln und Priorisieren
Im ersten Schritt werden die Rollen für den Beratungsprozess besetzt: Moderator, Fallgeber, kollegiale Berater und »Sekretär«.
Nach der Rollenverteilung sammelt der Moderator/Trainer mögliche Fragen und Fälle für die Kollegiale Beratung. Jeder Teilnehmer, der ein Anliegen in die Beratung einbringen möchte, erläutert kurz die für ihn schwierige Situation im Plenum. Der Moderator schreibt das Thema jeweils stichwortartig an ein Flipchart.
Beispielfälle aus der Praxis:

- »Einer meiner Mitarbeiter wirkt sehr gestresst und lässt in letzter Zeit deutlich in seiner Leistung nach. Ich fürchte, dass er auf ein Burnout zusteuert. Wie kann ich ihn am besten darauf ansprechen?«
- »Ich stehe als Teamleiter am Anfang eines wichtigen Projekts. Wie kann ich meine Mitarbeiter so dafür motivieren, dass sich alle wirklich engagieren?«

- »Zwei meiner Mitarbeiterinnen haben ständig Streit und das belastet die Atmosphäre im ganzen Team. Wie kann ich in diesem Konflikt am besten vermitteln?«
- »Ich möchte das Stressniveau in meinem Team verringern und selbst ein gutes Vorbild für eine gesunde Work-Life-Balance sein. Was kann ich dazu tun?«

Priorisieren: Der Moderator verteilt an jeden Teilnehmer drei Klebepunkte. Er fordert die Gruppe auf, mithilfe der Punkte darüber abzustimmen, welche der vorgeschlagenen Fälle im Plenum beraten werden sollen. Jeder verteilt seine Punkte auf die für ihn wichtigsten drei Themen am Flipchart. Der Fall mit der höchsten Punktzahl wird für die erste Beratungsrunde ausgewählt. Bei Gleichstand klären die beiden betroffenen Teilnehmer untereinander, wer sich zuerst beraten lassen möchte. Eventuell können auch beide Fälle nacheinander bearbeitet werden.

Phase 2: Situation schildern lassen (Spontanerzählung), Schlüsselfrage formulieren und Berater einschalten

Der Moderator bittet den Fallgeber, von seinem Fall zu berichten. Der Fallgeber muss sich dazu vorab keine Notizen machen, sondern erzählt »frei von der Leber weg«.

Er hat dafür etwa fünf Minuten Zeit. Der Moderator ist für die Einhaltung der Zeiten verantwortlich. Der Fallgeber schildert alle Details, die seiner Meinung nach notwendig sind, um die Situation einigermaßen zu verstehen. Der Moderator unterstützt den Fallgeber durch klärende und fokussierende Fragen. Die Experten hören aufmerksam zu und machen sich gegebenenfalls Notizen. Sie dürfen in dieser Phase aber noch keine Fragen stellen.

Schlüsselfrage formulieren: Am Ende bittet der Moderator den Fallgeber zu formulieren, welche Schlüsselfrage er in Bezug auf sein Thema an die Berater hat. Hilfreich sind Fragen wie »Womit wollen Sie heute hier nach Hause gehen?«, »Welchen Auftrag haben Sie an die Berater?«. Der Fallgeber soll einen möglichst klaren Auftrag formulieren, damit die Berater in die richtige Richtung denken.

Der Moderator schreibt die Schlüsselfrage auf ein Flipchart. Diese kann zum Beispiel lauten: »Wie kann ich erreichen, dass ...?«

Die Berater stellen Fragen (ungefähr zehn Minuten): Jetzt sind die Berater an der Reihe. Sie dürfen Informations- und Verständnisfragen an den Fallgeber stellen, der diese möglichst genau beantwortet. Aber nicht alle Experten müssen Fragen stellen! In dieser Phase soll nicht diskutiert werden. Die Fragen dienen nur dazu, die Situation des Fallgebers zu verstehen – im Sinne von »Was ist noch unklar? Was müssen wir noch wissen?«

Der Moderator muss darauf achten, dass keine Interpretationen oder Lösungsvorschläge von den Experten gemacht werden. Er fordert den Fallgeber zur Beantwortung der Fragen auf und leitet danach zur nächsten Phase über.
Wichtig ist am Anfang der Beratung, durch gezielte Fragen das Problem des Fallgebers besser zu verstehen, ihn dabei aber nicht zu »verhören«. Deshalb sollte der Trainer noch einmal die wichtigsten Frageformen vorstellen: offene und geschlossene Fragen, Alternativfragen, Verständnisfragen und zirkuläre Fragen. Dieses Wissen unterstützt die Teilnehmer dabei, wirklich lösungsorientiert zu fragen.
Es sind nur Informations- und Verständnisfragen erlaubt. Keine Diskussion, keine Vermutungen oder Spekulationen!

Phase 3: Ideensammlung zum Problem im Plenum (10 bis 15 Minuten)
Die Berater beraten den Fallgeber indirekt – sie sollen alle ihre Einfälle in einem freien Brainstorming sammeln. Sie dürfen Hypothesen und Vermutungen anstellen, so als wäre der Fallgeber nicht mehr im Raum. Der hört in dieser Phase nur zu und lässt die Ideen der Berater auf sich wirken. Er sitzt nicht im Stuhlkreis, sondern etwas außerhalb, damit er nicht in die Versuchung gerät, sich einzumischen. Der »Sekretär« notiert die Beiträge der Berater mit. Damit kann der Fallgeber sich auf deren Inhalte konzentrieren.

Aufgaben des Moderators:

- Er wacht darüber, dass die Berater noch keine Lösungen vorschlagen, sondern lediglich Vermutungen anstellen (»Ich könnte mir vorstellen …«, »Mir ist eben aufgefallen …«).

- Er sollte verschiedene Methoden vorbereiten, um die Gruppe bei der Entwicklung von Ideen zu unterstützen. Neben dem klassischen Brainstorming könnte er zum Beispiel das Kopfstand-Brainstorming einsetzen, also Ideen in die Gegenrichtung produzieren (»Wie könnte es schlimmer werden?«); oder Next Step (»Was könnte der nächste kleine Schritt sein?«) oder Sharing (»Was habe ich mit diesem Thema schon erlebt?«) vorschlagen.

- Er achtet auf die Einhaltung des Zeitrahmens von etwa 10 bis 15 Minuten.

- Er stellt sicher, dass die Berater nur einen Beitrag pro Wortmeldung abgeben und die Beiträge nicht zu schnell hintereinander erfolgen.

Phase 4 – Rückmeldung (Feedback)

Jetzt folgt ein erstes Feedback des Fallgebers zu den Vermutungen der Experten. Er gibt eine kurze Rückmeldung, welche der Ideen und Assoziationen ihm wichtig geworden sind (»… das fand ich interessant«). Er soll sich dabei aber nicht rechtfertigen und lange Begründungen abgeben. Der Moderator achtet darauf, dass keine Diskussionen aufkommen. Die Experten sollen sich in dieser Phase ruhig verhalten und zuhören. Der Fallgeber teilt dem Moderator mit, wann seine Rückmeldung beendet ist (spätestens nach fünf Minuten).

Regel: Nur der Fallgeber äußert sich! Die Berater nehmen sein Feedback auf und bedenken es im Hinblick auf den nächsten Schritt, in dem wieder ihre Lösungsideen gefragt sind.

Phase 5: Lösungen entwickeln – einzeln

Die Berater entwickeln jetzt Lösungsvorschläge für den Fallgeber. »Wenn ich in der Situation wäre, würde ich …« Die Experten halten ihre Lösungen auf Moderationskarten fest. In dieser Zeit wird nicht mehr diskutiert. Danach stellen die Berater ihre Lösungen einzeln vor – der Fallgeber hört zu, kommentiert aber noch nicht. Auch der Moderator kann Lösungen einbringen. Er pinnt alle Karten gut sichtbar an eine Moderationswand und clustert die Ergebnisse nach ähnlichen Inhalten.

Phase 6: Abschluss

Der Moderator fragt nun den Fallgeber, welche Ideen und Lösungsvorschläge er bedenkenswert und hilfreich in Bezug auf seine Schlüsselfrage findet. Der Fallgeber stellt sich neben die Pinnwand mit den Lösungsideen und nimmt Stellung zu den aus seiner Sicht hilfreichen Anregungen. Er sollte seine Auswahl aber nicht weiter begründen, da sonst manche Berater enttäuscht sein könnten. Am Ende bedankt er sich für die Unterstützung der Berater.

Zum Abschluss leitet der Trainer/Moderator eine Feedbackrunde über den ganzen Prozess der Kollegialen Beratung ein: »Was kann jeder Teilnehmer aus der Kollegialen Beratung mitnehmen?« Zuerst gibt der Fallgeber ein kurzes Feedback zum Prozess, danach können sich die Experten zu ihren Erfahrungen äußern.

Im Anschluss fordert der Trainer die Gruppe auf, den Prozess nun selbstständig zu gestalten und mit einer Neuverteilung der Rollen für die zweite Runde zu beginnen. In dieser Runde bleibt er im Hintergrund und springt nur in unklaren Situationen helfend mit ein.

Die Kollegiale Beratung ist nicht nur für den Einzelnen sehr ergiebig. Vielmehr erhalten alle Teilnehmer Einblick in Problemstellungen und erfahren mehr über denkbare Lösungsansätze. Idealerweise etablieren Unternehmen eine kollegiale Beratungsrunde, die regelmäßig zu wechselnden Fragestellungen zusammenkommt.

Literatur

Heckner, Kathrin/Keller, Evelyn (2013): *Teamtrainings erfolgreich leiten.* Fahrplan für ein dreitägiges Seminar zur Teamentwicklung und Teamführung. 3. Auflage. Hamburg: Dashöfer.

Schulz von Thun, Friedemann (2006): *Praxisberatung in Gruppen.* Erlebnisaktivierende Methoden. 6. Auflage. Weinheim und Basel: Beltz.

Tietze, Kim Oliver (2003): *Kollegiale Beratung – Problemlösungen gemeinsam entwickeln.* Reinbek: Rowohlt.

Sich und andere gesund führen – der Führungsbaum

Katja Cordts-Sanzenbacher

Kurz und knapp

Mithilfe des Führungsbaums können Führungskräfte reflektieren, wie es um die Gesundheit steht – um die eigene und die der Mitarbeiter. Er kann auch als inhaltliche Strukturierungshilfe für Coachings und Trainings zum Thema »Gesunde Führung« dienen.

Ziele und Effekte

- Der Führungsbaum macht die wesentlichen Facetten gesundheitsorientierter Führung deutlich.
- Er weckt die Bereitschaft zur Auseinandersetzung damit, dass beziehungsweise wie das eigene Führungsverhalten die Gesundheit der Geführten beeinflusst.
- So wird ein Bewusstsein dafür geschaffen, dass die eigene Selbstfürsorge die Basis für einen gesunden Führungsstil ist.
- Diese Methode ermöglicht die Reflexion des Führungsverhaltens auf der Basis der eigenen Werte sowie der Erfahrung als »Geführter«.

Hintergrund und Beschreibung

Zahlreiche Studien belegen den Zusammenhang zwischen Führungsstil und Gesundheit beziehungsweise Krankheit: So hat eine empirische Untersuchung der ETH Zürich ergeben (Fischer 2005, zit. nach Matyssek 2011, S. 83), dass Mitarbeiter im Durchschnitt zwei Tage weniger fehlten, wenn die Führungskraft vier bestimmte Verhaltensweisen aufwies: Loben, Zeit nehmen, eigene Fehler zugeben und auf Ideen der Mitarbeitenden eingehen. In einer weiteren Studie fragte die Initiative Neue Qualität der Arbeit (s. www.inqa.de/DE/Lernen-Gute-Praxis/Publikationen/was-ist-gute-arbeit-anforderungen-aus-der-sicht-von-erwerbstaetigen.html) mehr als 5 000 Deutsche »Was ist gute Arbeit?«. Dabei ergaben sich als wichtige Faktoren »vom Vorgesetzen als Mensch behandelt zu werden« und »Anerkennung der Leistung«. Eine dritte Studie der AOK mit mehr als 10 000 Menschen zeigte: Je besser das Betriebsklima, desto weniger Rückenschmerzen Wissenschaftliches Institut der AOK 2000). Aus diesen und weiteren empirischen Ergebnissen sowie aus der Literatur leitet die Psychologin Anne Katrin Matyssek in ihrem Buch »Führung und Gesundheit« (2012) – die sechs Faktoren ab, die einen gesunden Führungsstil ausmachen:

- Stimmung/Betriebsklima
- Anerkennung/Lob/Wertschätzung
- Interesse/Aufmerksamkeit/Kontakt
- Gesprächsführung/Einbeziehen/Kommunikation
- Transparenz/Offenheit/Durchschaubarkeit
- Stressbewältigung/Belastungsabbau/Ressourcenaufbau

Diese Faktoren verwendet die Autorin in ihrem Baummodell zur gesunden Führung als Baumkrone, die wiederum auf einem Stamm aus »Selfcare« ruht. Zu dieser Selbstfürsorge, die damit die Basis für einen gesunden Führungsstil darstellt, gehören für Matyssek vor allem die Faktoren Abschalten, Pause machen, Schlafen, Lebensbalance und Altersvorsorge.

Das Modell bietet eine sehr gute Basis, um mit Führungskräften in der Gruppe am Thema gesunde Führung zu arbeiten. Wichtig finde ich insbesondere, dass es den Fokus auf die Tatsache legt, dass nur eine Führungskraft, die auf sich selbst achtet, in der Lage ist, auch die Gesundheit der Mitarbeiter positiv zu beeinflussen.

In Anlehnung an dieses Modell habe ich ein eigenes Modell des Führungsbaums entwickelt, das sich vom Matyssek-Baum in folgender Hinsicht unterscheidet: Zum einen verlege ich die Selbstfürsorge weiter oben in den Baum – in das Geäst – und führe als Stamm die Werte und Einstellungen der Führungskraft ein. Zum anderen ergänze ich es durch die »Führungswurzeln« – also die prägenden Erfahrungen der Führungskraft als Führende und als »Geführte«.

Jeder von uns steht seit frühester Kindheit in Beziehungen zu »Führungskräften«, vor allem mit Eltern, (Musik-)Lehrern oder Trainern im Sport. Eine besondere Rolle spielt häufig der erste Vorgesetzte in der Berufslaufbahn. In der Auseinandersetzung mit diesen Menschen verinnerlichen wir, wie »man« mit Konflikten, Anerkennung oder anderen führungsrelevanten

Themen umgeht: Diese Lernmodelle wirken als positive Vorbilder oder abschreckende Beispiele, die – oft auch unbewusst – den eigenen Führungsstil prägen. Dazu kommen die eigenen Erfahrungen als Führungskraft: zum Beispiel als Klassensprecherin, Mannschaftskapitän oder als frischgebackene Teamleiterin in der ersten Führungsposition.

Aus all diesen Lebens- und Lernerfahrungen erwachsen unsere persönlichen Grundhaltungen, Werte, Überzeugungen und schließlich auch ganz individuelle Führungsprinzipien. Diese wiederum zeigen sich im täglich gelebten Verhalten der Führungskraft: Wie äußert sie Anerkennung oder Kritik? Inwieweit bezieht sie Mitarbeiter in Entscheidungen ein? Wie reagiert sie in Konfliktsituationen?

Diesen Zusammenhang verdeutlicht das folgende Baummodell (siehe folgende Seite), das sowohl den normativen Ansatz des Matyssek-Baums (Wie sollte ich gesund führen?) als auch die Analyse der individuellen Führungsbiografie beinhaltet:

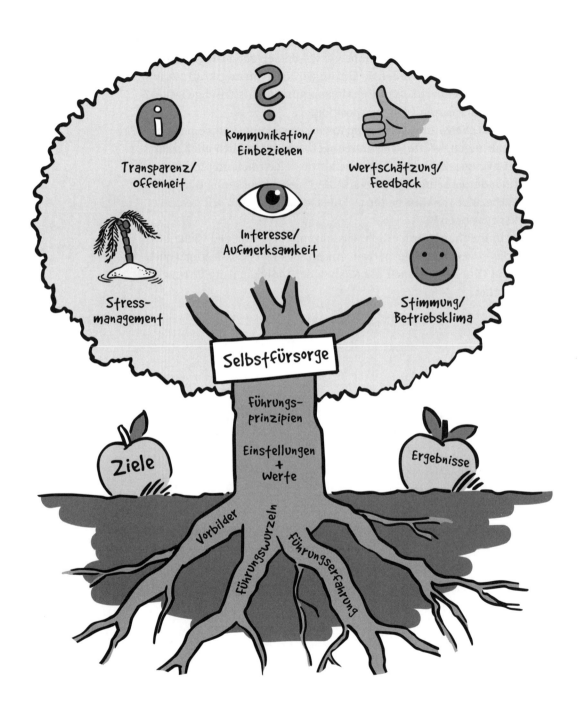

Ich finde beide Perspektiven wichtig: Führungskräfte lechzen häufig geradezu nach »Rezepten«, wie sie ihre Mitarbeiter leistungsfähig und gesund halten können. Entsprechende Strategien funktionieren aber nicht, wenn unbewusste Werthaltungen der tatsächlichen Umsetzung im Weg stehen.

Diese aufzuspüren und zu reflektieren, macht jedoch erst dann Sinn, wenn man sich in der Gruppe über weniger »verfängliche« Themen schon etwas angenähert hat oder mit Führungskräften im Einzelsetting arbeitet. Denn es ist nicht einfach, vor Kollegen den eigenen Führungsstil zu analysieren oder gar zuzugeben, dass der eigene Führungsstil in Bezug auf seine Gesundheitsförderlichkeit Verbesserungspotenzial aufweist. Dazu braucht es einen Grad an Offenheit und Vertrauen, das nicht jeder Teilnehmer in einer Gruppensituation aufbringt.

Anwendung in Gruppen und Teams

Aus den genannten Gründen arbeite ich in Einführungsworkshops, in denen mehrere Führungskräfte zusammenkommen, gern zunächst an den »Früchten« der Führung – also den Zielen beziehungsweise Ergebnissen, die die Führungskräfte mit ihrer Arbeit erreichen möchten. Anschließend widme ich mich dem oberen Teil des Modells und lege den Fokus auf Selbstfürsorge und Stressmanagement. Mit diesen Themen lassen sich Teilnehmer oft leichter gewinnen als mit der unvorbereiteten Botschaft, dass sie als Führungskraft einen Gesundheits- beziehungsweise Krankheitsfaktor für ihre Mitarbeiter darstellen.

Der Führungsbaum im Führungskräftetraining

Vorbereitung
- den leeren Baum auf ein Flipchart zeichnen, als PowerPoint-Folie oder ausgedruckt parat haben (Download unter www.beltz.de, direkt beim Buch)
- in Blatt- und Apfelform geschnittene Moderationskarten bereithalten

Durchführung
Zunächst sammle ich gemeinsam mit den Teilnehmern mithilfe des »leeren« Baums, wofür die einzelnen Teile des Baumes stehen könnten. Meist kommen die Teilnehmer selbst darauf, dass der Stamm die Basis für das Führungsverhalten darstellt, dessen einzelne Facetten wiederum durch die Krone symbolisiert werden. Und dass die Äpfel auf dem Boden für die Ergebnisse gelungener Führungsarbeit stehen.

Wenn die Elemente des Baums klar sind, wende ich mich als Erstes den Äpfeln zu und erarbeite mit den Teilnehmern, welche Früchte ihre Führungsarbeit tragen soll. Zum einen werden damit die Ziele einer veränderten Führung noch einmal deutlich formuliert. Zum anderen wird klar, dass diese Äpfel nicht einfach »vom Baum fallen«, sondern dass dafür ein gesunder und gut gepflegter Apfelbaum notwendig ist. Die Metapher, dass »der Apfel meist nicht weit vom Stamm fällt«, nutze ich, um auf die Vorbildfunktion der Führungskräfte hinzuweisen.

In der Regel wird schnell deutlich, dass nur eine Führungskraft, die gut für sich selbst sorgt, in der Lage ist, einen gesundheitsförderlichen Führungsstil in die Tat umzusetzen. Diese Erkenntnis dient dann der weiterführenden Arbeit am Thema Selbstfürsorge und am eigenen Stressmanagement. Reflexionsfragen dazu sind beispielsweise:

- Was können Führungskräfte im Allgemeinen tun, um selbst gesund zu bleiben?
- Was tun Sie als Führungskräfte konkret für Ihr körperliches Wohlbefinden?
- Wie bewältigen Sie Ihren Stress auf der mentalen Ebene?
- Wie sieht es mit sozialen Kontakten aus?
- Wie ernähren Sie sich?
- Wie gesund fühlen Sie sich im Moment auf einer Skala von 0 bis 10?
- Wie wirkt sich Ihr körperlicher und mentaler Zustand auf Ihre Mitarbeiter aus?

Diese Fragen können gut in Zweierteams oder Kleingruppen bearbeitet werden. Im Anschluss daran können Strategien entwickelt werden, wie es möglich ist, mehr Gesundheit in den eigenen Alltag zu bringen.

Dann ist es an der Zeit, sich der Frage zuzuwenden, was Führungskräfte tun können, um ihre Mitarbeiter gesund zu halten. Damit die Antworten darauf gut strukturiert werden können, fülle ich nun die Blätter mit den entsprechenden Symbolen und lasse die Führungskräfte erarbeiten, wofür diese jeweils stehen. Da das Thema eigenes Stressmanagement bereits angerissen wurde, beginne ich meist mit dem entsprechenden Symbol in der Baumkrone – dieses Mal aber im Hinblick auf die Mitarbeiter: »Wofür könnte die Palme auf der Insel stehen?«

Im Anschluss daran werden die weiteren Symbole mit den dahinterstehenden Verhaltensweisen beziehungsweise Kompetenzen reflektiert. Dabei nehme ich die Formulierungen der Teilnehmenden auf und ergänze sie im Bedarfsfall durch weitere konkrete Verhaltensweisen. Auf diese Weise erhalten die Teilnehmenden einen strukturierten Überblick über die Themen, die für gesunde Führung wichtig sind und die im weiteren Workshopverlauf mit unterschiedlichen Methoden weiterbehandelt werden.

Anwendung im Einzelcoaching

Auch im Einzelcoaching erarbeite ich den Baum gern Stück für Stück zusammen mit dem Klienten. Dazu habe ich am Flipchart den leeren Führungsbaum vorbereitet und Moderationskarten in Apfel- und in Blattform zugeschnitten. Dieser Prozess erstreckt sich meist über mehrere Sitzungen, da das Modell alle Facetten der gesunden Führung umfasst.

Der Führungsbaum im Einzelcoaching

Durchführung

Um eine möglichst unvoreingenommene Sicht auf das Thema Führung und weitere Reflexionsmöglichkeiten zu erhalten, bitte ich den Klienten zunächst, auf einem leeren Flipchartpapier einen Baum zu malen, der für ihn das Thema (gesunde) Führung symbolisiert. Hier sind die unterschiedlichsten Ergebnisse denkbar. So hat ein Klient einmal einen Tannenbaum gemalt, auf dessen Spitze er selbst stand und dessen Baumkrone seine Mitarbeiter in den unterschiedlichsten Ebenen darstellten. Das Ganze ruhte auf einem dünnen Stamm. Wurzeln oder Früchte gab es nicht. Hier kann man als Coach wunderbar nachfragen und in das Thema einsteigen:

- Welches Verhalten ist dort oben an der Spitze möglich?
- Wie fühlt sich der da an der Spitze?
- Wie geht es den Mitarbeitern in den unteren Ebenen?
- Wofür steht der Stamm?
- Was könnten Früchte oder Wurzeln der Führung sein?
- Was ging Ihnen durch den Kopf, als Sie sich für einen Nadelbaum entschieden haben?

Im Anschluss stelle ich dem Klienten anhand des beschriebenen Modells die Themen zur gesunden Führung vor und bitte ihn um die Reflexion seines Führungsverständnisses und Führungsstils auf dieser Basis. Dabei beginne ich zunächst mit dem »leeren« Baum, den ich auf ein Flipchartblatt gezeichnet habe und dessen »Früchte« und »Blattwerk« ich in Form von leeren Moderationskarten in Apfel- beziehungsweise Blattform bereithalte.

Als erstes Thema wähle ich die Früchte (die Äpfel):

- Welche Früchte soll Ihre Führungsarbeit tragen?
- Wie und wem sollen diese Früchte schmecken?
- Woran erkennen Sie eine gute Ernte?
- Wofür sind »faule« oder überreife Früchte gut?

Diese Fragen führen dazu, dass sich der Klient auf eine andere Art und Weise mit den Zielen (und dem Sinn) seiner eigenen Arbeit auseinandersetzt. Aus den Antworten werden dann konkrete Führungsziele formuliert, die wiederum auf die Apfelmoderationskarten geschrieben und neben beziehungsweise unter den Baum auf das Flipchart geklebt werden können.

Danach gehe ich zu den Führungswurzeln über und stelle fest, dass jeder Baum Wurzeln hat, die ihn fest in der Erde verankern und die den Baum mit lebenswichtigen Nähstoffen aus dem Boden versorgen. Ich frage den Klienten, wofür diese Wurzeln symbolisch stehen könnten und erläutere dies, wenn er nicht selbst auf die Idee kommt. Dazu stelle ich meist folgende Fragen:

- Wer oder was sind Ihre »Führungswurzeln«?
- Wer waren Ihre ersten Führungsvorbilder?
- Wie würden Sie deren Verhalten beschreiben?
- Was schätzen Sie an diesen Vorbildern?
- Was möchten Sie übernehmen beziehungsweise haben Sie übernommen?
- Was möchten Sie anders machen beziehungsweise machen Sie anders?
- Wann haben Sie die ersten eigenen Führungserfahrungen gemacht?
- Wie ist es Ihnen damals ergangen?
- Was hatten Sie sich vorgenommen?
- Welche Schwierigkeiten traten auf?
- Inwiefern prägen diese Erfahrungen Ihren heutigen Führungsstil?

Im Anschluss daran greife ich das Thema Werte und Führungsprinzipien auf, indem ich zum Stamm bemerke, dass dieser aus den Wurzeln erwächst und die Basis des Führungsverhaltens darstellt: Aus den gemachten Führungserfahrungen als Führungskraft und als Geführter entstehen die führungsbezogenen Werte, insbesondere das Menschenbild und die Führungsprinzipien. Zu diesem Thema bieten sich folgende Fragen an:

- Was glauben Sie, was Menschen im Job motiviert?
- Wie entsteht Führungserfolg?
- Wodurch unterscheidet sich eine erfolgreiche Führungskraft von einer erfolglosen Führungskraft?
- Welche Führungsprinzipien verfolgen Sie?
- Wie würden Ihre Mitarbeiter Ihren Führungsstil beschreiben?

Es ist zu empfehlen, an dieser Stelle gemeinsam mit dem Klienten die Führungsprinzipien schriftlich festzuhalten oder dies als Hausaufgabe für die nächste Sitzung mitzugeben. Wenn es dem Klienten möglich ist, seinen Führungsstil kurz und treffend zu beschreiben, kann dieser auch in den Stamm des Baumes eingetragen werden. Ansonsten kann dies ebenfalls eine Hausaufgabe für die kommende Sitzung darstellen.

Dann erfolgt die Überleitung zum Thema Selbstfürsorge. Diese hängt stark von den Werten der Führungskraft ab (wie weit oben steht zum Beispiel der Wert Gesundheit?), und bildet im Modell das Geäst des Baumes, das aus dem Stamm erwächst. Hier kann gut zum Einstieg mit den Fragen aus dem Gruppenworkshop zum Thema Selbstfürsorge gearbeitet werden, die durch weitergehende Fragen vertieft werden (s. auch Kapitel »Alles in Balance, oder? – Übungen zur Life-Balance«, S. 184 ff.):

- Was können Führungskräfte im Allgemeinen tun, um selbst gesund zu bleiben?
- Was tun Sie selbst ganz konkret für Ihr körperliches Wohlbefinden?
- Wie gesund fühlen Sie sich im Moment auf einer Skala von 0 bis 10?
- Was hat dazu geführt, dass Sie (schon) auf einer (vom Klienten genannte Zahl) sind?
- Wo auf der Skala würden Sie gern sein? Was brauchen Sie, um dorthin zu gelangen?
- Wie oft bewegen Sie sich? Welchen Sport betreiben Sie? Welchen würden Sie gern betreiben?
- Was haben Sie als Kind/Jugendlicher gern getan, um sich zu bewegen?
- Wie bewältigen Sie Ihren Stress auf der mentalen Ebene?
- Was tun Sie für Ihre Entspannung?
- Wie viel schlafen Sie?
- Wie sieht es mit der Schlafqualität aus?
- Wie sieht es mit sozialen Kontakten aus?
- Wie ernähren Sie sich?

Aus den Antworten können zum einen die selbstfürsorgenden Verhaltensweisen, die der Klient jetzt schon zeigt, entnommen und in den entsprechenden Teil des Baums eingetragen werden. Zudem können weitere Ziele im Bereich Selbstfürsorge und Stressmanagement festgelegt werden. Hapert es zum Beispiel an der Entspannung, können im Coaching Übungen aus der Progressiven Muskelentspannung oder Achtsamkeitsübungen eingebaut werden (s. Kapitel »Erst anspannen, dann entspannen – Progressive Muskelrelaxation«, S. 54 ff. sowie Kapitel »Stressabbau durch Entschleunigung – Achtsamkeitsübungen für den Arbeitsalltag«, S. 131 ff.). Sind stressverschärfende Gedanken das größte Problem, dann bietet es sich an, hier zuerst mit einem Mentaltraining anzusetzen (s. »Selbstfürsorge statt Burnout – Tools zur Burnout-Prophylaxe«, S. 197 ff.).

Den letzten Bereich des Baummodells bildet das Blattwerk des Baums – also das konkrete Führungsverhalten. Hier kann vor dem Hintergrund der verschiedenen Kategorien (Stressbewältigung, Anerkennung, Interesse, Kommunikation, Transparenz sowie Betriebsklima) mit dem Klienten an folgenden Fragen gearbeitet werden:

- Woran erkennen Sie Überlastungen bei Ihren Mitarbeitern?
- Wie verhindern Sie, dass Ihr Stress andere ansteckt?

- Welches Vorbildverhalten zeigen Sie im Hinblick auf Ihre Gesundheit?
- Was bedeutet für Sie Anerkennung und wie zeigen Sie diese gegenüber Ihren Mitarbeitern?
- Welche Rolle spielt Vertrauen in der Zusammenarbeit mit Ihren Mitarbeitern?
- Mit welchem Gefühl fahren Sie in den Urlaub?
- Wie würden Sie Ihre Mitarbeiter beschreiben?
- Was wissen Sie über die private Situation Ihrer Mitarbeiter?
- Wie gehen Sie mit (chronisch) kranken Mitarbeitern um?
- Wie oft und zu welchen Anlässen führen Sie Gespräche mit Ihren Mitarbeitern?
- Welche Informationen geben Sie an Ihre Mitarbeiter?
- Welche Rolle spielt Feedback in Ihrem Führungsalltag?
- Wenn Ihre Mitarbeiter ein typisches Verhalten nennen sollten, das Sie an den Tag legen, welches wäre das?
- Wie gestalten Sie die Ansprache an Ihre Mitarbeiter (Begrüßung und so weiter)?

Die Antworten auf diese Fragen notiere ich zunächst ungeordnet und versuche dann, sie gemeinsam mit dem Klienten den Kategorien gesunder Führung zuzuordnen. Wenn der Klient möchte, kann er sich für alle Facetten ein eigenes Symbol zur Visualisierung ausdenken. Die entsprechend gestalteten Blätter klebe ich in die Baumkrone und schreibe die Verhaltensweisen, die der Klient schon zeigt, neben das passende Blatt. So wird für alle Facetten der gesundheitsorientierten Führung deutlich, was schon gut läuft und wo noch Verbesserungspotenzial liegt. Wenn sich zum Beispiel herausstellt, dass die Führungskraft regelmäßig Feedback gibt, für ein gutes Betriebsklima sorgt und den Mitarbeitern auch in schwierigen Situationen den Rücken stärkt, aber ein Problem mit dem Delegieren beziehungsweise dem Vertrauen hat, so kann an letzteren Themen mit weiteren Coachingmethoden gearbeitet werden.

Der Führungsbaum kann im Laufe des Coachings verändert oder neu gestaltet werden und immer wieder als Visualisierung für die Ziele und die Fortschritte des Klienten im Bereich »gesundes Führen« dienen: Die Früchte erinnern den Klienten daran, was er mit seiner Arbeit erreichen möchte. Die Wurzeln und der Stamm machen deutlich, was seinen Führungsstil prägt (oder geprägt hat). Das Geäst macht ihm bewusst, dass nur auf der Basis einer guten Selbstfürsorge gesundes Führen möglich ist. Und die Baumkrone zeigt, welche Verhaltensweisen täglich gezeigt werden beziehungsweise welche noch zu entwickeln sind.

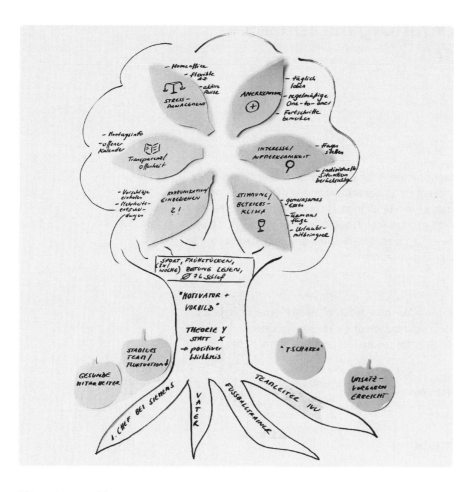

Damit Sie eine konkrete Vorstellung bekommen, finden Sie hier ein Beispiel, wie ein im Coaching erarbeiteter individueller Führungsbaum aussehen kann.

Literatur und Internet

Matyssek, Anne Katrin (2011): *Gesund führen.* – sich und andere. Trainingsmanual zur psychosozialen Gesundheitsförderung im Betrieb. Norderstedt: Books on Demand GmbH

Matyssek, Anne Katrin (2012): *Führung und Gesundheit.* Ein praktischer Ratgeber zur Förderung der psychosozialen Gesundheit im Betrieb. 3. Auflage. Norderstedt: Books on Demand GmbH.

Wissenschaftliches Institut der AOK (2000): *Gesundheit am Arbeitsplatz.* Bonn: WIdo. (AOK-Studie).

Initiative Neue Qualität der Arbeit; www.inqua.de

Gesundheitscheck für Organisationen – das 6-Boxen-Modell

Annika Westlake

Kurz und knapp

Das 6-Boxen-Modell ist ein Diagnosemodell für Organisationen oder Teams. Mittels seiner einfachen, strukturierten und übersichtlichen Vorgehensweise lassen sich komplizierte organisationale Zusammenhänge systematisch analysieren. Das 6-Boxen-Modell kann man an unterschiedliche Fragestellungen anpassen. So eignet es sich beispielsweise auch dafür, zu analysieren, wie gesundheitsgerecht die Zusammenarbeit innerhalb einer Organisation ist.

Ziele und Effekte

Das 6-Boxen-Modell (auch 6-Schubladen- oder 6-Felder-Modell genannt) erlaubt:
- eine umfassende Analyse der Organisation und ihrer Subsysteme
- die Lokalisierung organisationaler Hemmnisse, Probleme, strategischer Blockaden und Konflikte
- Handlungsbedarf sichtbar zu machen
- die Planung strategischer Handlungsschritte

Hintergrund und Beschreibung

Das 6-Boxen-Modell wurde vom Organisationsberater Marvin Weisbord (1978) entwickelt. Weisbord ging es vor allem darum, ein möglichst unkompliziertes, handhabbares Instrument zu schaffen, mit dem dennoch alle Bereiche und Abhängigkeiten innerhalb der hochkomplexen Organisationsstrukturen abgebildet werden können.

Weisbord schlägt eine Analyse der Organisation anhand der von ihm definierten Bereiche (hier »Boxen« oder »Schubladen«) in entsprechender Reihenfolge vor: Am Anfang steht die Betrachtung der »Ziele und Aufgaben« der Organisation, es folgt die Analyse der »Strukturen«, der »Anreize/Belohnungssysteme«, der »Hilfsmittel« und zuletzt der »Beziehungen«. Die Analyse der jeweiligen Bereiche kann entlang unterschiedlicher Fragestellungen verlaufen. In Sachen Gesundheit eignet sich z. B. die Frage, wie gesundheitsfreundlich die Zusammenarbeit in einem Team oder auch einer Organisation ist. Sämtliche Bereiche stehen in Wechselwirkung zueinander, die in die Arbeit mit dem Modell einfließt. Übergeordnet kommt der »Führung« die zentrale Rolle zu, die Balance der Boxen zu gewährleisten beziehungsweise herzustellen.

Weisbord entwickelte zu jeder Schublade Diagnosefragen, die hier mit Blick auf die Ausgangsfrage »Wie gesundheitsfreundlich ist unsere Organisation?« modifiziert wurden.

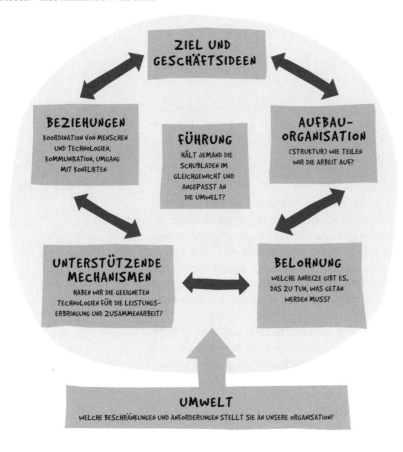

Anwendung in Gruppen und Teams

Das Modell lässt sich sowohl im Einzelsetting zum Beispiel im Leitungscoaching als Interviewleitfaden für Mitarbeiterbefragungen als auch im Gruppensetting in der Teamentwicklung oder im Mitarbeiterworkshop anwenden. Besonders wirksam ist es jedoch, die einzelnen »Boxen« gemeinsam mit dem gesamten Mitarbeiterteam und den Führungskräften einer Organisation zu bearbeiten. So kann ein umfassendes Bild der Organisation entstehen, in dem verschiedene Perspektiven ihren Platz finden. Sämtliche Bereiche sollten dazu in rotierenden Kleingruppen beleuchtet werden. Als Zeitrahmen sollte dafür mindestens ein Eintagesworkshop zur Verfügung stehen, für gewöhnlich dauert der reine 6-Boxen-Prozess etwa fünf bis sechs Stunden. Wenn die Zeit nicht ausreicht, ist es auch möglich, die Kleingruppen nicht rotieren zu lassen und pro Kleingruppe einen Bereich zu beleuchten.

Das 6-Boxen-Modell

Vorbereitung

Für die Anwendung im Workshop sollten sechs Diskussionstische sowie Papier, Karten und Stifte bereitgestellt werden. Wenn vorhanden, bietet es sich an, an jedem Tisch eine Pinnwand mit den Arbeitsfragen vorzubereiten. Darauf lassen sich auch die Arbeitsgruppenergebnisse festhalten.

Durchführung

In Kleingruppen wird an jedem Tisch jeweils ungefähr 30 Minuten zu dem jeweiligen Bereich entlang der im Folgenden genannten Arbeitsfragen diskutiert und dazu assoziiert. Die Ergebnisse werden auf Moderationskarten oder Flipchartpapier festgehalten. Der Kreativität der Darstellung sind keine Grenzen gesetzt – es dürfen Bilder entstehen, beispielhafte Storys oder aber Auflistungen der wichtigsten Punkte. Das Ergebnis verbleibt an der Pinnwand. Nach Ablauf der Zeit rotieren die Kleingruppen weiter zur jeweils nächsten Box. Insgesamt werden dazu etwa drei bis dreieinhalb Stunden benötigt.

Wenn alle Teilnehmer alle Stationen durchlaufen haben, betrachtet die Gesamtgruppe die »Ausstellung« der erarbeiteten Resultate an den jeweiligen Tischen, diskutiert und ergänzt die Ergebnisse. Hierzu sollten etwa zwei bis drei Stunden eingeplant werden. Es bietet sich an, folgende Fragen im Plenum gemeinsam festzuhalten:

- Wie sehen wir uns beziehungsweise unsere Organisation?
- Wo sind wir stark? Wo sind wir gut aufgestellt?
- Wo herrscht noch Klärungs- beziehungsweise Handlungsbedarf?
- Wo entdecken wir Widersprüche? Wie wollen wir damit umgehen?
- Was sind die wichtigsten Punkte, die es zu klären oder anzugehen gilt?
- Was könnten nächste Schritte sein?
- Wer macht was?
- Mit welchen Rahmen- und Umweltbedingungen sollten wir uns dabei auseinandersetzen?

Arbeitsfragen »Wie gesundheitsfreundlich ist unsere Organisation?«

Zur Diagnose der Arbeitsbedingungen und Organisationsstrukturen in Hinblick auf die Gesundheitsförderung bieten sich folgende Reflexionsfragen zu den jeweiligen Boxen an. Diese sind auch im Einzelsetting einsetzbar.

Aufgaben und Ziele:
- Was sind die drei wichtigsten Ziele der Organisation?
- Wurden Ziele in Hinblick auf die Gesundheitsstrategie formuliert beziehungsweise gibt es in der Personalstrategie Ziele, die das Thema »Gesundheit« berücksichtigen? Welche?
- Welche Aufgaben sind damit verbunden?
- Entsprechen die strategischen Ziele zur Gesundheitsförderung den organisationalen Zielen und Aufgaben oder gibt es Widersprüche?
- Kennen die Mitglieder/Mitarbeiter die Ziele?
- Stimmen die Mitglieder/Mitarbeiter mit den Zielen überein?
- Gibt es informelle oder unausgesprochene Ziele, an denen sich die Mitarbeiter orientieren?
- Sind die Ziele SMART – das bedeutet spezifisch, messbar, attraktiv/erreichbar und terminiert?

Arbeitsstruktur:
- Wie ist die Arbeit und wie sind die Aufgaben aufgeteilt?
- Wer macht was?
- Wird das Thema »Gesundheit« hinsichtlich der Aufgabenteilung berücksichtigt?
- Gibt es Mitarbeiter mit besonderen Bedarfen oder Erfordernissen? Werden diese in der Aufgabenteilung bedacht?
- Findet das Thema »Gesundheit« ausreichend Raum? Ist es in der Arbeitsstruktur verankert? An welchen Stellen?
- Welche Aufgaben oder Arbeitsbereiche sind gegebenenfalls besonders gesundheitsgefährdend (beispielsweise körperlich anstrengend, stressig, laut)?
- Wie wird damit umgegangen? Werden Möglichkeiten der Unterstützung und Kompensation angeboten?

Beziehungen:
- Wie werden die Beziehungen der Mitarbeiter untereinander erlebt?
- Wie ist das Klima zwischen Vorgesetzten und Untergebenen?
- Wie zwischen hauptamtlichen und freien Mitarbeitern?
- Gibt es Konflikte, die die Mitarbeiter belasten?
- Wie wird üblicherweise mit Konflikten umgegangen?
- Wie wird die gegenseitige Unterstützung und Rücksichtnahme eingeschätzt?

Anreize, Anerkennung, Belohnungen:

- Wie werden Mitarbeiter belohnt und zur Mitarbeit angeregt?
- Welche Tätigkeiten werden belohnt?
- Findet gesundheitsförderndes Verhalten (zum Beispiel auf Führungsebene) ausreichend Aufmerksamkeit und Wertschätzung?
- Gibt es Arbeiten, für die es keine Anerkennung gibt?
- Gibt es informelle Anreize, scheinbare Notwendigkeiten oder Belohnungen, *nicht* auf Gesundheit Rücksicht zu nehmen?

Hilfsmittel:

- Welche gesundheitsfördernden Hilfsmittel (beispielsweise Räume, Arbeitsmittel, Zeitressourcen) stehen zur Verfügung?
- Wer hat Zugang zu den Hilfsmitteln?
- Wer verfügt über sie?
- Gibt es Privilegien und wer hat sie?
- Welche Hilfsmittel fehlen und warum?
- Welche (vorhandenen) Hilfsmittel werden ungenügend genutzt und warum?

Führung/Leitung:

- Wie wird die Leitung wahrgenommen?
- Unterstützt sie das Thema »Gesundheit«?
- Wenn ja, wodurch? Reicht die Unterstützung aus? Gibt es darüber hinausgehenden Bedarf?
- Wenn nein, was hindert sie daran?
- Wie zufrieden sind die Mitarbeiter mit der Leitung insgesamt?
- Gelingt es der Leitung, die Balance von allen fünf »Boxen« herzustellen? Oder gibt es ein Ungleichgewicht? In welchen Schubladen?

Das 6-Boxen-Modell liefert in der Regel eine Fülle an Erträgen. Überdies zeigen sich im Verlauf Anknüpfungspunkte für weitere Themen, die anschließend bearbeitet werden können, sei es im selben Seminar oder auch im Rahmen von Follow-up-Workshops.

Literatur und Internet

Weisbord, Marvin R. (1994): *Organisationsdiagnose.* Ein Handbuch mit Theorie und Praxis. Goch: Bratt-Institut für Neues Lernen.
www.marvinweisbord.com

Stärken im Unternehmen entdecken – das Ressourceninterview

Kerstin Goldbeck

Kurz und knapp

Mithilfe des Ressourceninterviews reflektieren Führungskräfte die eigene Unternehmenskultur im Hinblick auf gesunde Rahmenbedingungen für Mitarbeiter.

Ziele und Effekte

- Führungskräfte entwickeln Maßnahmen für eine gesunde Unternehmenskultur.
- Führungskräfte reflektieren die Bedingungen im eigenen Unternehmen.
- Führungskräfte lernen das Salutogenesekonzept von Aaron Antonovsky als Bedingung für Gesundheit kennen.

Hintergrund und Beschreibung

Wenn es um Gesundheit im Beruf geht, so nehmen Führungskräfte eine Schlüsselstellung im Betrieb ein. Je nachdem, wie sie selbst mit der eigenen Gesundheit umgehen, welche Wertigkeit das Thema bei ihnen hat, ob sie die eigenen Ressourcen im Blick haben und sich schonen, desto gesundheitsfördernder gehen sie auch mit ihren Mitarbeitern und Teams um, so die These. Es macht daher großen Sinn, beim Thema betriebliche Gesundheitsfürsorge bei den Führungskräften anzusetzen. Erste Angriffspunkte rund um das Gesundheitsthema lassen sich gut mittels Interview erheben. In der Organisationsberatung werden Interviews beispielsweise dazu eingesetzt, um Themen für Mitarbeiterbefragungen zu eruieren.

Das hier entwickelte Ressourceninterview dockt an das von Aaron Antonovsky entwickelte Salutogenesekonzept an (salus = Gesundheit, genese = Entstehung). Bei diesem Ansatz ist die Blickrichtung auf gesundheitsfördernde Bedingungen am Arbeitsplatz wesentlich, statt darauf zu achten, was Menschen krank macht. Drei Faktoren sorgen dabei für Wohlbefinden im Job:

- Verstehbarkeit
- Sinnhaftigkeit
- Handhabbarkeit

Der erste Faktor »Verstehbarkeit« bedeutet, dass der Arbeitsplatz, die Marktentwicklung und Ähnliches erklärt werden, dass die Abläufe nachvollziehbar und im besten Falle vorhersehbar sind. Der zweite Faktor »Sinnhaftigkeit« bezieht sich auf das eigene Tun, also auf die Überzeugung vom Wert der eigenen beruflichen Aufgaben. Dritter Faktor ist die »Handhabbarkeit«, worunter die Ressourcen oder auch die Mittel fallen, die einem Menschen »zur Verfügung stehen, um die Anforderungen seines Arbeitsplatzes zu meistern« (Strauss 2013, S. 19). Dieser dritte Aspekt wird mithilfe des folgenden Fragebogens abgeklopft. Es geht dabei darum, die Situation der Führungskraft und die allgemeinen Bedingungen im Unternehmen zu erfassen. Zur Verfügung stehende Mittel, um die Jobanforderungen zu meistern, können beispielsweise Erholungsangebote wie betriebliche Yogakurse, Stressmanagementseminare, aber auch flexible Arbeitszeitmodelle sein, die Einführung von Vertrauensarbeitszeit, das Ermöglichen von Auszeiten und die bewusste Abkehr von der herrschenden Präsentismuskultur.

Anwendung in Gruppen und Teams

Das folgende Tool bildet meist den Auftakt für weitergehende Maßnahmen im Unternehmen. Denkbar ist auch, die Ergebnisse des Ressourceninterviews in Follow-up-Veranstaltungen zu bearbeiten.

Das Ressourceninterview

Vorbereitung

Interviewfragebogen in ausreichender Anzahl für alle Teilnehmer bereithalten. Download unter: www.beltz.de, direkt beim Buch.

Der Fragebogen für das Ressourceninterview

Führungskräfte sind ein wichtiger Faktor, wenn es um eine gesunde Unternehmenskultur geht. Sie sind in der Lage, Anreize zu geben, um Bestehendes zu optimieren und Neuerungen einzuführen. Generell benötigen Führungskräfte und Mitarbeiter bestimmte Ressourcen, um den Anforderungen im Beruf gerecht werden zu können und gesund zu bleiben. Diese ergeben sich häufig aus der Unternehmenskultur oder auch aus den Rahmenbedingungen am Arbeitsplatz. Die folgenden zehn Fragen greifen dies auf und sollen Ihnen helfen, die Situation an Ihrem Arbeitsplatz zu reflektieren.

Gesund bleiben im Unternehmensalltag

1. Bietet Ihr Unternehmen betriebliche Gesundheitsfürsorge in Form von Sport- oder Entspannungskursen an?
2. Fördert Ihr Unternehmen Mitarbeiterengagement wie Nordic-Walking-Gruppen oder Lauftreffs?
3. Haben Sie die Möglichkeit, sich in Sachen Stressbewältigung weiterzubilden?
4. Wie sind die Pausenzeiten in Ihrem Unternehmen geregelt? Gibt es feste Vorgaben oder können Sie sich die Zeiten selbst einteilen?
5. Wie flexibel sind die Arbeitszeiten in Ihrem Betrieb geregelt? Wird über die Einführung von Vertrauensarbeitszeit diskutiert?
6. Gibt es an Ihrem Arbeitsplatz eine ausgeprägte Fehlerkultur, sprich: Fehler gelten als menschlich, werden thematisiert und sachlich ausgeräumt?
7. Herrscht in Ihrem Unternehmen eine Präsentismuskultur? Wenn ja, wie äußert sich das? Nennen Sie Beispiele aus dem Joballtag!
8. Sind in Ihrem Unternehmen persönliche Auszeiten oder die Reduzierung von Arbeitszeit möglich, wenn es die Lebenssituation eines Mitarbeiters erfordert?
9. Können Sie aus Ihrem Unternehmen Vorbilder in Sachen Gesundheit benennen?
10. Werden in Ihrem Unternehmen regelmäßig Mitarbeiterbefragungen durchgeführt, in denen Bedürfnisse der Mitarbeiter (zum Beispiel zu Arbeitszeiten) erhoben werden?

Durchführung

Der Trainer stellt die drei Aspekte des Salutogenesekonzepts vor und sammelt zu jedem Punkt Beispiele durch die Teilnehmer. Dann leitet er über zum Ressourcenbegriff. Nun gehen die Teilnehmer zu zweit zusammen und führen gegenseitig mithilfe des Fragebogens ein Ressourceninterview durch. Im Anschluss stellen sich die Teilnehmer in Kleingruppen gegenseitig ihre Ergebnisse vor und erarbeiten gemeinsam betriebliche Möglichkeiten, Ressourcen beziehungsweise die Handhabbarkeit für Mitarbeiter zu stärken.

Die Arbeitsanweisung lautet: »Gehen Sie bitte zu zweit zusammen. Nehmen Sie sich bitte 30 Minuten Zeit, um sich gegenseitig mithilfe des Fragebogens zu interviewen. Notieren Sie Ihre Antworten. Finden Sie sich im Anschluss für 30 Minuten in Kleingruppen zusammen (drei bis vier Teilnehmer) und tauschen Sie sich zu Ihren Antworten aus. Erarbeiten Sie dann gemeinsam, welche Möglichkeiten ein Unternehmen hat, die Ressourcen beziehungsweise Handhabbarkeit am Arbeitsplatz zu stärken. Visualisieren Sie Ihre Vorschläge auf einem Flipchart. Stellen Sie Ihre Ergebnisse im Anschluss im Plenum vor.«

Bei der Ergebnispräsentation notiert der Trainer stichwortartig die Vorschläge der Teilnehmer am Flipchart mit.

Die Übung dient dazu, gemeinsam zu reflektieren und ins Gespräch zu kommen. Daher gibt es auch keine Antwortvorgaben zum Fragebogen oder gar ein Punktesystem, mit dem die Antworten bewertet werden. Da jedes Unternehmen unterschiedliche Voraussetzungen, zum Beispiel aufgrund der Betriebsgröße, hat, würde dies einen produktiven Umgang mit den Fragebogenthemen erschweren.

Literatur

Antonovsky, Aaron/Franke, Alexa (1997): *Salutogenese.* Zur Entmystifizierung der Gesundheit. DGVT: Tübingen.

Strauss, Nicole (2013): *Gesund führen.* Leistung und Lebensfreude für Chefs und Mitarbeiter. Trainerverlag: Saarbrücken.

Zufriedenheit hält gesund – Arbeitszufriedenheit erheben

Katja Cordts-Sanzenbacher

Kurz und knapp

Es wird ein Interviewleitfaden beziehungsweise Fragebogen vorgestellt, mit dem man unterschiedliche Facetten der Arbeitszufriedenheit messen kann. Dieser kann als Analyseinstrument wertvolle Hinweise für notwendige Trainings- und Coachingmaßnahmen im Bereich Gesundheit liefern und auf die jeweiligen Bedürfnisse der zu untersuchenden Organisation zugeschnitten werden.

Ziele und Effekte

- Bewusstmachung der gesundheitsrelevanten Ressourcen und Risikofaktoren in der Organisation
- Einbeziehung und Entlastung der Mitarbeiter durch die Möglichkeit, Unzufriedenheit zu äußern
- Ressourcenorientierung durch die gleichzeitige Bewusstmachung der positiven Arbeitsbedingungen
- Basis für die Entwicklung passgenauer Maßnahmen der Gesundheitsförderung

Hintergrund und Beschreibung

Die Arbeitszufriedenheit ist eines der populärsten und am besten erforschten Konstrukte im Bereich der Arbeits- und Organisationspsychologie. Aber trotz der beachtlichen Zahl an Studien ist bisher noch keine allgemein akzeptierte Definition hervorgebracht worden. Eine gewisse Übereinstimmung besteht allerdings darüber, dass die Arbeitszufriedenheit ein mehrdimensionales Konstrukt ist, das die Einstellung des Mitarbeiters gegenüber seiner Arbeit insgesamt oder gegenüber einzelnen Facetten der Arbeit ausdrückt. Arbeitszufriedenheit beziehungsweise –unzufriedenheit entsteht dabei durch einen Prozess, in dem die Erwartungen an die Arbeit beziehungsweise den Arbeitsplatz mit den vorgefundenen Bedingungen verglichen werden. Besteht dort eine Diskrepanz, entsteht Unzufriedenheit.

Untersuchungen zum Thema Arbeitszufriedenheit sind vermutlich deshalb so interessant, weil die Zufriedenheit mit der Arbeitssituation verschiedene andere wichtige Kennzahlen beeinflusst (oder das zumindest vermutet wird). Zum Beispiel zeigen zahlreiche Studien eine signifikante negative Korrelation zwischen Arbeitszufriedenheit und Fehlzeiten – das heißt, je höher die Arbeitszufriedenheit ist, desto geringer ist die Fehlzeitenwahrscheinlichkeit. Da Fehlzeiten einen enormen Kostenfaktor für Organisationen darstellen, liegt es nahe, dass man der Frage, wie man sie reduzieren kann und welche Faktoren sie beeinflussen, gern näher kommen möchte.

Dabei ist zu beachten, dass der Zusammenhang zwischen Arbeitszufriedenheit und der Abwesenheit vom Arbeitsplatz nicht in direkter Weise gegeben ist: Kaum ein Mitarbeiter bleibt zu Hause, weil er mit der Arbeit nicht zufrieden ist. Es ist vielmehr so, dass dauerhafte Unzufriedenheit Auswirkungen auf die psychische und physische Gesundheit der Mitarbeiter hat: In verschiedenen Studien wird über einen positiven Einfluss der Arbeitszufriedenheit auf das allgemeine subjektive Wohlbefinden und auf die Stimmung der Mitarbeiter berichtet. Dauerhafte Arbeitsunzufriedenheit hingegen kann zu Depressionen und Gereiztheit führen. Auch das Burnout-Syndrom wird insofern mit der Arbeitsunzufriedenheit in Verbindung gebracht, als Mitarbeiter, die unzufrieden mit ihrer Arbeit sind, häufig auch hohe Ausprägungen der drei Burnout-Komponenten »emotionale Erschöpfung«, »Depersonalisierung« und »reduzierte persönliche Leistungsfähigkeit« angeben.

Die Gesundheit kann also als »Zwischenschritt« zwischen Arbeitszufriedenheit und Fehlzeiten betrachtet werden: Unzufriedene Mitarbeiter werden leichter krank, kranke Mitarbeiter bleiben der Arbeit fern (auch wenn es aufgrund von Ängsten um den Arbeitsplatz mittlerweile schon Tendenzen zum Präsentismus gibt). Aus diesem Grund wird die Arbeitszufriedenheit zunehmend als Indikator für Maßnahmen zur betrieblichen Gesundheitsförderung eingesetzt.

In diesem Sinne kann auch der vorliegende Interviewleitfaden beziehungsweise Fragebogen verstanden werden. Er erhebt die Zufriedenheit der Mitarbeiter in verschiedenen Bereichen ihrer Tätigkeit. Dabei wurden einschlägige, in der Literatur genannte Facetten der Arbeitszufriedenheit zugrundegelegt, die in ähnlicher Form auch in Standardinstrumenten wie dem »Arbeitsbeschreibungsbogen« nach Wilfried Hacker oder der VERA-Analyse nach Walter Volpert vorhanden sind. Der Leitfaden wurde mit offenen und ressourcenorientierten Fragen ergänzt, um den Blick für »vergessene Themen« zu öffnen und Verbesserungsideen zu sammeln, aber auch, um den Fokus auf vorhandene positive Aspekte zu lenken. Diese werden häufig in einer ansteckenden Welle der Unzufriedenheit nicht mehr gesehen, stellen aber wichtige Ressourcen für die Weiterentwicklung der Organisation dar.

Außerdem wurde eine Wichtigkeitsabfrage eingeführt, um die Beurteilung der einzelnen Facetten der Arbeitszufriedenheit mit der subjektiven Wichtigkeit in Beziehung zu setzen. Eine sehr schlechte Bewertung in einem unwichtigen Bereich kann eher verkraftet werden als eine unterdurchschnittliche Bewertung in einem Bereich, der enorm wichtig ist.

Die Ergebnisse der Befragung können zugrunde gelegt werden, um maßgeschneiderte Angebote der Gesundheitsförderung zu entwickeln. Dabei sind insbesondere auch Maßnahmen der Verhältnisprävention gemeint (also solche, die die Arbeitsbedinungen verbessern), die häufig zugunsten von Maßnahmen der Verhaltensprävention (also solchen, die am Verhalten des einzelnen Mitarbeiters ansetzen) vernachlässigt werden. Denn was nützt das gut gemeinte Angebot eines Lauftreffs, wenn die Mitarbeiter diese Möglichkeit gar nicht nutzen, weil sie sowieso schon Hunderte Überstunden vor sich herschieben und nach Feierabend einfach nur nach Hause wollen? Und manchmal wäre es kostengünstiger, das Management in Menschenführung weiterzubilden als alle Mitarbeiter durch Stressbewältigungsseminare zu schleusen, in denen sich herausstellt, dass die Führungskultur für viele der Stressfaktor Nummer eins ist.

Anwendung in der Organisationsentwicklung

Der komplette Interviewleitfaden beziehungsweise Fragebogen enthält folgende Fragen und kann unter www.beltz.de, direkt beim Buch, downgeloadet werden. Den kompletten Fragebogen finden Sie auf den folgenden Seiten:

Interviewleitfaden/Fragebogen zur Arbeitszufriedenheit

Einstieg und Öffnungsfragen

1. Einleitung/Warmwerden: Was machen Sie genau in Ihrer Funktion? Wie sieht ein typischer Arbeitstag aus?
2. Stellen Sie sich vor, Sie treffen die Wunschfee, die Ihnen drei Wünsche in Bezug auf Ihre Arbeit gewährt. Welche drei Dinge würden Sie sich wünschen? Und was würden Sie genau so lassen, wie es ist?
3. Was ist Ihnen bei der Arbeit am wichtigsten?

Fragen zur allgemeinen Arbeitszufriedenheit

4. Wie gut gefällt Ihnen Ihre Arbeit insgesamt?

1 = nicht zufrieden	2 = weniger zufrieden	3 = zufrieden	4 = sehr zufrieden
☐	☐	☐	☐

5. Wie schätzen Sie die Zufriedenheit Ihrer Kolleginnen und Kollegen ein?

1 = nicht zufrieden	2 = weniger zufrieden	3 = zufrieden	4 = sehr zufrieden
☐	☐	☐	☐

Fragen zu einzelnen Aspekten der Arbeitszufriedenheit

6. Arbeitsplatzgestaltung/räumliche Bedingungen: Wie zufrieden sind Sie insgesamt mit der Gestaltung Ihres Arbeitsplatzes?

1 = nicht zufrieden	2 = weniger zufrieden	3 = zufrieden	4 = sehr zufrieden
☐	☐	☐	☐

7. Was gefällt Ihnen hier besonders gut?
8. Wo besteht Ihrer Meinung nach der größte Veränderungsbedarf?

Arbeitszeitregelung

9. Wie zufrieden sind Sie insgesamt mit der Regelung Ihrer Arbeitszeit?

1 = nicht zufrieden	2 = weniger zufrieden	3 = zufrieden	4 = sehr zufrieden
☐	☐	☐	☐

10. Welche Regelung würden Sie sich wünschen?

Bezahlung

11. Wie zufrieden sind Sie mit Ihrer Bezahlung?

1 = nicht zufrieden	2 = weniger zufrieden	3 = zufrieden	4 = sehr zufrieden
☐	☐	☐	☐

12. Wie sollte Ihre Bezahlung gestaltet sein?
13. Wie schätzen Sie Ihre Bezahlung im Vergleich zu ähnlichen Unternehmen ein?

Sozialleistungen und betriebliche Angebote

14. Wie zufrieden sind Sie mit den Sozialleistungen?

1 = nicht zufrieden   2 = weniger zufrieden   3 = zufrieden   4 = sehr zufrieden

☐   ☐   ☐   ☐

15. Welche finden Sie besonders gut?
16. Welche würden Sie sich zusätzlich wünschen?

Personalführung (direkte Vorgesetzte)

17. Wie zufrieden sind Sie mit Ihrer/Ihrem direkten Vorgesetzten insgesamt?

1 = nicht zufrieden   2 = weniger zufrieden   3 = zufrieden   4 = sehr zufrieden

☐   ☐   ☐   ☐

18. Was macht sie/er in Ihren Augen besonders gut?
19. Was stört Sie? Was fehlt Ihnen?

Unternehmensführung

20. Wie zufrieden sind Sie mit der Unternehmensführung/der Unternehmenspolitik?

1 = nicht zufrieden   2 = weniger zufrieden   3 = zufrieden   4 = sehr zufrieden

☐   ☐   ☐   ☐

21. Was gefällt Ihnen an der Unternehmensführung?
22. Was wünschen Sie sich von der Unternehmensführung?

Information und Kommunikation

23. Wie zufrieden sind Sie mit der internen Kommunikation?

1 = nicht zufrieden   2 = weniger zufrieden   3 = zufrieden   4 = sehr zufrieden

☐   ☐   ☐   ☐

24. Worüber werden Sie ausreichend informiert?
25. Worüber würden Sie gern mehr wissen?

Kooperation mit den Kollegen

26. Wie zufrieden sind Sie mit der Zusammenarbeit in Ihrem Team?

1 = nicht zufrieden   2 = weniger zufrieden   3 = zufrieden   4 = sehr zufrieden

☐   ☐   ☐   ☐

27. Was klappt besonders gut?
28. Was könnte verbessert werden?

Art und Inhalt der Tätigkeit

29. Wie zufrieden sind Sie mit Art und Inhalt Ihrer Tätigkeit?

1 = nicht zufrieden   2 = weniger zufrieden   3 = zufrieden   4 = sehr zufrieden

☐   ☐   ☐   ☐

30. Auf was möchten Sie nicht verzichten?
31. Was belastet Sie am meisten?

Beteiligung und Entscheidungsmöglichkeiten

32. Wie zufrieden sind Sie mit Ihren Möglichkeiten, auf Ihre Arbeit Einfluss zu nehmen?

1 = nicht zufrieden   2 = weniger zufrieden   3 = zufrieden   4 = sehr zufrieden

☐   ☐   ☐   ☐

33. Wo wünschen Sie sich mehr Selbstbestimmung?
34. Wo wünschen Sie sich klarere Regeln und Grenzen?

Aus- und Weiterbildung

35. Wie zufrieden sind Sie mit den Aus- und Weiterbildungsmöglichkeiten?

1 = nicht zufrieden   2 = weniger zufrieden   3 = zufrieden   4 = sehr zufrieden

☐   ☐   ☐   ☐

36. Welche Angebote nutzen Sie beziehungsweise haben Sie genutzt?
37. Welche Angebote würden Sie nutzen, wenn es sie gäbe?

Aufstiegsmöglichkeiten

38. Wie zufrieden sind Sie mit den Aufstiegsmöglichkeiten?

1 = nicht zufrieden   2 = weniger zufrieden   3 = zufrieden   4 = sehr zufrieden

☐   ☐   ☐   ☐

39. Welche Möglichkeiten bieten sich für Sie?
40. Welche würden Sie sich wünschen?

Betriebsklima

41. Wie zufrieden sind Sie mit dem Betriebsklima?

1 = nicht zufrieden   2 = weniger zufrieden   3 = zufrieden   4 = sehr zufrieden

☐   ☐   ☐   ☐

42. Was trägt Ihrer Meinung nach positiv zum Betriebsklima bei?
43. Wie könnte man es verbessern?

Work-Life-Balance

44. Wie zufrieden sind Sie mit den Möglichkeiten, Ihre beruflichen Ziele mit Ihren privaten in Einklang zu bringen?

1 = nicht zufrieden   2 = weniger zufrieden   3 = zufrieden   4 = sehr zufrieden

☐   ☐   ☐   ☐

45. Was könnte von Seiten Ihres Arbeitgebers in dieser Hinsicht getan werden?
46. Was könnten Sie selbst tun?

Wichtigkeit einzelner Aspekte

	unwichtig	weniger wichtig	wichtig	sehr wichtig
Anerkennung der Leistung				
Arbeitsplatzsicherheit				
Arbeitsumfeld und räumliche Bedingungen				
Art und Inhalt der Tätigkeit				
Aufstiegsmöglichkeiten				
Aus- und Weiterbildung				
Betriebsklima				
Direkter Vorgesetzter				
Einkommen				
Entscheidungsspielraum				
Image des Unternehmens				
Information und Kommunikation				
Kooperation im Team				
Sozialleistungen				
Unternehmensziele/-politik				
Work-Life-Balance				

Fragen zu positiver Motivation

47. Was können Sie persönlich tun, im Ihren Arbeitsalltag zu verbessern?
48. Nennen Sie mir am Schluss bitte noch die drei Aspekte, die Sie an Ihrer Arbeit am meisten schätzen!

Man kann den Interviewleitfaden/Fragebogen in entsprechender Anzahl ausdrucken (www.beltz.de, direkt beim Buch) und an alle Mitarbeiter verschicken beziehungsweise online von allen Mitarbeitern ausfüllen lassen. Bei großen Organisationen macht das die Auswertung allerdings aufwendig, und häufig bringen auch schon kleinere Stichproben aussagekräftige Ergebnisse. Ich habe gute Erfahrungen damit gemacht, ihn stattdessen als Interviewleitfaden für Gespräche mit ausgewählten Schlüsselpersonen zu verwenden. Insbesondere bei den offenen Fragen lassen sich so Dinge erfassen, die ansonsten aus Zeit- oder Motivationsgründen nicht aufgeschrieben worden wären.

Die Schlüsselpersonen sollten dabei nach sinnvollen Kriterien ausgewählt werden, um einen breiten Eindruck vom Grad der Arbeitszufriedenheit in der Organisation zu erhalten. Mögliche Kriterien sind zum Beispiel eine Auswahl nach Hierarchiestufe, Unternehmensbereich, Berufsgruppe oder Betriebszugehörigkeit. Häufig ergibt sich bei einer Befragung von ausgewählten Schlüsselpersonen ein sehr ähnliches Bild wie bei einer Komplettbefragung – bei erheblich geringerem Aufwand.

Allerdings ist es in diesem Fall extrem wichtig, die Auswahlkriterien transparent zu machen. Überhaupt ist eine klare und offene Kommunikation im Zusammenhang mit einer solchen Mitarbeiterbefragung essenziell. Allen Mitarbeitern muss klar sein, was mit der Befragung bezweckt wird. Am besten wird eine Belegschaftsversammlung zu diesem Zweck einberufen, bei der die externen Berater, die die Befragung vornehmen, vorgestellt und die Ziele der Befragung erläutert werden. Außerdem muss gewährleistet sein und glaubwürdig vermittelt werden, dass die Gespräche streng vertraulich behandelt und die Ergebnisse ausschließlich anonymisiert an die Organisationsleitung weitergegeben werden. Auch dafür bieten Interviews eine gute Möglichkeit, da in der Face-to-Face-Kommunikation im Gegensatz zu einer schriftlichen oder Onlinebefragung eine echte Beziehung hergestellt werden kann, innerhalb derer eine offenere Kommunikation ermöglicht wird.

Nach der Auswertung der Interviews können Folgebefragungen in den Organisationsbereichen und zu den Themen durchgeführt werden, die sich als kritisch herausgestellt haben. Die Ergebnisse stellen auch einen hervorragenden Ausgangspunkt für Führungskräftetrainings oder Gesundheitszirkel dar, in denen die Ergebnisse reflektiert und konkrete Maßnahmen entwickelt werden. Denn dass nach der Erhebung tatsächlich erkennbare Veränderungen stattfinden, ist eine unabdingbare Voraussetzung für diese Methode. Wenn man Mitarbeiter nach ihrer Meinung fragt, müssen sie auch das Gefühl haben, dass sich danach etwas tut. Sonst bekommt das Ganze schnell den Geschmack einer Alibiaktion, die der Arbeitszufriedenheit beziehungsweise Gesundheit dann eher schadet als sie zu fördern.

Anwendung im Einzelcoaching

Auch im Einzelcoaching kann der Interviewleitfaden Verwendung finden. Zum Beispiel ist es möglich, auf dieser Basis mit Klienten, die sich beruflich verändern wollen, zu erarbeiten, welche Arbeitsbedingungen sie sich wünschen. Der Fragebogen eignet sich auch, um gemeinsam mit Führungskräften (insbesondere auf der Geschäftsführungsebene) die Situation in ihrem Unternehmen einschätzen zu lassen, sie dann mit den Ergebnissen zu kontrastieren und eventuelle Diskrepanzen zu reflektieren.

Literatur

Fischer, Lorenz (2006): *Arbeitszufriedenheit.* 2. Auflage. Hogrefe: Göttingen.
Borg, Ingwer (2002): *Mitarbeiterbefragungen kompakt.* Hogrefe: Göttingen.

Der Bonusteil

↗ 04

Meine Gesundheit – mein Kapital als Coach und Trainerin

Katja Cordts-Sanzenbacher

Meine Kunden sind fit und zufrieden – und wo bleibe ich?

Bezeichnenderweise schreibe ich dieses Kapitel, während ich mit einer ordentlichen Nasennebenhöhlenentzündung, einem Berg Taschentücher, einer großen Kanne heißen Kamillentees und meinem Laptop auf dem Schoß im Bett sitze. So viel zum Thema Gesundheit – mein Kapital. Eine ziemlich miese Rendite bekomme ich da heute. Mein schlechtes Gewissen regt sich, und in meinen Ohren klingen meine gut gemeinten Hinweise an Klienten und Seminarteilnehmer: »Gesundheit ist eine A-Aufgabe« (s. Kapitel »Zeit für mehr Gesundheit – mit der Eisenhower-Matrix«, S. 152 ff.), »hören Sie auf Ihren Körper« und so weiter. Und nun sitze ich hier und mache das Gegenteil davon: kämpfe mit meinen Buchkapiteln, weil die Deadline für die Manuskriptabgabe beängstigend nahe rückt. Und ich arbeite heute weiter, obwohl ich gestern in einem achtstündigen Training zehn Packungen Papiertaschentücher verbraucht und den Teilnehmern mit meinem Schniefen und Schnäuzen sehr eindrucksvoll gezeigt habe, wie Gesundheit *nicht* aussieht. Heute Nachmittag steht zudem ein Einzelcoachingtermin auf dem Programm.

Arbeite und lebe ich also getreu dem Motto »you teach what you have to learn«? Wenn es so wäre, würde ich das natürlich an dieser Stelle nicht verraten. Aber im Ernst: Tatsächlich ist die momentane Situation zum Glück bei mir sehr, sehr selten. In der Regel nehme ich mir nach besonders anstrengenden Trainingstagen oder -wochen einen halben oder ganzen Tag frei, um Körper und Psyche eine Auszeit zu gönnen und die Batterien wieder aufzuladen. Das sind die Vorteile des Selbstständigseins. Man muss sich nur trauen, sie auch zu nutzen. Die Nachteile spüre ich aktuell am eigenen Leib: Für das gestrige Training konnte ich so kurzfristig keine Vertretung organisieren und ich fühlte mich dem Auftraggeber verpflichtet. Auch ein Ghostwriter für das vorliegende Kapitel war auf die Schnelle nicht zu beschaffen. Also ging beziehungsweise geht die Arbeit eben vor. Natürlich können Körper und Geist das mal wegstecken. Das gilt aber nur, wenn das kein Dauerzustand ist.

Für viele Coaches und Trainerinnen ist dies aber leider der Fall. Auf einem hart umkämpften Markt nehmen sie jeden Trainingsauftrag an, sei er thematisch oder räumlich noch so weit weg und das Honorar auch noch so bescheiden. Sie schrecken davor zurück, Kollegen als Vertretung ins Boot zu holen – aus Angst, diese könnten ihnen den Kunden »abwerben«. Und sie nehmen jeden Coachingklienten an, obwohl sie sich vielleicht mit dem Coachingthema und/oder dem Klienten gar nicht so wohlfühlen. Es gibt schließlich so wenige Kunden (und so viel Konkurrenz), da kann man es sich nicht leisten, wählerisch zu sein. Wenn ich mich mit Kolleginnen und Kollegen austausche, höre ich oft, man habe im Moment tatsächlich viel um die Ohren, aber man wisse nie, wie es in Zukunft laufe und müsse für »magere Zeiten« vorsorgen. Wenn diese auftragslosen Zeiten dann kämen, ja, dann werde man sich ausruhen, endlich mal Urlaub im geliebten Italien machen, wieder mit dem regelmäßigen Lauftraining beginnen, einen Achtsamkeitskurs belegen und das längst überfällige Treffen mit den Freunden organisieren.

Vielleicht kennen Sie das auch: Sicher haben Sie schon die Erfahrung gemacht, dass diese ruhigen Phasen einfach nicht kommen und das Warten vergeblich war, denn das geschäftige Coach- und Trainertreiben geht munter weiter. Selbst wenn tatsächlich gerade keine Coachings oder Trainings anstehen, kann man den Tag (und gern auch den Abend) wunderbar mit Netzwerk- und Marketingaktivitäten sowie Schreibtischaufräumen füllen oder sich mit Dauergrübeln beschäftigen, wo denn um Himmels willen die nächsten Aufträge herkommen. Abends ist man dann höchstens noch zum Fernsehschauen oder Rotweintrinken in der Lage – beides ist nur mit Einschränkungen zur Gesundheitsförderung empfohlen. Bis man eines Tages mit unerträglichen Rückenschmerzen aufwacht, sich mit chronischen Kopfschmerzen plagt oder eben mit einer Nasennebenhöhlenentzündung, die sich hartnäckig weigert zu verschwinden. In diesen Fällen signalisiert einem der Körper sehr deutlich, dass man das Päckchen buchstäblich nicht mehr tragen kann, dass der Schädel vor lauter Arbeit brummt oder man die Nase im wahrsten Sinne des Wortes voll hat. Spätestens dann ist es höchste Zeit, der eigenen Gesundheit (wieder) mehr Aufmerksamkeit zu widmen und sich Zeit für Bewegung an der frischen Luft, Entspannung für Körper und Geist, gesunde Ernährung und die Pflege seiner Freundschaften zu gönnen.

Die beschriebenen Gesundheitsrisiken gelten sicherlich nicht nur für Coaches und Trainerinnen, sondern für alle Selbstständigen. Und sie treffen zunehmend auf Angestellte zu, die sich immer austauschbarer fühlen und aus Angst vor Jobverlust lieber im Hamsterrad verweilen, als ab und zu entspannt im Streu des Hamsterkäfigs zu lümmeln oder genüsslich an einem Löwenzahnblatt (oder was auch immer Hamster so essen) zu knabbern. Aber es gibt bestimmte körperliche und psychische Risikofaktoren, denen wir als Coaches und Trainerinnen in besonderer Weise ausgesetzt sind.

Da wären zum einen die sehr unregelmäßigen Arbeitszeiten zu nennen. Coachingklienten sind meist berufstätig und können demnach nur sehr früh morgens oder am späten Nachmittag beziehungsweise abends zum Coaching kommen. Dies führt häufig zu langen und/oder gestückelten Arbeitstagen. Als Trainerin ist man vielfach deutschlandweit unterwegs und verbringt viel Zeit in den verschiedensten Verkehrsmitteln und Unterkünften. Das mag zu Anfang einen gewissen Reiz haben, wird auf die Dauer aber sehr anstrengend. Denn eine regelmäßige Zeitstruktur, die für Körper und Psyche entlastend sein kann, entsteht so nicht. Ganz vermeiden kann man dies nicht, aber man kann es zumindest abmildern, zum Beispiel indem man gleichartige Tätigkeiten in Blöcken zusammenfasst oder bestimmte Tage festlegt, an denen morgens oder abends Coachings stattfinden können.

Routine ist bei Coaches und Trainerinnen ebenfalls selten. Zu breit gefächert sind die Themen, die man in seinem Portfolio hat. Und selbst wenn man sich auf ein Thema spezialisiert hat, ist jeder Klient anders und jeder Trainingsauftrag ebenso. Zumindest, wenn man keine Trainings von der Stange anbietet, sondern diese auf die Kundenbedürfnisse zuschneidet. Natürlich ist es grundsätzlich erstrebenswert, eine abwechslungsreiche und herausfordernde Arbeit zu haben, und dies gehört vermutlich zu den Dingen, die Sie an Ihrem Job schätzen. Aber ab und zu braucht es Routinetätigkeiten, die man notfalls mit »halbem Gehirn« durchführen könnte. Ich persönlich habe mich in besonders turbulenten Phasen schon dabei ertappt, wie ich wehmütig an die Zeiten zwischen Abitur und Studium zurückgedacht habe. Damals habe ich täglich von 7 bis 16 Uhr in einem Marktforschungsinstitut Daten erfasst. Da hatte ich nicht nur sehr regelmäßige Arbeitszeiten und wusste inhaltlich ganz genau, was ich zu tun hatte, sondern konnte auch anhand meiner Mengen- und Fehlerdaten jederzeit nachvollziehen, wie viel Arbeit ich in welcher Qualität geschafft hatte. Abschalten nach Feierabend war kein Problem, und ich habe nie Arbeit – im Kopf oder real – mit nach Hause genommen.

Letzteres ist jetzt häufiger der Fall. Zwar versuche ich, Arbeit und Privatleben so gut wie möglich räumlich und zeitlich zu trennen, denke aber oft zu Hause noch über Trainingskonzepte oder Probleme nach, die mir Klienten im Coaching geschildert haben. Vielleicht geht Ihnen das ähnlich. Auch das Gefühl, etwas Konkretes erreicht zu haben, entsteht bei mir nicht von selbst. Zwar gibt es wenige Jobs, in denen man so oft und so direkt bewertet wird wie im Coach- und Trainerjob, denn am Ende jedes Coachings und jedes Trainings steht das Feedback. Aber manchmal kann es durchaus belastend sein, ständig beurteilt zu werden – selbst wenn das Feedback insgesamt meist sehr gut ausfällt. Denn egal wie gut man sein Training konzipiert – irgendjemand hätte sich noch dies und das gewünscht, jemand anderes genau das Gegenteil davon. Da bedarf es eines guten Selbstwertgefühls, dieses Feedback stets sachlich und konstruktiv zu verarbeiten und Kritik nicht persönlich zu nehmen. Denn Feedback ist wertvoll und notwendig, um sich weiterzuentwickeln und sein Potenzial voll auszuschöpfen. Trotzdem macht es meiner Meinung nach Sinn, unabhängig von den Bewertungen anderer seine eigene Erfolgssammlung anzulegen. Was halten Sie von der Idee, sich jeden Abend hinsetzen und kurz zu notieren, was Ihnen aus Ihrer eigenen Perspektive gut gelungen ist und womit Sie besonders zufrieden waren? Das lenkt den Blick auf Ressourcen und erzeugt das wohlige Gefühl, (doch) etwas geschafft zu haben.

Die Erfolgssammlung

Setzen Sie sich nach Ihren Arbeitstagen abends hin und notieren – vielleicht in ein schön gestaltetes Notizbuch – Ihre Erfolgsmomente des Tages. Das können Kleinigkeiten sein, beispielsweise einen ungenehmen Anruf erledigt oder sich selbst eine Mittagspause in der Sonne gegönnt zu haben.

Einen weiteren Stressfaktor können gewisse »Heilserwartungen« darstellen, die Kunden mehr oder weniger explizit an den Coach oder die Trainerin richten: So soll in einem Teamcoaching aus einem Konflikthaufen ein Spitzenteam geformt werden – aber das soll nicht mehr als einen Tag dauern (beziehungsweise kosten). Und vier 45-minütige Coachingtermine sollten doch reichen, um einen völlig anderen Menschen aus dem Klienten zu machen. Oder etwa nicht? Hier hilft es, wenn Sie ganz deutlich sagen, was Sie ein Coaching beziehungsweise ein Training leisten kann und was nicht. Und wie viel Zeit (und Geld) für das nötig ist, was es leisten kann. Ansonsten läuft man Gefahr, sich selbst zu sehr unter Druck zu setzen, nur um den Kunden nicht zu enttäuschen – auch wenn man selbst ganz genau weiß, dass die Erwartungen unrealistisch sind.

Klarheit schaffen

Setzen Sie sich daher hin und überlegen ganz konkret, wie Sie Ihre Arbeit definieren, welche Themenschwerpunkte Sie setzen, was Ihr Coaching, Ihr Training so besonders macht, wo aber auch die Grenzen liegen.

Die Arbeit mit Menschen birgt generell eine höhere Gefahr, an einem Burnout zu erkranken – nicht umsonst wurde dieses Phänomen zuerst in sozialen Berufen entdeckt. Deshalb ist es als Coach und/oder Trainerin wichtig, auf gesundheitsförderliche Einstellungen und Verhaltensweisen zu achten. Dies gilt insbesondere dann, wenn man seinen inhaltlichen Schwerpunkt auf das Thema (betriebliche) Gesundheit gelegt hat. Entsprechende Konzepte kann man nur dann authentisch vermitteln, wenn man selbst für seine körperliche und psychosoziale Gesundheit sorgt. In diesem Sinn sind die in diesem Buch vorgestellten Methoden nicht nur als Handwerkszeug für die positive Veränderung bei anderen interessant, sondern auch für den Einsatz »am eigenen Leib« beziehungsweise Geist.

Dies gilt im Prinzip für alle Tools aus dem Abschnitt zur körperlichen Gesundheit. Denn Bewegung kommt häufig zu kurz, insbesondere im Coaching, wo das Setting im Sitzen die Regel ist.

Bewegung ins Coaching bringen

Ich habe sehr gute Erfahrungen damit gemacht, Coachings laufend – oder zumindest stramm gehend – draußen durchzuführen. Die positiven Effekte, die frische Luft und Bewegung haben können, sind erstaunlich, und zwar sowohl für den Klienten als auch für den Coach. Stockende Coachingprozesse erhalten wieder neuen Schwung, frischer Wind kommt in die Gedanken. Und man hat als Coach seine Bewegungseinheit schon in den Tagesablauf integriert.

Wenn das nicht möglich ist, kann ich Laufen früh vor dem Arbeitstag nur empfehlen. Ein lockerer Morgenlauf, danach ein bisschen Stretching, dann eine erfrischende Wechseldusche und schließlich ein gesundes und leckeres Frühstück – besser kann (für mich) der Tag kaum beginnen. Wenn Sie eine Eule sind, gehen Sie eben abends laufen. Dann können Sie sich richtig auspowern und nach einem leichten eiweißreichen Mahl zufrieden in die Kissen sinken. Natürlich muss es nicht das Laufen sein, aber gerade für Menschen, die viel unterwegs sind, eignet es sich hervorragend, weil man es überall machen kann und außer ein paar vernünftigen Laufschuhen nichts weiter dafür braucht (s. Kapitel »Laufend gesünder werden – Lauftools für die betriebliche Gesundheitsförderung «, S. 20 ff.).

Ob ich Sie fürs Laufen begeistern kann oder nicht – Bewegung ist für Sitzberufe unerlässlich. Coaches und Trainerinnen verbringen ebenfalls einen beträchtlichen Teil ihrer Arbeitszeit am Schreibtisch und am Computer, sei es bei der Recherche, beim Konzeptentwickeln oder beim Rechnungenschreiben. Rückenproblemen, die durch das häufige Sitzen und das damit einhergehende Abschlaffen beziehungsweise Verkürzen bestimmter Muskelpartien verursacht werden, können Sie durch die in den entsprechenden Kapiteln geschilderten Übungen effektiv entgegenwirken (s. »Mit wenig viel erreichen – Bewegungsquickies für Vielsitzer«, S. 30 ff., »Kein Kreuz mit dem Kreuz – Übungsreihe aus dem Hatha Yoga«, S. 46 ff., »Für eine stabile Mitte – bürotaugliche Bauchübungen aus dem Hatha Yoga«, S. 91 ff.).

Die beanspruchten Augen können sich mithilfe der beschriebenen Übungen erholen (s. »Training für Bildschirmarbeiter – Fitnessübungen für die Augen«, S. 70 ff.). Auch die Füße von Coaches und Trainerinnen stecken meist in Schuhen und benötigen ab und zu eine Wellnesseinheit aus Bewegung und Entspannung (s. »Gesundheit fängt bei den Füßen an – ›Toega‹ für die Füße«, S. 103 ff.).

Besonders wichtig für Trainerinnen, aber auch für Coaches ist der sorgsame Umgang mit der Stimme, die – trotz aller eingesetzten Medien – das wesentliche Instrument zur Gestaltung von Seminaren und Coachings darstellt. Ich kann aus eigener Erfahrung sagen, dass durch eine lange Trainingswoche angegriffene Stimmbänder der Vergangenheit angehören, wenn man ein regelmäßiges Stimmtraining (das Stimmübungskapitel s. S. 62 ff.) absolviert.

Und schließlich führen die genannten Stressfaktoren auch bei Coaches und Trainerinnen häufig zu chronischen Verspannungen im Nackenbereich oder anderen Muskelpartien. Hier helfen die Nackenübungen (s. S. 98 ff.), die Progressive Muskelentspannung (s. S. 54 ff.) oder auch die Atemübungen aus dem Kundalini Yoga (s. S. 110 ff.).

Ach ja, auch die Ernährung ist in unserem Beruf so eine Sache. Während die Seminarteilnehmer genüsslich in ihr Frühstücksbrot beißen, nutzen wir die Pause meist, um noch schnell ein Flipchart zu schreiben oder die nächste Übung vorzubereiten. Oft wird die Mittagspause dafür ebenfalls in Anspruch genommen und der Besuch der Kantine des Auftraggebers fällt flach. Wenn dazu wirklich die Zeit fehlt, dann nehmen Sie sich wenigstens etwas Gesundes und Nahrhaftes als Snack beziehungsweise Mittagsverpflegung mit – Ideen dazu finden Sie zum Beispiel im Ernährungskapitel (s. S. 80 ff.). Vielleicht ist nach dem Verputzen des Tofusandwiches sogar noch ein kurzer Spaziergang an der frischen Luft drin.

Auch wenn die körperliche Gesundheit manchmal zu kurz kommt, sind Coaches und Trainerinnen auf jeden Fall Experten auf dem Gebiet der psychosozialen Gesundheitsressourcen. Was aber leider nicht immer heißt, dass sie auch selbst praktizieren, was sie Klienten und Workshopteilnehmern predigen.

Die im zweiten Teil beschriebenen Coaching- und Trainingstools regelmäßig zum Selbstcoaching zu verwenden, hilft nicht nur beim Stressabbau beziehungsweise dem Aufbau von Schutzfaktoren, sondern auch bei der Perspektivenübernahme: Es ist wichtig nachvollziehen zu können, wie es Klienten mit bestimmten Übungen geht oder gehen könnte. Ich erinnere mich nur allzu gut an mein erstes Lehrcoaching, in dem mein Lehrcoach sich besonders vorbildlich zeigte und mir jeglichen Ratschlag verweigerte. Irgendwann fühlte ich mich so »ausgepresst« von all den anspruchsvollen systemischen Fragen, dass ich ihm verzweifelt entgegenschleuderte: »Wenn Sie mir jetzt noch eine einzige Frage stellen, springe ich aus dem Fenster!«

Apropos Lehrcoaching: Absolut notwendig für die Psychohygiene, aber auch für die professionelle Weiterentwicklung ist das regelmäßige eigene Lehrcoaching beziehungsweise die Supervision durch einen (noch) erfahreneren Coach. Auch Intervisionen mit kompetenten Kollegen oder eine Psychotherapie, in der die eigenen blinden Flecken bearbeitet werden können, sind hilfreich und halten seelisch gesund. Während die Supervision für Psychotherapeuten selbstverständlich ist, ist sie bei Coaches noch nicht die Regel, auch wenn sie in der Fachliteratur als Qualitätskriterium für einen seriösen Coach genannt wird. In Anlehnung an ein Buch von Eva Jaeggi, die die Frage stellt: »Und wer therapiert die Therapeuten?« müsste man hier fragen: »Wer coacht eigentlich die Coaches?«. Wenn Sie noch keine Supervision in Anspruch nehmen, probieren Sie es doch einfach einmal aus. Es ist herrlich entlastend, mal auf der anderen Seite zu sitzen und vom Wissen und der Kompetenz eines Kollegen profitieren zu können.

Ich hoffe, ich habe diejenigen unter den Lesern, die noch nicht als Coach oder Trainerin arbeiten, mit meinen Ausführungen nicht abgeschreckt. Schließlich soll sie das vorliegende Buch dazu motivieren, als Coach und/oder Trainerin im Bereich der betrieblichen Gesundheitsförderung aktiv zu werden beziehungsweise zu bleiben. Denn trotz der geschilderten potenziellen Stressfaktoren ist die Arbeit als Coach und Trainerin ein wundervoller Beruf, der viele Möglichkeiten zur kreativen Gestaltung, zur Selbstverwirklichung, zu interessanten und bereichernden Begegnungen und zu stärkenden und motivierenden Erfolgserlebnissen bietet. Und man kann diesen Job bei körperlicher und geistiger Fitness bis ins hohe Alter ausfüllen, wenn man das Wissen, die Kompetenz und die Stärken, die man als Coach und Trainer für seine Kunden einsetzt auch für die eigene Gesundheit nutzt.

In diesem Sinne: Practice what you preach und bleiben Sie gesund!

Spiel, Spaß und Entspannung – Auflockerungsübungen für Gruppen und Teams

Elisa Lopper

Wer kennt es nicht – im Laufe eines Workshops gibt es zwangsläufig zwischendrin Hängepartien. Lernen ist anstrengend und sowohl Theorieinputs als auch das soziale Miteinander in Workshops fordern ihren Tribut bei Teilnehmern (und bei der Trainerin beziehungsweise beim Trainer). Eine Auflockerung muss her, um wieder Schwung in die Gruppe zu bringen! Spiele helfen wunderbar, um erschöpfte Teilnehmer zu aktivieren und selbst wieder frisch zu werden.

In der Arbeit mit Teams profitieren die Teilnehmer zudem noch auf andere Weise von Spielen. Durch gemeinsame, lockere Erlebnisse wird der »starre Arbeitszusammenschluss« aufgebrochen, man lernt sich gegenseitig besser kennen und kann sich auch in der Berufswelt stärker aufeinander einstellen. Das Miteinander im Team lässt sich so spielerisch trainieren und nebenbei wird die eigene Kooperationsfähigkeit gestärkt. Bei Teamspielen lernt man also auch im sozialen Umgang dazu.

Entgegen verbreiteter Ansicht sind Spiele nicht nur etwas für jüngere Workshopteilnehmer. Auch Älteren bringt die Bewegung und das Spielerische an sich Spaß, geistige Frische und womöglich die ein oder andere ungewohnte Herausforderung. Spiele bringen Energie und sind sehr vielseitig einsetzbar, etwa als Kennlernenmethoden, Lückenfüller oder eben zur Aktivierung.

Und noch etwas spricht dafür, Spiele in Workshops einzusetzen: Die Wissenschaft hat gezeigt, dass durch körperliche Aktivität die Gehirngesundheit und Leistungsfähigkeit steigt. Durch Beanspruchung und Koordination wird das Lernvermögen verbessert (Hollmann/Strüder 2004). Nachgewiesen ist auch, dass körperliche Aktivität die Durchblutung fördert. Regelmäßige Bewegung führt anscheinend zudem zu einem Ökonomisierungsprozess des Gehirns. So werden bei Marathonläufern weniger Aktivitätsbereiche während des Lernens beansprucht. Man kann bei dieser verminderten Aktivierung von einem effizienten neuronalen System ausgehen (Ritteser 2007).

Spiele können sich somit sowohl für den Einzelnen als auch für Gruppen und Teams positiv auswirken, vor allem im Lernkontext wie in Workshops oder Seminaren. Man sollte sich als Trainer oder Coach allerdings nicht zu sehr auf das Wort »Spiel« versteifen, mit dem meistens Aktivitäten für Kinder assoziiert werden. Alternativ kann man von »Auflockerung«, »Aktivierung«, »Warm-up« oder »Bewegungspause« sprechen – der Spaß und die positiven Effekte bleiben!

In der folgenden Spielesammlung finden sich Spiele, die – je nach Zielsetzung und Trainingskontext – zum besseren Kennenlernen, zur Aktivierung durch Bewegung, zur Förderung der Konzentration oder zur Verbesserung beziehungsweise Analyse von Teamprozessen eingesetzt werden können.

Lebendige Statistik

Einsatzmöglichkeit: Kennenlernen

Dieses Spiel eignet sich hervorragend, um als Trainer einen Überblick über die Gruppenzusammensetzung zu bekommen und die Teilnehmer untereinander auf eine aktive Weise miteinander bekannt zu machen.

Die Teilnehmer sollen sich zunächst einfach im Raum verteilen. Dann gibt der Trainer bestimmte Kriterien vor, nach denen sich die Teilnehmer gruppieren beziehungsweise sortieren sollen. Dabei obliegt es den Teilnehmern, sich zu organisieren, womit es nötig wird, sich untereinander über die entsprechenden Kriterien beziehungsweise Themen auszutauschen.

Mögliche Kriterien sind beispielsweise Alter, Größe, Schuhgröße, Augenfarbe, Anzahl der Geschwister, Hobbys, Geburts- oder Wohnort (dabei können die Teilnehmer sich auf einer gedachten Landkarte positionieren) oder Lieblingsurlaubsland.

Am Ende dieser Übung bietet es sich an, Kriterien vorzugeben, die zum Thema des Workshops passen, zum Beispiel wie gesund sich die Teilnehmer gerade fühlen (Gesundheitsworkshop), in wie vielen Teams sie arbeiten oder gearbeitet haben (Teamworkshop), wie viele Bewerbungen sie geschrieben haben (Bewerbungstraining) und so weiter.

Hier kann man auch mit Skalen arbeiten, die in Form von Tesakrepp und entsprechenden Moderationskarten auf den Boden geklebt beziehungsweise gelegt werden.

Das 4 x 3 des Kennenlernens

Einsatzmöglichkeit: Kennenlernen

Bei diesem Spiel bilden sich Dreiergruppen, die folgende Aufgabe erhalten: Jede Gruppe soll gemeinsam Informationen über die Gruppenmitglieder herausfinden:

- Welche drei Dinge mögen alle drei Mitglieder?
- Welche drei Dinge mag keiner in der Gruppe?

- Etwas für jedes Mitglied, das nur er mag.
- Etwas für jedes Mitglied, das nur er nicht mag.

Die Ergebnisse können auf einem Plakat visualisiert und dann in der großen Gruppe vorgestellt werden. Dabei kommen in der Regel weitere Diskussionen auf, bei denen sich alle besser kennenlernen.

Achtung Giftpilz!

Einsatzmöglichkeit: Bewegung, Aktivierung
Für dieses Spiel braucht man sehr viel Platz. Es bietet sich an, draußen oder in einer Turnhalle zu spielen.
Das Spiel beginnt zunächst damit, dass jeder Teilnehmer sich aus der Gruppe einen »Glückspilz« und einen »Giftpilz« überlegen muss. Wen man jeweils auswählt, wird nicht verraten. Wichtig ist, herauszustellen, dass die Wahl nichts mit persönlichen Schwächen oder Ressentiments gegenüber den anderen zu tun hat.
Aufgabe ist es nun, ab dem Startsignal zu versuchen, sich so nah wie möglich bei seinem persönlichen »Glückspilz« aufzuhalten. Parallel dazu muss man sich soweit wie möglich von seinem gedachten »Giftpilz« entfernen. Da jeder einen anderen Glücks- beziehungsweise Giftpilz hat, ergibt sich ein energisches Hin und Her der Teilnehmer, das viel Spaß bereitet.

Obstsalat

Einsatzmöglichkeit: Bewegung, Aktivierung
Es wird ein Stuhlkreis aufgebaut, der einen Stuhl weniger enthält als Teilnehmer mitspielen. Ein Teilnehmer steht in der Mitte des Stuhlkreises, die anderen sitzen auf den Plätzen. Dann werden den Teilnehmern verschiedene Obstsorten zugeordnet, wobei immer zwei bis drei Teilnehmer zur gleichen Gruppe gehören. Dies erreicht man am besten, indem man drei bis vier Obstsorten auswählt und diese den Teilnehmern der Reihe nach zuweist: »Erdbeere, Apfel Banane, Kiwi, Erdbeere, Banane, Apfel, Kiwi« und so weiter.
Nun kann das Spiel beginnen: Der Teilnehmer in der Mitte des Stuhlkreises nennt eine Obstsorte und alle Teilnehmer, die dieser Obstsorte zugeordnet wurden, müssen ihren Platz wechseln, es ist allerdings verboten, auf den direkten Nachbarplatz zu rutschen. Die Schwierigkeit dabei ist, dass die »Mittelperson« auch versucht, einen Platz zu bekommen. Derjenige, der keinen Platz errungen hat, steht dann in der Mitte, und das Spiel beginnt von vorn. Neben einzelnen Obstsorten gibt es auch das Kommando »Obstsalat«. Wird dies vom Teilnehmer in der Mitte ausgerufen, müssen alle aufstehen und sich einen neuen Platz suchen.

Komm her – geh weg!

Einsatzmöglichkeit: Bewegung, Aktivierung

Dieses Spiel wird optimalerweise an der frischen Luft durchgeführt, in jedem Fall benötigt man ausreichend Platz.

Die Teilnehmer werden gebeten, sich in einem Kreis aufzustellen, wobei ein Teilnehmer außerhalb des Kreises steht. Dessen Aufgabe ist es nun, sich einen Platz im Kreis zu ergattern. Dazu bewegt er sich um den Kreis herum und sucht sich einen Teilnehmer aus, dessen Platz er einnehmen möchte. Diesen tippt er am Rücken an und gibt ihm eines von zwei Kommandos:

1. Beim Kommando »Komm mit!« muss der Teilnehmer im Kreis den außenstehenden Teilnehmer verfolgen. Kann er ihn ein- beziehungsweise überholen, behält er seinen Platz. Gelingt es dem »Kommandeur« zuerst am freigewordenen Platz zu sein, muss der angetippte Teilnehmer als nächstes um einen Platz kämpfen.
2. Beim Kommando »Lauf weg!« muss der ausgewählte Teilnehmer vor dem »Kommandeur« weglaufen. Auch hier darf derjenige, der zuerst auf dem freigewordenen Platz ankommt, im Kreis stehen.

Bewegte Zahlen

Einsatzmöglichkeit: Aktivierung, Konzentration

Es gilt immer Paare zu bilden, die sich gegenüber aufstellen. Zu Beginn zählt jedes Paar abwechselnd »1«, »2«, »3«. Die Teilnehmer müssen sich dabei konzentrieren, um zu wissen, wann welche Zahl dran ist. Nach einer bestimmten Zeit wird die »1« durch eine Bewegung ersetzt. Die Zahl wird somit nicht mehr ausgesprochen, sondern dafür die Bewegung (zum Beispiel Hüpfen, Klatschen, Hampelmann, Kniebeuge etc.) ausgeführt. Nach und nach werden auch die anderen Zahlen durch Bewegungen ersetzt. Je nach Schweregrad kann man auch über drei Zahlen hinausgehen, allerdings sollte man immer eine ungerade Zahl wählen. Bei ungeraden Teilnehmerzahlen gibt es neben den Paaren eine Dreiergruppe, die dementsprechend bis vier (oder bis zu einer anderen geraden Zahl) zählen muss.

»Mein Name ist Bond!«

Einsatzmöglichkeit: Aktivierung, Konzentration

Im folgenden Spiel sollen – jeweils von drei Teilnehmern gemeinsam – verschiedene Figuren dargestellt werden. Es ist wichtig, sich zu konzentrieren, seinen Einsatz nicht zu verpassen und die richtige Darstellung auszuführen.

Die Teilnehmer stehen im Kreis, in dessen Mitte eine Person steht, die das Spiel beginnt. Sie wählt eine Person aus dem Kreis aus, die gemeinsam mit den jeweiligen Nachbarn eine Figur darstellen soll. Folgende Figuren, die der Trainer vorab den Teilnehmern erläutert hat, stehen dabei zur Auswahl:

- **James Bond:** Die angesprochene Person stellt sich in eine James-Bond-Pose mit verschränkten Armen; die Spieler links und rechts imitieren die Bond-Girls – sie drehen sich mit dem Rücken zu »James Bond« und stellen mit ihren Armen beziehungsweise Händen das Halten einer Pistole dar.
- **Das kotzende Känguru:** Die angesprochene Person muss vor sich mit seinen Armen einen »Beutel« darstellen, in den seine Nachbarn (links und rechts) dann mit entsprechender Gestik »hineinbrechen«.
- **Mixer:** Die angesprochene Person hebt ihre beiden Arme auf Schulterhöhe an und formt mit diesen jeweils einen Bogen in Richtung der Nachbarn, wobei sich die Hände über den Köpfen der Mitspieler befinden (= Verbindungsstäbe des Mixers). Die benachbarten Teilnehmer müssen sich als Rührstäbe drehen.
- **Toaster:** Die beiden Nachbarn der angesprochenen Person drehen sich zueinander und halten sich an den Händen fest, sodass sie die angesprochene Person umzingeln und den Toaster bilden; die angesprochene Person muss dabei als Toast auf der Stelle hüpfen.
- **Feuerwehr:** Die angesprochene Person steuert das Feuerwehrauto und bedient pantomimisch das Lenkrad; die Spieler links und rechts drehen eine Hand in Kopfhöhe wie das Blaulicht des Fahrzeugs.

Diejenige Person, die als letzte in die Darstellung der Figur einsteigt oder etwas falsch macht, muss anschließend die Position in der Mitte einnehmen und das Spiel beginnt von vorn.

Anfunken

Einsatzmöglichkeiten: Aktivierung, Konzentration
Die Teilnehmer sitzen in einem Kreis und werden gebeten, durchzuzählen. Jeder Teilnehmer merkt sich seine Zahl. Im Anschluss wird folgender Bewegungsablauf eingeübt:

- mit beiden Händen auf die Oberschenkel klatschen
- mit der linken Hand schnippen
- mit der rechten Hand schnippen
- wieder auf die Oberschenklen klatschen
- wieder links schnippen und so weiter

Diese Bewegungsreihe sollte jeder Teilnehmer beherrschen, dann beginnt das eigentliche Spiel: Alle klatschen und schnippen im gleichen Rhythmus. Dann beginnt ein Teilnehmer zu »funken«. Das bedeutet: Er nennt beim ersten Schnippen seine eigene Zahl und beim zweiten Schnippen die Zahl eines anderen Teilnehmers. Dieser nimmt den Funk an und nennt wiederum beim ersten Schnippen seine eigene Zahl und beim zweiten die eines anderen Teilnehmers. Dabei muss der gemeinsame Rhythmus beibehalten werden. Geh dieser verloren, wird neu eingesetzt. Für Gruppen, die sich noch nicht so gut kennen, kann man anstatt der Zahlen auch die Vornamen der Teilnehmer verwenden.

Gemeinsam den Rhythmus finden

Einsatzmöglichkeit: Bewegung, Konzentration, Teamtraining
Hilfsmittel: ein Ball
Die Teilnehmer stellen sich in einen Kreis. Jetzt beginnt die Gruppe zu klatschen mit dem Ziel, einen einheitlichen Klatschrhythmus zu finden. Wenn die Gruppe dies geschafft hat, kommt mit dem Ball eine zusätzliche Herausforderung hinzu: Die Teilnehmer sollen sich nun parallel zum Klatschen den Ball zuwerfen. Ziel ist es, Werfen und Klatschen rhythmisch übereinzubringen. Oft muss sich die Gruppe erst ein wenig einspielen, bevor das Ziel erreicht wird. Im Rahmen eines Teamtrainings kann man im Anschluss reflektieren, was nötig ist, damit diese Übung gut klappt.

Oma, Speerwerfer, Löwe

Einsatzmöglichkeit: Bewegung, Aktivierung, Teamtraining
Die Teilnehmer bilden zwei Teams, die darstellerisch gegeneinander antreten. Dazu wählt jedes Team in jeder Wettkampfrunde eine Figur aus, mit der sie das andere Team besiegen will. Zur Auswahl stehen die »Oma«, der »Speerwerfer« und der »Löwe«.
Vor dem eigentlichen Start sollte der Trainer die drei Figuren selbst vorführen und anschließend mit beiden Teams üben. Das hilft auch dabei, dass die Teilnehmer die Hemmungen vor dem Darstellerischen verlieren: Die »Oma« tattert gebückt mit einem unsichtbaren Krückstock voran. Der »Speerwerfer« beugt sich nach hinten, um einen imaginären Speer abzuwerfen. Der »Löwe« reißt das Maul auf und brüllt.
Im Wettstreit gelten folgende Regeln: Die Oma besiegt den Speerwerfer. Der Löwe frisst die Oma und der Speerwerfer schlägt den Löwen.
Ist die Darstellung der Figuren klar, berät jedes Team, mit welcher Figur es ins Rennen geht, um das andere Team zu schlagen. Dann stellen sich beide Teams gegenüber auf. Auf das Signal des Trainers hin (zum Beispiel: Auf die Plätze, fertig, los!) stellen sie ihre Figur gleichzeitig dar, was immer für viele Lacher sorgt. Es werden so viele Runden gespielt, bis ein klarer Sieger nach Punkten feststeht oder die Lust nachlässt.

Vielbeinlauf

Einsatzmöglichkeit: Bewegung, Aktivierung, Teamtraining
Hilfsmittel: feste Stoffbinden, notfalls feste Kordel oder festes Klebeband
Für dieses Gruppenspiel benötigt man viel Platz. Am besten wird es an der frischen Luft durchgeführt, notfalls geht aber auch ein breiter und langer Flur oder Korridor. Es spielen zwei gleich große Teams gegeneinander, die jeweils gebeten werden, sich in einer Reihe aufzustellen. Die Aufgabe ist es nun, einen Wettlauf gegeneinander durchzuführen – allerdings mit der erschwerten Bedingung, dass die Beine oberhalb des Fußgelenks mit den Beinen der beiden Teamnachbarn zusammengebunden werden. Eine Ausnahme bilden die beiden außen stehenden Teilnehmer, deren äußeres Bein frei bleibt.

Nachdem die Aufgabenstellung klar ist, bekommen beide Teams fünf Minuten Zeit, um sich vorzubereiten (zum Beispiel sich eine Strategie zu überlegen beziehungsweise unterschiedliche Fortbewegungsmöglichkeiten auszuprobieren).

Wenn beide Teams bereit sind, geht der Wettbewerb los. Nach dem Startsignal müssen beide Teams versuchen, zu einem vorgegebenen Ziel (je nach Platz 20-40 Meter entfernt) zu gelangen. Gewinner sind diejenigen, die zuerst das Ziel überqueren.

Wird diese Übung im Rahmen eines Teamworkshops durchgeführt, kann man im Anschluss sehr gut reflektieren, was gute Teamarbeit ausmacht.

Den Knoten entwirren

Einsatzmöglichkeit: Bewegung, Aktivierung, Teamtraining
Die Teilnehmer werden gebeten, sich in einem möglichst eng geschlossenen Kreis aufzustellen. Dann sollen alle die Augen schließen und »blind« zwei Hände zum Anfassen suchen und diese greifen. Auf diese Weise »verknoten« sich die Teilnehmer untereinander. Haben alle zwei Hände gefunden, können die Augen wieder geöffnet werden.

Für die Gruppe heißt es nun, den entstandenen Knoten wieder zu entwirren. Dabei dürfen sie unterschiedliche Methoden anwenden, zum Beispiel durch Arme hindurchsteigen, unter Beinen durchkriechen, sich drehen und anderes mehr. Wichtig ist nur, dass die Hände dabei nicht losgelassen werden.

Warm-ups und Aktivierungen lockern auf und machen die Teilnehmer wacher und aufnahmefähiger für Lerninhalte. Sie müssen aber auch den Seminarleiterinnen und Trainern Freude machen. Suchen Sie sich also die Spiele heraus, bei denen sie selbst auch lachen können und wenden Sie nur diejenigen an, die sie auch mit Spaß anleiten. Ansonsten sind kreative Freiheiten natürlich erlaubt!

Literatur

Beermann, Susanne /Schubach, Monika (2009): *Spiele für Workshops und Seminare.* 2. Auflage. Planegg: Haufe.

Buchinger, Kurt (2006): *Teamarbeit und Nutzen der Gruppendynamik für heutige Organisation.* In: Heintel, Peter (Hrsg.): Dynamische Prozesse in Gruppen. Wiesbaden: Verlag für Sozialwissenschaften, S. 92–125.

Griesbeck, J. (2011): *Die 50 besten Gruppenspiele.* München: Don Bosco Medien.

Hollmann, Wildor/Strüder, Heiko (2004): *Gehirngesundheit, Leistungsfähigkeit und körperliche Aktivität.* DEUTSCHE ZEITSCHRIFT FÜR SPORTMEDIZIN. Jg. 54 (9), S. 265–266.

Maaß, Evelyne /Ritschl, Karsten (2008): *Teamgeist: Spiele und Übungen für die Teamentwicklung.* 5. Auflage. Paderborn: Junfermann.

Portmann, Rosemarie (2010): *Die 50 besten Spiele für mehr Sozialkompetenz.* München: Don Bosco Medien.

Portmann, Rosemarie (2011): *Die 50 besten Spiele fürs Selbstbewusstsein.* München: Don Bosco Medien.

Ritteser, Michael (2007): *Bewegung und Lernen.* Evaluation: Auswirkungen von Bewegung in der Schule auf Konzentration, Merkfähigkeit und Befindlichkeit. München: Grin.

Schulz, Stefan /Hesebeck, Birte/Lilitakis, Georg (2007): *Praxishandbuch für soziales Lernen in Gruppen.* Erlebnisorientiertes Arbeiten mit Kindern, Jugendlichen und Erwachsenen. Münster: Ökotopia.

Wallenwein, Gudrun F. (2011): *Spiele: Der Punkt auf dem i.* Kreative Übungen zum Lernen mit Spaß. 6. Auflage. Weinheim und Basel: Beltz.

Weidenmann, Bernd (2015): *Handbuch Active Training.* 3. Auflage. Weinheim und Basel: Beltz.

Anhang

Die Herausgeberinnen

Katja Cordts-Sanzenbacher ist Wirtschaftspsychologin (Dipl. Betriebswirtin [FH] und Dipl. Psychologin) mit dem Schwerpunkt Arbeit und Gesundheit, systemisch-interaktiver Coach, Lauftrainerin, Stressmangementtrainerin.

Als leidenschaftliche »Gesundheitsfetischistin« mit einem Faible für Psychohygiene, alberne Lachanfälle, Langstreckenlauf und vegetarisch-biologische Ernährung freut sich Katja Cordts-Sanzenbacher darüber, dass das Thema Gesundheit – auch in den Unternehmen – immer mehr an Bedeutung gewinnt. Sie vermeidet den erhobenen Zeigefinger nicht nur in der Kindererziehung, sondern glaubt auch bei der Gesundheitsförderung daran, dass sich Menschen vor allem über positive eigene Erfahrungen für gesundes Verhalten begeistern lassen. Diesen Grundsatz verfolgt sie in ihren Lauftrainings, in Workshops und Seminaren zum Thema Gesundheit sowie im Einzelcoaching mit Kunden, die sich ein ausgewogeneres Leben wünschen.

Katja Cordts-Sanzenbacher, Jahrgang 1971 und trotzdem bisher ohne nennenswerte Gebrechen, ist gebürtige Hessin, lebt aber seit mehr als zwei Jahrzehnten in Berlin, ihrer Wahlheimat. Wenn sie nicht gerade arbeitet, liest, musiziert, die Wohnung auf Hochglanz poliert oder Sport treibt, verbringt sie ihre Zeit am liebsten mit ihrem Mann und ihrer gemeinsamen Tochter.

Organisation: CORAGOLD Institut für nachhaltiges Coaching & Training
Website: www.coragold.de
E-Mail: kcs@coragold.de

Dr. Kerstin Goldbeck ist zertifizierte Trainerin für Verhalten und Kommunikation, zertifizierte Stressmanagementtrainerin, promovierte Kommunikationswissenschafterin.

Für Kerstin Goldbeck ist das Thema Gesundheit mit der Geburt von Tochter Lilly auf der eigenen Werteskala ganz nach oben gerückt. Gesunde Ernährung ist ihr wichtig, und mit Ausreden wie »Tofu schmeckt doch nach gar nichts« braucht man ihr nicht kommen. Bio kauft sie nicht nur, weil es besser schmeckt und der Familie guttut, sondern vor allem, um die nachhaltige Landwirtschaft zu unterstützen. Kerstin Goldbeck ist promovierte Sozialwissenschaftlerin und arbeitet auch im Medienbereich. Als Trainerin und Beraterin ist sie seit 2010 selbstständig unterwegs, am liebsten im Berliner Raum, wo sie mit der Familie im Prenzlauer Berg lebt. Gesundheit im Unternehmen fängt für sie bei der Mitarbeiterführung an, in deren Zentrum gegenseitige Wertschätzung stehen sollte.

Kerstin Goldbeck, Jahrgang 1973, ist geboren und aufgewachsen in der ostwestfälischen Provinz mit viel Natur, hat im Landwirtschaftsland Niedersachsen studiert und promoviert (Publizistik- und Kommunikationswissenschaft) und flüchtet regelmäßig in die Natur, wenn ihr das Berliner Stadtleben über den Kopf wächst.

Organisation: CORAGOLD Institut für nachhaltiges Coaching & Training
Website: www.coragold.de
E-Mail: kg@coragold.de

Die Autorinnen und Autoren

Eve Berns ist Yogalehrerin und Praktikerin der Grinberg-Methode. »Bleiben Sie dran an den eigenen Wünschen und Träumen!«, das jedenfalls sagt Eve Berns, die als Yogalehrerin und Körperpraktikerin daran arbeitet, wie wir selbst wieder in Kontakt mit dem kommen können, was unser Leben schön und unseren Alltag strahlend macht. Dabei ist die Achtsamkeit sich selbst und anderen gegenüber der Schlüssel zur Gesundheit.

Ihr Plädoyer für eine neue Haltung im digitalen Zeitalter: Einfach sein – mutig sein – sozial sein.

Website: www.eveberns.de
E-Mail: eve.berns@googlemail.com

Bettina Geyer ist Kunsttherapeutin. Zur Gesundheit gehört für Bettina Geyer neben gesunder Ernährung, Bewegung und guten sozialen Beziehungen auch die Möglichkeit, die Arbeit und den privaten Alltag kreativ mitgestalten zu können. Die eigene kreative Betätigung ist für sie gesunde Nahrung, Bewegung und Entspannung für den Kopf.

E-Mail: begeyer@web.de

Gunild Kiehn ist Diplom-Psychologin und Yogalehrerin. Gunild Kiehn, erklärter Genussmensch, fand vor fast 25 Jahren zum Kundalini Yoga nach Yogi Bhajan. Seither macht sie immer wieder die Erfahrung, dass eine regelmäßige Yogapraxis fast von selbst zu einem gesünderen Lebensstil führt, weil es die Selbstwahrnehmung und einen liebevollen Umgang mit sich selbst fördert. Die Verbindung von Körper und Seele im Yoga gibt das gute Gefühl von innerer Stärke, Balance und Gesundheit.

Website: kundaliniyogainspired.blogspot.de
E-Mail: gkiehn@web.de

Bert Lehwald ist Stimm- und Sprechtrainer sowie NLP-Practitioner.

Sein Bezug zum Thema Gesundheit: Der natürliche Zustand unseres Körpers ist Gesundheit. Wenn wir aber doch einmal krank sind, gehen wir zum Arzt, der uns sagt, was wir tun oder lassen sollten. Wir übernehmen damit die Haltung des Arztes: Krankheit ist die Abwesenheit von Gesundheit. Würden wir aber unsere Sicht auf Gesundheit fixieren, würden wir erkennen, dass die Aufmerksamkeit auf Krankheit krank machen kann. So erspart sich Bert Lehwald viele Gänge zum Arzt und nutzt stattdessen jeden noch so kleinen Schmerz als Hinweis: Die Selbstheilung hat gerade begonnen! Ernsthaft krank war er noch nie.

Organisation: VOICES SPRECHTRAINING Stimm- und Sprechtraining in Berlin
Website: www.voices-sprechtraining.de
E-Mail: info@voices-sprechtraining.de

Elisa Lopper ist Pychologin BA. Ihr Bezug zum Thema Gesundheit: »Gesundheit« sollte man nicht nur Personen, die niesen, wünschen. Gesundheit bedeutet für Elisa Lopper die Balance zwischen Körper, Geist und Seele. Dazu gehören eine gesunde Ernährung, sportliche Aktivitäten, aber auch das menschliche Miteinander. Deshalb ist es umso wichtiger, in allen Lebenslagen auf sich zu achten und (sich) vielleicht auch in banalen Situationen »Gesundheit« zu wünschen.

E-Mail: lopperel@cms.hu-berlin.de

Dr. Matthias Marquardt ist Internist und Sportexperte. Dr. Matthias Marquardt ist davon überzeugt, dass wir nicht immer 100%ig medizinisch gesund sein müssen, um uns gesund zu fühlen. Sein Gesundheitsrezept: »Laufe, lache, lebe – jeden Tag!«

Organisation: Dr. Marquardt GmbH
Website: www.marquardt-running.com
E-Mail: mm@marquardt-running.com

Birgit Oehmcke ist Coach und Kommunikationstrainerin. Gesundheit fängt für Birgit Oehmcke beim Einkauf im Bioladen an und hört beim regelmäßigen Pilatestraining noch lange nicht auf. Gesundheit ist das erfolgreiche Management der persönlichen Lebensbalance. Körper und Seele sind dabei nicht zu trennen, weshalb sie ein besonderes Faible für die Themen Resilienz und psychische Gesundheit – auch am Arbeitsplatz – entwickelt hat.

Organisation: Birgit Oehmcke – Beratung | Training | Coaching
Website: www.birgit-oehmcke.de
E-Mail: info@birgit-oehmcke.de

Anke von Popowski ist Dipl. Sportwissenschaftlerin und Sporttherapeutin. Individuelle Potenziale freizulegen, um zu mehr Work-Life-Balance beizutragen, mitunter kleine Impulse zu geben, um große Veränderungen anzustoßen – das ist Anke von Popowskis Ansporn in der Arbeit mit Klientinnen und Klienten. Eine ausgewogene Ernährung, regelmäßige Bewegung und im Gespräch zu bleiben sind dabei Inseln im Alltag für sie, aus denen sie Kraft schöpft: Nahrung für Körper *und* Geist!

Organisation: Pilates & Slings – Studio für indikationsspezifisches Personal Training
Website: www.pilates-slings.de
E-Mail: kontakt@pilates-slings.de

Katrin Rautter ist Kommunikations- und Verhaltenstrainerin, Coach sowie Burnout-Präventionsberaterin. Gesundheit ist für Katrin Rautter ein Prozess, der in vielen Bereichen des alltäglichen Lebens dauerhaft gestaltet und integriert werden kann. Bewusste Ernährung, alternative Heilmethoden, regelmäßiges Yoga und viel Bewegung in der Natur sind nur einige der vielen Puzzlesteine, auf die sie viel Wert legt.

Organisation: Karrierepfade – Coaching, Training & Burnout-Präventionsberatung
Website: www.karriere-pfade.de
E-Mail: ziel@karriere-pfade.de

Leoni Rettig ist Systemische Organisationsberaterin. Körperliche und mentale Gesundheit stehen für Leoni Rettig in einem engen Zusammenhang. Sie praktiziert seit etwa zehn Jahren begeistert Yoga und ist leidenschaftliche Fahrradfahrerin. Immer wieder ist sie über den positiven, vitalisierenden Effekt, den Sport auf Geist und Körper hat, freudig erstaunt. Dabei bleibt sie in einer achtsamen Haltung gegenüber dem eigenen Körper und gönnt sich auch mal ruhige Auszeiten, die für sie im stressigen Alltag essenziell sind.

E-Mail: Leoni.rettig@gmx.de

Thomas Schaller ist Rechtsanwalt und Mediator. Um gesund zu bleiben, gilt es frühzeitig vorzusorgen – davon ist Thomas Schaller überzeugt. Ausgewogene Ernährung, regelmäßige Bewegung wie Laufen und Yoga sind dabei genau so essenziell wie eine gute Psychohygiene, für die eine konstruktive Konfliktbewältigung das A und O darstellt.

Organisation: Schaller Held Weiß Rechtsanwälte
Website: www.shw-berlin.de
E-Mail: schaller@shw-berlin.de

Nadja Schudak ist MA Bildungsmanagement, Kommunikations- und Verhaltenstrainerin. Gesund sein und bleiben ist nichts, was Nadja Schudak als gegeben ansieht, sondern als Ziel, welches sie jeden Tag aufs Neue verfolgt - und zwar ganzheitlich für Seele, Geist und Körper.

E-Mail: nadja.schudak@gmx.de

Cornelia Sinz ist Dipl.-Psychologin und Psychologische Psychotherapeutin. Beim Thema Gesundheit interessiert sich Cornelia Sinz als Psychotherapeutin besonders für das Zusammenspiel von Körper und Seele. In der heutigen Gesellschaft nehmen Stress und Belastungserleben immer mehr zu und damit auch das Auftreten psychischer Erkrankungen. Dabei wirken sich seelische Spannungen auf den Körper aus und umgekehrt. Aus diesen Gründen sind ihr Entspannung, Ausdauertraining, gesunde Ernährung und gute soziale Beziehungen als Ausgleich zum Berufsleben besonders wichtig.

E-Mail: mail@cornelia-sinz.de

Eike Wenzel ist Publizist, Trend- und Zukunftsforscher. Eike Wenzel ist schon seit Jahren am Thema interessiert, weil Gesundheit mehr ist als die Abwesenheit von Krankheit, man Gesundheit darüber hinaus nur schwer definieren kann, aber die Deutschen 80 Prozent ihrer Einkäufe mit der Begründung »Das ist gesund« erklären.

Organisation: ITZ Institut für Trend und Zukunftsforschung GmbH
Website: www.zukunftpassiert.de
E-Mail: eike.wenzel@zukunftpassiert.de

Laura Werkmeister ist Psychologin BA und Trainerin. Für Laura Werkmeister bedeutet Gesundheit, sich regelmäßig dem Leistungsdruck und dem Tempo der Gesellschaft zu entziehen, um sich auf die eigenen Bedürfnisse zu besinnen. Ein gesundes Leben sollte deshalb keinem Dogma unterliegen, sondern vor allem Spaß machen. Für sie heißt das: viel Bewegung, viel Zeit in der Natur verbringen, gesunde Ernährung – und zwischendurch darf es auch einmal ein Couch-Potatoe-Tag sein.

E-Mail: laura.werkmeister@qmail.com

Anna-Lisa Werner hat soeben ihr Studium der Publizistik und Kommunikationswissenschaft abgeschlossen. Gesundheit bedeutet für Anna-Lisa Werner sich sowohl körperlich, geistig als auch sozial rundum wohl und mit sich selbst zufrieden zu fühlen. Dieses persönliche Wohlbefinden zu erreichen setzt voraus, eigene Bedürfnisse zu erkennen, ihnen aktiv nachzugehen und störende Faktoren wie Stress zu vermindern. Jeder Mensch muss dabei seinen ganz individuellen Weg gehen. Ihr hilft dabei, Zeit in der Natur mit ihren Tieren, regelmäßiger Sport, stabile soziale Kontakte und abwechslungsreiche Ernährung.

E-Mail: liesy.werner@hotmail.de

Annika Westlake ist Sozialwissenschaftlerin, systemische Organisationsberaterin und Mediatorin. »Lachen ist die beste Medizin« – auch wenn es so simpel klingt, für Annika Westlake bedeutet Gesundheit nicht körperliche Unversehrtheit, sondern die Möglichkeit, Raum für unbeschwerte Fröhlichkeit zu finden, sich sinnlosem Herumalbern hinzugeben, miteinander zu lachen und auch einmal spielerisch, mit kindlichem Blick die Welt zu erkunden. Wem es gelingt, auch auf diese Weise Abstand von Belastungen, Spannungen, Stress und Konflikten zu bekommen und es wagt, die Dinge auf den Kopf zu stellen, der gewinnt die Freiheit, sich neu und gesund erleben zu können.

E-Mail: annika.westlake@yahoo.com

Marie Zorn ist Dipl.-Psychologin, Psychotherapeutin i. A., Kommunikations- und Verhaltenstrainerin. Marie Zorn liebt es, Menschen aufzuzeigen, dass sie insbesondere bei der Gesundheitsförderung vieles selbst in der Hand haben und frei gestalten können. Individuelle Ziele und Spaß spielen dabei eine wichtige Rolle. Zu ihrem persönlichen Gesundheitsrezept gehören Lachen, Kreativität, Yoga, Jogging und Slow Food.

E-Mail: mariemzorn@googlemail.com